# 目录

DISC 职业性格测试题与答案 // 1

PDP 职业性格测试题与答案 // 8

霍兰德人格与职业兴趣测试题与答案 // 11

MBTI 职业性格测试题与答案 // 20

The Big Five 大五人格测试题与答案 // 26

16PF 卡特尔人格测试题与答案 // 29

九型人格测试题与答案 // 51

LASI 领导风格测评试题与答案 // 56

舒伯职业价值观测评量表 // 63

# DISC 职业性格测试题与答案

在每个问题下的 4 个选项中只选择 1 个最符合自己的选项，并在对应选项的后面打"√"。本测试题一共 40 道，不能遗漏。注意：请凭第一印象快速选择，如果不能确定，可回忆童年时的情况，或者可以根据你最熟悉的人对你的评价来选择。

DISC 职业性格测试题如下表所示。

**DISC 职业性格测试题**

| 序号 | 选项 | 问题 | 此列打"√" |
|---|---|---|---|
| 一 | 1 | 敢于冒险：愿意面对并敢于下定决心掌握新事物 | |
| | 2 | 适应力强：能轻松自如地适应任何环境 | |
| | 3 | 生动：充满活力，表情生动，手势多 | |
| | 4 | 善于分析：喜欢研究各部分之间的逻辑和正确的关系 | |
| 二 | 1 | 坚持不懈：要完成现有的事才能做新的事 | |
| | 2 | 喜好娱乐：充满乐趣与幽默感 | |
| | 3 | 善于说服：用逻辑和事实而不用威严、权力服人 | |
| | 4 | 平和：在冲突中不受干扰，保持平静 | |
| 三 | 1 | 顺服：易接受他人的观点和喜好，不坚持己见 | |
| | 2 | 自我牺牲：愿意为他人利益放弃个人利益 | |
| | 3 | 善于社交：认为与人相处是好玩的事，而不是挑战或者商业机会 | |
| | 4 | 意志坚定：决心以自己的方式做事 | |
| 四 | 1 | 使人认同：因人格魅力或性格而使人认同自己 | |
| | 2 | 体贴：关心别人的感受与需要 | |
| | 3 | 竞争性：把一切都当作竞赛，总是有强烈的赢的欲望 | |
| | 4 | 自控性：控制自己的情感，极少流露 | |
| 五 | 1 | 使人振作：给他人以令人振奋的刺激 | |
| | 2 | 尊重他人：对人诚实、尊重 | |
| | 3 | 善于应变：对任何情况都能做出有效的反应 | |
| | 4 | 含蓄：自我约束情绪与热忱 | |
| 六 | 1 | 生机勃勃：充满生命力与兴奋感 | |
| | 2 | 满足：容易接受任何情况与环境 | |
| | 3 | 敏感：过分关心周围的人和事 | |
| | 4 | 自立：独立性强，只依靠自己的能力、判断与才智 | |

| 序号 | 选项 | 问题 | 此列打"√" |
|---|---|---|---|
| 七 | 1 | 计划者：先做详尽的计划，并严格按计划进行，不想改动 | |
| | 2 | 耐性：不因延误而懊恼，冷静且能容忍 | |
| | 3 | 积极：相信自己有转危为安的能力 | |
| | 4 | 推动者：用性格魅力鼓励别人参与 | |
| 八 | 1 | 肯定：自信，极少犹豫或者动摇 | |
| | 2 | 无拘无束：不喜欢预先计划或者被计划牵制 | |
| | 3 | 羞涩：安静，不善于交谈 | |
| | 4 | 有时间性：生活处事依靠时间表，不喜欢计划被人打乱 | |
| 九 | 1 | 迁就：改变自己以与他人协调，短时间内按他人要求行事 | |
| | 2 | 井井有条：系统、有条理地安排事情 | |
| | 3 | 坦率：毫无保留，坦率发言 | |
| | 4 | 乐观：令他人和自己相信任何事情都会好转 | |
| 十 | 1 | 强迫性：发号施令，强迫他人听从 | |
| | 2 | 忠诚：一贯可靠，忠心不移，有时毫无根据地奉献 | |
| | 3 | 有趣：风趣，幽默，把任何事情都能变成精彩的故事 | |
| | 4 | 友善：不主动交谈，不爱争论 | |
| 十一 | 1 | 勇敢：敢于冒险，无所畏惧 | |
| | 2 | 体贴：待人得体，有耐心 | |
| | 3 | 注意细节：观察入微，做事情有条不紊 | |
| | 4 | 可爱：开心，与他人相处充满乐趣 | |
| 十二 | 1 | 令人开心：充满活力，并将快乐传递给他人 | |
| | 2 | 文化修养：对艺术特别爱好，如戏剧、交响乐等 | |
| | 3 | 自信：确信自己有能力且能成功 | |
| | 4 | 贯彻始终：情绪平稳，做事情坚持不懈 | |
| 十三 | 1 | 理想主义：以自己完美的标准来衡量新事物 | |
| | 2 | 独立：自给自足，独立自信，不需要他人帮忙 | |
| | 3 | 无攻击性：不说或者做可能引起别人不满和反对的事情 | |
| | 4 | 善于激励：喜欢鼓励别人参与、加入，并把每件事情变得有趣 | |
| 十四 | 1 | 感情外露：从不掩饰情感、喜好，交谈时常身不由己地接触他人 | |
| | 2 | 深沉：深刻并常常内省，厌恶肤浅的交谈、消遣 | |
| | 3 | 果断：有很快做出判断与得出结论的能力 | |
| | 4 | 幽默：语气平和且冷静又幽默 | |
| 十五 | 1 | 调解者：经常居中调节不同的意见，以避免双方发生冲突 | |
| | 2 | 音乐性：喜欢参与艺术活动并有较强的鉴赏能力，这是因为音乐的艺术性，而不是因为表演的乐趣 | |
| | 3 | 发起人：高效率的推动者，是他人的领导者，闲不住 | |
| | 4 | 喜交朋友：喜欢周旋于聚会中，善交新朋友，不把任何人当陌生人 | |

| 序号 | 选项 | 问题 | 此列打"√" |
|------|------|------|-----------|
| 十六 | 1 | 考虑周到：善解人意，乐于帮助别人，能记住特别的日子 | |
| | 2 | 执着：不达目的，誓不罢休 | |
| | 3 | 多言：不断地说话、讲笑话以娱乐他人，觉得应该避免沉默带来的尴尬 | |
| | 4 | 容忍：易接受别人的想法和看法，不喜欢反对或改变他人 | |
| 十七 | 1 | 聆听者：愿意听别人倾诉 | |
| | 2 | 忠心：对自己的理想、朋友、工作都绝对忠实，有时甚至不需要理由 | |
| | 3 | 领导者：天生的领导，不相信别人的能力能比得上自己 | |
| | 4 | 活力充沛：充满活力，精力充沛 | |
| 十八 | 1 | 知足：满足于自己拥有的，很少羡慕别人 | |
| | 2 | 首领：要求领导地位及别人的跟随 | |
| | 3 | 制图者：用图表、数字来组织生活、解决问题 | |
| | 4 | 惹人喜爱：人们注意的中心，令人喜欢 | |
| 十九 | 1 | 完美主义者：对自己、对别人都有高标准，认为一切事物有秩序 | |
| | 2 | 和气：易相处，易说话，易让人接近 | |
| | 3 | 勤劳：不停地工作、完成任务，不愿意休息 | |
| | 4 | 受欢迎：聚会时的灵魂人物，受欢迎的宾客 | |
| 二十 | 1 | 跳跃性：充满活力，生气勃勃 | |
| | 2 | 无畏：大胆前进，不怕冒险 | |
| | 3 | 规范性：时时坚持让自己的举止合乎认同的道德规范 | |
| | 4 | 平衡：稳定，走中间路线 | |
| 二十一 | 1 | 乏味：死气沉沉，缺乏生气 | |
| | 2 | 忸怩：躲避别人的注意力，在众人的注意下感到不自然 | |
| | 3 | 露骨：好表现，华而不实，声音大 | |
| | 4 | 专横：喜命令支配，有时略显傲慢 | |
| 二十二 | 1 | 散漫：任性、生活无秩序 | |
| | 2 | 无同情心：不易理解别人的问题和麻烦 | |
| | 3 | 缺乏热情：不易兴奋，经常感到事情难做 | |
| | 4 | 不宽恕：不易宽恕和忘记别人对自己的伤害，易嫉妒 | |
| 二十三 | 1 | 保留：不愿意参与，尤其是当事情比较复杂时 | |
| | 2 | 怨恨：把实际或者自己想象的别人的冒犯行为经常放在心中 | |
| | 3 | 逆反：抗拒或者拒不接受别人的方法，固执己见 | |
| | 4 | 唠叨：重复讲同一件事情或故事，忘记自己已经重复多次，总是不停地找话题 | |

| 序号 | 选项 | 问题 | 此列打"√" |
|---|---|---|---|
| 二十四 | 1 | 挑剔：总是关注琐事和细节，总喜欢挑不足 | |
| | 2 | 胆小：经常感到强烈的担心、焦虑、悲戚 | |
| | 3 | 健忘：缺乏自我约束而导致健忘，不愿意回忆无趣的事情 | |
| | 4 | 率直：直言不讳，直接表达自己的看法 | |
| 二十五 | 1 | 没耐心：难以忍受等待别人 | |
| | 2 | 无安全感：感到担心且无自信心 | |
| | 3 | 优柔寡断：很难做决定 | |
| | 4 | 好插嘴：一个滔滔不绝的发言人，不是好听众，不注意别人的说话内容 | |
| 二十六 | 1 | 不受欢迎：由于强烈要求完美而拒人千里之外 | |
| | 2 | 不参与：不愿意加入，不愿意参与，对别人的生活不感兴趣 | |
| | 3 | 难预测：时而兴奋，时而低落，总是不兑现诺言 | |
| | 4 | 缺乏同情心：很难当众表达对弱者或者受难者的情感 | |
| 二十七 | 1 | 固执：坚持按照自己的意见行事，不听取不同的意见 | |
| | 2 | 随兴：做事情没有一贯性，随意 | |
| | 3 | 难于取悦：因为要求太高而很难被取悦 | |
| | 4 | 行动迟缓：迟迟才行动，不易参与或者行动总是慢半拍 | |
| 二十八 | 1 | 平淡：平实淡漠，走中间路线，无高低之分，很少表露情感 | |
| | 2 | 悲观：尽管期待最好但往往首先看到事物的不利之处 | |
| | 3 | 自负：自我评价高，认为自己是最好的人选 | |
| | 4 | 放任：允许别人做他喜欢做的事情，为的是讨好别人，令别人鼓吹自己 | |
| 二十九 | 1 | 易怒：善变、易激动，事情过后马上就忘了 | |
| | 2 | 无目标：不喜欢定目标，也无意定目标 | |
| | 3 | 好争论：易与人争吵，不管在什么事上都觉得自己是对的 | |
| | 4 | 孤芳自赏：容易感到被疏离，经常没有安全感或担心别人不喜欢和自己相处 | |
| 三十 | 1 | 天真：有孩子般的单纯，不理解生命的真谛 | |
| | 2 | 消极：往往看到事物的消极面、阴暗面，而少有积极的态度 | |
| | 3 | 鲁莽：充满自信、有胆识，但总是不恰当 | |
| | 4 | 冷漠：漠不关心，得过且过 | |
| 三十一 | 1 | 担忧：时时感到不确定、焦虑、心烦 | |
| | 2 | 不善交际：总喜欢挑人毛病，不被人喜欢 | |
| | 3 | 工作狂：为了回报或者成就感，而不是为了完美，因而设立远大的目标而不断工作，耻于休息 | |
| | 4 | 喜获认同：需要旁人认同、赞赏，像演员一样 | |

| 序号 | 选项 | 问题 | 此列打"√" |
|---|---|---|---|
| 三十二 | 1 | 过分敏感：对事物反应过度，被人误解时感到被冒犯 | |
| | 2 | 不圆滑老练：经常用冒犯别人或考虑不周的方式表达自己 | |
| | 3 | 胆怯：遇到困难时退缩 | |
| | 4 | 喋喋不休：难以自控、滔滔不绝，不能倾听别人 | |
| 三十三 | 1 | 腼腆：事事不确定，对所做的事情缺乏信心 | |
| | 2 | 生活紊乱：缺乏安排生活的能力 | |
| | 3 | 跋扈：冲动地控制事物和别人，指挥他人 | |
| | 4 | 抑郁：常常情绪低落 | |
| 三十四 | 1 | 缺乏毅力：反复无常，互相矛盾，情绪与行动不合逻辑 | |
| | 2 | 内向：活在自己的世界里，把思想和兴趣放在心里 | |
| | 3 | 不容忍：不能忍受他人的观点、态度和做事的方式 | |
| | 4 | 无异议：对很多事情漠不关心 | |
| 三十五 | 1 | 杂乱无章：生活环境无秩序，经常找不到东西 | |
| | 2 | 情绪化：情绪易高涨，而感到不被欣赏时很容易低落 | |
| | 3 | 喃喃自语：低声说话，不在乎能否说清楚 | |
| | 4 | 喜操纵：精明处事，操纵事情使其对自己有利 | |
| 三十六 | 1 | 缓慢：行动、思想均比较慢，过分麻烦 | |
| | 2 | 顽固：决心依自己的意愿行事，不易被说服 | |
| | 3 | 好表现：要吸引人，需要自己成为被人注意的中心 | |
| | 4 | 有戒心：不易相信，对语言背后的真正的动机存在疑问 | |
| 三十七 | 1 | 孤僻：需要大量的时间独处，避开人群 | |
| | 2 | 统治欲：毫不犹豫地表示自己的正确或控制能力 | |
| | 3 | 懒惰：总是先估量事情要耗费多少精力，能不做最好 | |
| | 4 | 大嗓门：说话声和笑声总是盖过他人 | |
| 三十八 | 1 | 拖延：凡事起步慢，需要推动力 | |
| | 2 | 多疑：凡事怀疑、不相信别人 | |
| | 3 | 易怒：行动不迅速或不能完成指定工作时易烦躁和发怒 | |
| | 4 | 不专注：无法专心致志或者集中精力 | |
| 三十九 | 1 | 报复性：记恨并惩罚冒犯自己的人 | |
| | 2 | 烦躁：喜新厌旧，不喜欢长时间做相同的事情 | |
| | 3 | 勉强：不愿意参与或者投入 | |
| | 4 | 轻率：因没有耐心，不经思考，草率行动 | |
| 四十 | 1 | 妥协：为避免矛盾，即使自己是对的，也不惜放弃自己的立场 | |
| | 2 | 好批评：不断地衡量和做判断，经常考虑提出反对意见 | |
| | 3 | 狡猾：精明，总是有办法达到目的 | |
| | 4 | 善变：像孩子一样注意力集中的时间较短，需要变化，害怕无聊 | |

DISC 职业性格测试题的答案统计如下表所示。

DISC 职业性格测试题答案统计表

| 序号 | D | I | S | C |
|---|---|---|---|---|
| 一 | 1 | 3 | 2 | 4 |
| 二 | 3 | 2 | 4 | 1 |
| 三 | 4 | 3 | 1 | 2 |
| 四 | 3 | 1 | 4 | 2 |
| 五 | 3 | 1 | 4 | 2 |
| 六 | 4 | 1 | 2 | 3 |
| 七 | 3 | 4 | 2 | 1 |
| 八 | 1 | 2 | 3 | 4 |
| 九 | 4 | 3 | 1 | 2 |
| 十 | 1 | 3 | 4 | 2 |
| 十一 | 1 | 4 | 2 | 3 |
| 十二 | 3 | 1 | 4 | 2 |
| 十三 | 2 | 4 | 3 | 1 |
| 十四 | 3 | 1 | 4 | 2 |
| 十五 | 3 | 4 | 1 | 2 |
| 十六 | 2 | 3 | 4 | 1 |
| 十七 | 3 | 4 | 1 | 2 |
| 十八 | 2 | 4 | 1 | 3 |
| 十九 | 3 | 4 | 2 | 1 |
| 二十 | 2 | 1 | 4 | 3 |
| 二十一 | 4 | 3 | 1 | 2 |
| 二十二 | 2 | 1 | 3 | 4 |
| 二十三 | 3 | 4 | 1 | 2 |
| 二十四 | 4 | 3 | 2 | 1 |
| 二十五 | 1 | 4 | 2 | 3 |
| 二十六 | 4 | 3 | 2 | 1 |
| 二十七 | 1 | 2 | 4 | 3 |
| 二十八 | 3 | 4 | 1 | 2 |
| 二十九 | 3 | 1 | 2 | 4 |
| 三十 | 3 | 1 | 4 | 2 |
| 三十一 | 3 | 4 | 1 | 2 |
| 三十二 | 2 | 4 | 3 | 1 |
| 三十三 | 3 | 2 | 1 | 4 |
| 三十四 | 3 | 1 | 4 | 2 |

| 序号 | D | I | S | C |
|------|---|---|---|---|
| 三十五 | 4 | 1 | 3 | 2 |
| 三十六 | 2 | 3 | 1 | 4 |
| 三十七 | 2 | 4 | 3 | 1 |
| 三十八 | 3 | 4 | 1 | 2 |
| 三十九 | 4 | 2 | 3 | 1 |
| 四十 | 3 | 4 | 1 | 2 |

# PDP 职业性格测试题与答案

PDP 职业性格测试题如下。

提示：在回答问题时，请不要依据别人对你的评价来填写答案，而要依据你认为自己本质是什么情况，在与自己的情况相符的答案前打"√"。

1. 你是一个做事值得信赖的人吗？

□非常同意　□比较同意　□差不多同意　□一点点同意　□不同意

2. 你个性温和吗？

□非常同意　□比较同意　□差不多同意　□一点点同意　□不同意

3. 你有活力吗？

□非常同意　□比较同意　□差不多同意　□一点点同意　□不同意

4. 你善解人意吗？

□非常同意　□比较同意　□差不多同意　□一点点同意　□不同意

5. 你独立吗？

□非常同意　□比较同意　□差不多同意　□一点点同意　□不同意

6. 你受人爱戴吗？

□非常同意　□比较同意　□差不多同意　□一点点同意　□不同意

7. 你做事认真且正直吗？

□非常同意　□比较同意　□差不多同意　□一点点同意　□不同意

8. 你富有同情心吗？

□非常同意　□比较同意　□差不多同意　□一点点同意　□不同意

9. 你有说服力吗？

□非常同意　□比较同意　□差不多同意　□一点点同意　□不同意

10. 你大胆吗？

□非常同意　□比较同意　□差不多同意　□一点点同意　□不同意

11. 你做事精确吗？

□非常同意　□比较同意　□差不多同意　□一点点同意　□不同意

12. 你适应能力强吗？

☐非常同意　☐比较同意　☐差不多同意　☐一点点同意　☐不同意

13. 你组织能力强吗？

☐非常同意　☐比较同意　☐差不多同意　☐一点点同意　☐不同意

14. 你是否积极主动？

☐非常同意　☐比较同意　☐差不多同意　☐一点点同意　☐不同意

15. 你害羞吗？

☐非常同意　☐比较同意　☐差不多同意　☐一点点同意　☐不同意

16. 你强势吗？

☐非常同意　☐比较同意　☐差不多同意　☐一点点同意　☐不同意

17. 你镇定吗？

☐非常同意　☐比较同意　☐差不多同意　☐一点点同意　☐不同意

18. 你喜欢学习吗？

☐非常同意　☐比较同意　☐差不多同意　☐一点点同意　☐不同意

19. 你反应快吗？

☐非常同意　☐比较同意　☐差不多同意　☐一点点同意　☐不同意

20. 你外向吗？

☐非常同意　☐比较同意　☐差不多同意　☐一点点同意　☐不同意

21. 你注意细节吗？

☐非常同意　☐比较同意　☐差不多同意　☐一点点同意　☐不同意

22. 你爱说话吗？

☐非常同意　☐比较同意　☐差不多同意　☐一点点同意　☐不同意

23. 你协调能力好吗？

☐非常同意　☐比较同意　☐差不多同意　☐一点点同意　☐不同意

24. 你勤劳吗？

☐非常同意　☐比较同意　☐差不多同意　☐一点点同意　☐不同意

25. 你慷慨吗？

☐非常同意　☐比较同意　☐差不多同意　☐一点点同意　☐不同意

26. 你小心翼翼吗？

☐非常同意　☐比较同意　☐差不多同意　☐一点点同意　☐不同意

27. 你令人愉快吗？

□非常同意　□比较同意　□差不多同意　□一点点同意　□不同意

28. 你传统吗？

□非常同意　□比较同意　□差不多同意　□一点点同意　□不同意

29. 你亲切吗？

□非常同意　□比较同意　□差不多同意　□一点点同意　□不同意

30. 你工作有效率吗？

□非常同意　□比较同意　□差不多同意　□一点点同意　□不同意

每个答案对应的分数："非常同意"，给5分；"比较同意"，给4分；"差不多同意"，给3分；"一点点同意"，给2分；"不同意"，给1分。计算以下序号所对应的题目的分数之和。

"老虎"项：5、10、14、18、24、30题 =（　　　）分

"孔雀"项：3、6、13、20、22、29题 =（　　　）分

"考拉"项：2、8、15、17、25、28题 =（　　　）分

"猫头鹰"项：1、7、11、16、21、26题 =（　　　）分

"变色龙"项：4、9、12、19、23、27题 =（　　　）分

括号中的分数即自己的"老虎"项、"孔雀"项、"考拉"项、"猫头鹰"项、"变色龙"项的得分。

假如某人的某项得分远远高于其他4项，那他就是典型的那种类型的性格；假如他某2项得分明显超过其他3项，那他就是这两种类型的性格的综合体，以此类推；假如他的各项得分都比较接近，那么他就是一个全面的人。

比如，某人的"老虎"项得分为29分、"孔雀"项得分为16分、"考拉"项得分为15分、"猫头鹰"项得分为28分、"变色龙"项得分为27分，代表着此人比较接近"老虎""猫头鹰""变色龙"的性格，比较不接近"孔雀""考拉"的性格。

# 霍兰德人格与职业兴趣测试题与答案

霍兰德人格与职业兴趣测试的标准量表如下。

本量表将帮助你发现并确定自己的职业兴趣和能力特长，从而帮助你更好地做出择业决策。如果你已经考虑好或选择好自己未来的职业，本测试将使你的这种考虑或选择具有理论基础，或向你展示其他适合你的职业；如果你至今尚未确定职业发展方向，本测试将帮助你选择一个恰当的职业目标。本测试共有5个部分，限时30分钟作答。

## 第1部分　你心目中的理想职业（专业）

对未来的职业，你得早有考虑，它可能很抽象、很朦胧，也可能很具体、很清晰。不论是哪种情况，现在都请你把自己最想从事的3种职业按顺序写下来。

## 第2部分　你感兴趣的活动

下面列举了若干种活动，请就这些活动表达你的好恶。喜欢的，请在"是"栏里打"√"；反之，在"否"栏里打"×"。请按顺序回答全部问题。

### R：实用型活动

1. 装配、修理电器或玩具 是□ 否□

2. 修理自行车 是□ 否□

3. 用木头做东西 是□ 否□

4. 开汽车或骑摩托车 是□ 否□

5. 用机器做东西 是□ 否□

6. 参加木工技术学习班 是□ 否□

7. 参加制图扫图学习班 是□ 否□

8. 驾驶卡车或拖拉机 是□ 否□

9. 参加机械和电气学习班 是□ 否□

10. 装配、修理机器                                        是□    否□

每个选项选"是"得 1 分，统计"是"一栏得分：_____。

**I：研究型活动**

1. 读科技图书和杂志          是□    否□

2. 在实验室工作          是□    否□

3. 改良水果品种，培育新的水果    是□    否□

4. 调查了解土和金属等物质的成分   是□    否□

5. 研究自己选择的特殊问题     是□    否□

6. 解算术题或玩数学游戏      是□    否□

7. 上物理课           是□    否□

8. 上化学课           是□    否□

9. 上几何课           是□    否□

10. 上生物课          是□    否□

每个选项选"是"得 1 分，统计"是"一栏得分：_____。

**A：艺术型活动**

1. 素描、制图或绘画         是□    否□

2. 参加话剧、戏剧表演       是□    否□

3. 设计家具，布置室内       是□    否□

4. 练习乐器，参加乐队       是□    否□

5. 欣赏音乐或戏剧         是□    否□

6. 看小说，读剧本         是□    否□

7. 从事摄影创作          是□    否□

8. 写诗或吟诗           是□    否□

9. 参加艺术（美术、音乐）培训    是□    否□

10. 练习书法          是□    否□

每个选项选"是"得 1 分，统计"是"一栏得分：_____。

**S：社会型活动**

1. 参加学校或单位组织的正式活动   是□    否□

2. 参加某个社会团体或俱乐部组织的活动   是□    否□

3. 帮助别人解决困难         是□    否□

4. 照顾儿童 是□ 否□

5. 出席晚会、联欢会、茶话会 是□ 否□

6. 和大家一起出去郊游 是□ 否□

7. 想获得关于心理方面的知识 是□ 否□

8. 参加讲座或辩论会 是□ 否□

9. 观看或参加体育比赛和运动会 是□ 否□

10. 结交新朋友 是□ 否□

每个选项选"是"得1分，统计"是"一栏得分：_____。

**E：企业型活动**

1. 说服、鼓动他人 是□ 否□

2. 卖东西 是□ 否□

3. 谈论政治 是□ 否□

4. 制订计划，参加会议 是□ 否□

5. 以自己的意志影响别人的行为 是□ 否□

6. 在社会团体中担任职务 是□ 否□

7. 检查与评价别人的工作 是□ 否□

8. 结交名流 是□ 否□

9. 指导有某种目标的团体 是□ 否□

10. 参加政治活动 是□ 否□

每个选项选"是"得1分，统计"是"一栏得分：_____。

**C：传统型活动**

1. 整理桌面和房间 是□ 否□

2. 抄写文件和信件 是□ 否□

3. 为领导写报告或公务信函 是□ 否□

4. 检查个人收支情况 是□ 否□

5. 参加打字培训班 是□ 否□

6. 参加算盘、文秘等实务培训 是□ 否□

7. 参加商业会计培训班 是□ 否□

8. 参加情报处理培训班 是□ 否□

9. 整理信件、报告、记录等 是□ 否□

10. 写商业贸易信 是□ 否□

每个选项选"是"得1分，统计"是"一栏得分：_____。

# 第3部分　你擅长的活动

下面列举了若干种活动，对你能做或大概能做的事，请在"是"栏里打"√"；反之，在"否"栏里打"×"。请按顺序回答全部问题。

**R：实用型能力**

1. 能使用电锯、电钻和锉刀等木工工具 是□ 否□

2. 知道万用表的使用方法 是□ 否□

3. 能够修理自行车或其他机械 是□ 否□

4. 能够使用电钻床、磨床或缝纫机 是□ 否□

5. 能给家具和木制品刷漆 是□ 否□

6. 能看懂建筑设计图 是□ 否□

7. 能够修理简单的电气用品 是□ 否□

8. 能修理家具 是□ 否□

9. 能修理收录机 是□ 否□

10. 能简单地修理水管 是□ 否□

每个选项选"是"得1分，统计"是"一栏得分：_____。

**I：研究型能力**

1. 懂得真空管或晶体管的作用 是□ 否□

2. 能够列举3种蛋白质含量高的食品 是□ 否□

3. 理解铀的裂变 是□ 否□

4. 能用计算尺、计算器、对数表 是□ 否□

5. 会使用显微镜 是□ 否□

6. 能解释3种物理现象 是□ 否□

7. 能独立进行调查研究 是□ 否□

8. 能解释简单的化学原理 是□ 否□

9. 理解人造卫星为什么不落地 是□ 否□

10. 经常参加学术会议 是□ 否□

每个选项选"是"得 1 分，统计"是"一栏得分：_____。

**A：艺术型能力**

1. 能演奏乐器 　　　　　　　　　　　　　　　　是□　否□

2. 能参加二部或四部合唱 　　　　　　　　　　　是□　否□

3. 能独唱或独奏 　　　　　　　　　　　　　　　是□　否□

4. 能扮演剧中的角色 　　　　　　　　　　　　　是□　否□

5. 能创作简单的乐曲 　　　　　　　　　　　　　是□　否□

6. 会跳舞 　　　　　　　　　　　　　　　　　　是□　否□

7. 能绘画、素描或书法 　　　　　　　　　　　　是□　否□

8. 能雕刻、剪纸或做泥塑 　　　　　　　　　　　是□　否□

9. 能设计板报、服装或家具 　　　　　　　　　　是□　否□

10. 写得一手好文章 　　　　　　　　　　　　　　是□　否□

每个选项选"是"得 1 分，统计"是"一栏得分：_____。

**S：社会型能力**

1. 有向各类人说明、解释的能力 　　　　　　　　是□　否□

2. 常参加社会福利活动 　　　　　　　　　　　　是□　否□

3. 能和大家一起友好地相处 　　　　　　　　　　是□　否□

4. 善于与年长者相处 　　　　　　　　　　　　　是□　否□

5. 会邀请人、招待人 　　　　　　　　　　　　　是□　否□

6. 能以简单易懂的方式教育儿童 　　　　　　　　是□　否□

7. 能安排会议等活动的顺序 　　　　　　　　　　是□　否□

8. 善于体察人心和帮助他人 　　　　　　　　　　是□　否□

9. 能帮助护理病人和伤员 　　　　　　　　　　　是□　否□

10. 能安排社团组织的各种事务 　　　　　　　　　是□　否□

每个选项选"是"得 1 分，统计"是"一栏得分：_____。

**E：企业型能力**

1. 担任过学生干部并且做得不错 　　　　　　　　是□　否□

2. 工作上能指导和监督他人 　　　　　　　　　　是□　否□

3. 做事充满活力和热情 　　　　　　　　　　　　是□　否□

4. 有效利用自身的行为调动他人 　　　　　　　　是□　否□

5. 销售能力强 是□ 否□

6. 曾是俱乐部或社团的负责人 是□ 否□

7. 敢于向领导提出建议或反映意见 是□ 否□

8. 有开创事业的能力 是□ 否□

9. 知道怎样才能成为一个优秀的领导者 是□ 否□

10. 健谈善辩 是□ 否□

每个选项选"是"得1分，统计"是"一栏得分：_____。

## C：传统型能力

1. 能够熟练地打字 是□ 否□

2. 会用外语打字机或复印机 是□ 否□

3. 能快速记笔记或抄写文章 是□ 否□

4. 善于整理、保管文件和资料 是□ 否□

5. 善于从事事务性工作 是□ 否□

6. 会使用计算器 是□ 否□

7. 能在短时间内对大量文件进行分类和处理 是□ 否□

8. 会使用计算机 是□ 否□

9. 会搜集数据 是□ 否□

10. 善于为自己或集体做财务预算表 是□ 否□

每个选项选"是"得1分，统计"是"一栏得分：_____。

# 第4部分　你喜欢的职业

下面列举了多种职业，请逐一认真地看，如果是你感兴趣的工作，请在"是"栏里打"√"；如果是你不喜欢、不感兴趣的工作，请在"否"栏里打"×"。请按顺序回答全部问题。

## R：实用型职业

1. 飞机机械师 是□ 否□

2. 野生动物专家 是□ 否□

3. 汽车维修工 是□ 否□

4. 木匠 是□ 否□

5. 测量工程师           是□   否□

6. 无线电报员           是□   否□

7. 园艺师           是□   否□

8. 长途公共汽车司机           是□   否□

9. 电工           是□   否□

10. 机械制造工           是□   否□

每个选项选"是"得 1 分，统计"是"一栏得分：_____。

**I：研究型职业**

1. 气象学或天文学学者           是□   否□

2. 生物学学者           是□   否□

3. 医学实验室的技术人员           是□   否□

4. 人类学学者           是□   否□

5. 动物学学者           是□   否□

6. 化学学者           是□   否□

7. 数学学者           是□   否□

8. 科学杂志的编辑或作者           是□   否□

9. 地质学学者           是□   否□

10. 物理学学者           是□   否□

每个选项选"是"得 1 分，统计"是"一栏得分：_____。

**A：艺术型职业**

1. 乐队指挥           是□   否□

2. 演奏家           是□   否□

3. 作家           是□   否□

4. 摄影师           是□   否□

5. 记者           是□   否□

6. 画家           是□   否□

7. 书法家           是□   否□

8. 歌唱家           是□   否□

9. 作曲家           是□   否□

10. 电影 / 电视演员           是□   否□

每个选项选"是"得1分，统计"是"一栏得分：_____。

**S：社会型职业**

1. 街道、工会或妇联干部 是□ 否□

2. 小学、中学教师 是□ 否□

3. 精神病医生 是□ 否□

4. 婚姻介绍所工作人员 是□ 否□

5. 体育教练 是□ 否□

6. 福利机构负责人 是□ 否□

7. 心理咨询员 是□ 否□

8. 共青团干部 是□ 否□

9. 导游 是□ 否□

10. 国家机关工作人员 是□ 否□

每个选项选"是"得1分，统计"是"一栏得分：_____。

**E：企业型职业**

1. 厂长 是□ 否□

2. 电视剧制片人 是□ 否□

3. 公司经理 是□ 否□

4. 销售员 是□ 否□

5. 不动产推销员 是□ 否□

6. 广告部长 是□ 否□

7. 体育活动主办者 是□ 否□

8. 销售部长 是□ 否□

9. 个体工商业者 是□ 否□

10. 企业管理咨询人员 是□ 否□

每个选项选"是"得1分，统计"是"一栏得分：_____。

**C：传统型职业**

1. 会计师 是□ 否□

2. 银行出纳员 是□ 否□

3. 税收管理员 是□ 否□

4. 计算机操作员 是□ 否□

5. 簿记人员        是□   否□

6. 成本核算员        是□   否□

7. 文书档案管理员        是□   否□

8. 打字员        是□   否□

9. 法庭书记员        是□   否□

10. 人口普查登记员        是□   否□

每个选项选"是"得1分，统计"是"一栏得分：_____。

## 第5部分　统计并确定你的职业倾向

请将第2部分至第4部分的全部得分按前面已统计好的6种职业倾向（R型、A型、I型、S型、E型、C型）填入下表，并做纵向累加。

| 测试 | R型 | A型 | I型 | S型 | E型 | C型 |
|---|---|---|---|---|---|---|
| 第2部分 | | | | | | |
| 第3部分 | | | | | | |
| 第4部分 | | | | | | |
| 总分 | | | | | | |

将总分一栏中最大的3个数所对应的字母填入下面的职业兴趣代号的空格内。

| 类别 | 最高分 | 次高分 | 再次高分 |
|---|---|---|---|
| 职业兴趣代号 | | | |

# MBTI 职业性格测试题与答案

以下每道题目均有两个答案：A 和 B。请仔细阅读题目，按照与你性格相符的程度分别赋予 A 和 B 一个分数，并使每组的两个分数之和为 5。如果你觉得在不同的情境里，两个答案或许都能反映你的倾向，那么请按照你的行为方式选择一个对你来说最自然、最顺畅和最从容的答案。

1. 当你遇到新朋友时，你

A. 说话的时间与聆听的时间相当。（　　　）

B. 聆听的时间会比说话的时间多。（　　　）

2. 下列哪一种是你的一般生活取向？

A. 只管做吧。（　　　）

B. 找出多种不同选择。（　　　）

3. 你喜欢自己的哪种性格？

A. 冷静而理性。（　　　）

B. 热情而体谅。（　　　）

4. 你擅长

A. 在有需要时同时协调进行多项工作。（　　　）

B. 专注在某一项工作上，直至把它完成。（　　　）

5. 你参与社交聚会时

A. 总是能认识新朋友。（　　　）

B. 只跟几个亲密挚友待在一起。（　　　）

6. 当你尝试了解某些事情时，一般你会

A. 先了解细节。（　　　）

B. 先了解整体情况，细节稍后再谈。（　　　）

7. 你对下列哪方面较感兴趣？

A. 知道别人的想法。（　　　）

B. 知道别人的感受。（　　　）

8. 你比较喜欢下列哪个工作？

A. 能让你迅速或及时做出反应的工作。（　　　）

B. 能让你确定目标，然后逐步达成目标的工作。（　　　）

**下列哪种说法比较适合你？**

9. A. 当我与友人尽兴后，我会感到精力充沛，并会继续追求这种欢娱。（　　　）

B. 当我与友人尽兴后，我会感到疲累，觉得需要一些空间。（　　　）

10. A. 我比较有兴趣知道别人的经历，例如他们做过什么、认识什么人。（　　　）

B. 我比较有兴趣知道别人的计划和梦想，例如他们会往哪里去、憧憬什么。

（　　　）

11. A. 我擅长制订一些可行的计划。（　　　）

B. 我擅长促使别人同意一些计划，并与我通力合作。（　　　）

12. A. 我会突然尝试做某些事，看看会有什么事情发生。（　　　）

B. 我在尝试做任何事前，都想事先知道可能有什么事情发生。（　　　）

13. A. 我经常边说话，边思考。（　　　）

B. 我在说话前，通常会思考要说的话。（　　　）

14. A. 周围的环境对我很重要，而且会影响我的感受。（　　　）

B. 如果我喜欢我所做的事情，气氛对我而言并不是那么重要。（　　　）

15. A. 我喜欢分析，心思缜密。（　　　）

B. 我对人感兴趣，关心他们身上所发生的事。（　　　）

16. A. 即使已确定计划，我也喜欢探讨其他新的方案。（　　　）

B. 一旦确定计划，我便希望能依计划行事。（　　　）

17. A. 认识我的人，一般都知道什么对我来说是重要的。（　　　）

B. 除了我感觉亲近的人以外，我不会告诉别人什么对我来说是重要的。（　　　）

18. A. 如果我喜欢某种活动，我会经常进行这种活动。（　　　）

B. 我一旦熟悉某种活动后，便希望转而尝试其他新的活动。（　　　）

19. A. 当我做决定的时候，我更多地考虑正反两方面的观点，并且会推理与论证。（　　　）

B. 当我做决定的时候，我会更多地了解其他人的想法，并希望能够与他们达成共识。（　　　）

20. A. 当我专注做某件事情时，我需要不时地停下来休息。（　　　）

    B. 当我专注做某件事情时，我不希望受到任何干扰。（　　　）

21. A. 一旦独处太久，我便会感到不安。（　　　）

    B. 若没有足够的独处时间，我便会感到烦躁不安。（　　　）

22. A. 我对一些没有实际用途的意念不感兴趣。（　　　）

    B. 我喜欢意念本身，并享受意念产生的过程。（　　　）

23. A. 当进行谈判时，我依靠自己的知识和技巧。（　　　）

    B. 当进行谈判时，我会拉拢其他人至同一阵线。（　　　）

**当你放假时，你多数时间会**

24. A. 随遇而安，做当时想做的事。（　　　）

    B. 为想做的事情制订时间表。（　　　）

25. A. 花多些时间与别人共处。（　　　）

    B. 花多些时间自己阅读、散步或者做白日梦。（　　　）

26. A. 返回自己喜欢的地方度假。（　　　）

    B. 选择前往一些自己从未去过的地方。（　　　）

27. A. 带着一些与工作或学习有关的事情。（　　　）

    B. 处理一些对自己重要的人际关系。（　　　）

28. A. 忘记平时发生的事情，专心享乐。（　　　）

    B. 想着假期过后要准备的事情。（　　　）

29. A. 参观著名景点。（　　　）

    B. 花时间去博物馆和一些较为幽静的地方。（　　　）

30. A. 在喜欢的餐厅吃饭。（　　　）

    B. 尝试新的菜式。（　　　）

**下列哪种说法最能贴切形容你对自己的看法？**

31. A. 别人认为我会公正处事，并且尊重他人。（　　　）

    B. 别人相信在他们有需要时，我会在他们身边。（　　　）

32. A. 随机应变。（　　　）

    B. 按照计划行事。（　　　）

33. A. 坦率。（　　　）

　　 B. 深沉。（　　　）

34. A. 留意事实。（　　　）

　　 B. 注重事实。（　　　）

35. A. 知识广博。（　　　）

　　 B. 善解人意。（　　　）

36. A. 容易适应转变。（　　　）

　　 B. 行事井井有条。（　　　）

37. A. 爽朗。（　　　）

　　 B. 沉稳。（　　　）

38. A. 实事求是。（　　　）

　　 B. 富有想象力。（　　　）

39. A. 喜欢询问实情。（　　　）

　　 B. 喜欢探索感受。（　　　）

40. A. 不断接受新意见。（　　　）

　　 B. 着眼于达成目标。（　　　）

41. A. 率直。（　　　）

　　 B. 内敛。（　　　）

42. A. 实事求是。（　　　）

　　 B. 目光长远。（　　　）

43. A. 公正。（　　　）

　　 B. 宽容。（　　　）

**你会倾向**

44. A. 暂时放下不愉快的事情，直至心情变好时才处理。（　　　）

　　 B. 及时处理不愉快的事情，务求把它们抛诸脑后。（　　　）

45. A. 自己的工作被欣赏，即使自己并不满意。（　　　）

　　 B. 创造一些有价值的东西，但不一定需要别人知道是你做的。（　　　）

46. A. 在自己感兴趣的范围内，积累丰富的经验。（　　　）

　　 B. 有各式各样的经验。（　　　）

**哪一种说法比较能表达你的看法?**

47. A. 感情用事的人较容易犯错。（　　　）

　　B. 逻辑思维会令人自以为是,因而容易犯错。（　　　）

48. A. 犹豫不决必失败。（　　　）

　　B. 三思而后行。（　　　）


请审视你为每个题目的答案所分配的分数,将每道题目的分数写入下表,并将纵列的分数加在一起,得出 E、I、S、N、T、F、J、P 的总分。

MBTI 职业性格测试题计分表如下表所示。

**MBTI 职业性格测试题计分表**

| 题号 | A | B | 题号 | A | B | 题号 | A | B | 题号 | A | B |
|------|---|---|------|---|---|------|---|---|------|---|---|
| 1 | | | 2 | | | 3 | | | 4 | | |
| 5 | | | 6 | | | 7 | | | 8 | | |
| 9 | | | 10 | | | 11 | | | 12 | | |
| 13 | | | 14 | | | 15 | | | 16 | | |
| 17 | | | 18 | | | 19 | | | 20 | | |
| 21 | | | 22 | | | 23 | | | 24 | | |
| 25 | | | 26 | | | 27 | | | 28 | | |
| 29 | | | 30 | | | 31 | | | 32 | | |
| 33 | | | 34 | | | 35 | | | 36 | | |
| 37 | | | 38 | | | 39 | | | 40 | | |
| 41 | | | 42 | | | 43 | | | 44 | | |
| 45 | | | 46 | | | 47 | | | 48 | | |
| 总分 | | | 总分 | | | 总分 | | | 总分 | | |
| 对应 | E | I | 对应 | S | N | 对应 | T | F | 对应 | J | P |

将上表中各人格类别的总分记入下表。

**MBTI 职业性格测试总分表**

| 人格类别 | 总分 | 人格类别 | 总分 |
|----------|------|----------|------|
| E | | I | |
| S | | N | |
| T | | F | |
| J | | P | |

将同维度下的 2 个人格类别配对(E 与 I、S 与 N、T 与 F、J 与 P),比较

同维度下配对的 2 个人格类别的总分，分值高者，就是比较显著的人格类别，单独列出；如果同维度下的 2 个人格类别的分值相等，则以后者（I、N、F、P）作为比较显著的人格类别，单独列出。

将 4 个维度中比较显著的人格类别列出之后，就能得到一个由 4 个字母组成的显著人格类型，比如 INTJ、ENTP、ISFP 等。这 4 个字母组成的人格类型，就是 MBTI 职业性格测试的最终结果。

# The Big Five 大五人格测试题与答案

　　请认真阅读下表中的每个句子，判断句中描述的情况与你的情况的符合程度。用分值 1~5 来表示你认为的符合程度，数字越大代表越符合（赞同），数字越小代表越不符合（不赞同）。答案无对错之分，答题过程中不需要听从别人的意见。

　　The Big Five 大五人格测试题如下表所示。

The Big Five 大五人格测试题

| 序号 | 问题 | 十分赞同 | 比较赞同 | 不能确定 | 不太赞同 | 十分不赞同 |
| --- | --- | --- | --- | --- | --- | --- |
| | | 5 | 4 | 3 | 2 | 1 |
| 1 | 我是一个充满烦恼的人 | | | | | |
| 2 | 我真心喜欢我遇到的大部分人 | | | | | |
| 3 | 我喜欢浪费时间做白日梦 | | | | | |
| 4 | 我不会怀疑或嘲讽别人的企图 | | | | | |
| 5 | 在工作中，我的效率比较高且能胜任岗位工作 | | | | | |
| 6 | 我经常因为一些事而感到焦虑和恐惧 | | | | | |
| 7 | 我很喜欢和他人交谈 | | | | | |
| 8 | 大自然和艺术的规律形态让我感觉极为奇妙 | | | | | |
| 9 | 我不相信如果你允许别人占你便宜，很多人真的会占你便宜 | | | | | |
| 10 | 我会保持我的物品整洁 | | | | | |
| 11 | 我经常感到紧张和心神不定 | | | | | |
| 12 | 我喜欢很多人在我周围的感觉 | | | | | |
| 13 | 我对诗词歌赋比较有感觉，它们常能打动我 | | | | | |
| 14 | 就算有必要，我也不会为了达到我的目标而去操纵别人 | | | | | |
| 15 | 我不是一个做事有条不紊的人 | | | | | |
| 16 | 别人对待我的方式常让我感到愤怒 | | | | | |
| 17 | 当我阅读一首诗，或者欣赏一件艺术品时，我有时会感到兴奋或惊喜 | | | | | |
| 18 | 比起单独工作，我更喜欢与团队一起工作 | | | | | |
| 19 | 没有人觉得我是自私且以自我为中心的 | | | | | |
| 20 | 我好像总能把事情安排得井井有条 | | | | | |
| 21 | 我经常感到寂寞或忧郁 | | | | | |

| 序号 | 问题 | 十分赞同 | 比较赞同 | 不能确定 | 不太赞同 | 十分不赞同 |
|---|---|---|---|---|---|---|
| | | 5 | 4 | 3 | 2 | 1 |
| 22 | 我愿意成为别人的领袖 | | | | | |
| 23 | 我很少注意自己在不同环境下的情绪或感觉 | | | | | |
| 24 | 没有人觉得我是冷漠或爱算计的 | | | | | |
| 25 | 我会尽心尽力完成一切分配给我的工作 | | | | | |
| 26 | 有时我感到自己一文不值 | | | | | |
| 27 | 我常常感到精力旺盛 | | | | | |
| 28 | 当我找到做事情的正确方法之后，我还会尝试寻找其他可能的方法 | | | | | |
| 29 | 我通常会尽力做到体贴和周到 | | | | | |
| 30 | 我常常能让自己保持可靠或可信 | | | | | |
| 31 | 我经常感到忧郁或沮丧 | | | | | |
| 32 | 我的生活节奏很快 | | | | | |
| 33 | 我经常会尝试新鲜事物或主动了解新鲜事物 | | | | | |
| 34 | 大部分认识我的人都喜欢我 | | | | | |
| 35 | 如果我做出了承诺，通常我能贯彻到底 | | | | | |
| 36 | 很多时候，当事情不对劲时，我会感到挫败或者想放弃 | | | | | |
| 37 | 我是一个十分活跃的人 | | | | | |
| 38 | 我喜欢思考理论或抽象的概念 | | | | | |
| 39 | 我宁愿与人合作，胜过与人竞争 | | | | | |
| 40 | 我有一个明确的方向，并能有条不紊地朝着它努力工作 | | | | | |
| 41 | 有时候，我会羞愧地想要躲起来 | | | | | |
| 42 | 我喜欢身临其境，置身于事件中的感觉 | | | | | |
| 43 | 我对思考宇宙的规律和人类的情况很感兴趣 | | | | | |
| 44 | 就算我不喜欢某个人，我也不会让他知道 | | | | | |
| 45 | 我会努力完成我的目标 | | | | | |
| 46 | 我经常感到自己不如别人 | | | | | |
| 47 | 我是一个乐观主义者 | | | | | |
| 48 | 我对具有思考性的事物充满好奇 | | | | | |
| 49 | 我很少与同事或家人起争执 | | | | | |
| 50 | 我凡事都追求卓越 | | | | | |
| 51 | 我经常感到无助，并且希望有人能帮助我解决问题 | | | | | |
| 52 | 我是一个快乐、积极、乐观、开朗的人 | | | | | |

| 序号 | 问题 | 十分赞同 5 | 比较赞同 4 | 不能确定 3 | 不太赞同 2 | 十分不赞同 1 |
|---|---|---|---|---|---|---|
| 53 | 我相信让学生听富有争议性的演讲不会混淆或误导他们的思想 | | | | | |
| 54 | 我对自己的评价并不高 | | | | | |
| 55 | 我比较习惯按照自己的步调把事情办妥 | | | | | |
| 56 | 当我处在极大的压力之下，我有时会感到自己濒临崩溃 | | | | | |
| 57 | 我很容易笑 | | | | | |
| 58 | 我并不认为做道德决定的时候，一定要考虑专家权威的意见 | | | | | |
| 59 | 在态度上，我常常比较顽固，不愿意妥协 | | | | | |
| 60 | 我不需要花很长时间就能安顿下来工作 | | | | | |

The Big Five 大五人格测试题打分表如下表所示。

### The Big Five 大五人格测试题打分表

| 神经质题目 | 神经质得分 | 外倾性题目 | 外倾性得分 | 开放性题目 | 开放性得分 | 宜人性题目 | 宜人性得分 | 尽责性题目 | 尽责性得分 |
|---|---|---|---|---|---|---|---|---|---|
| 1 | | 2 | | 3 | | 4 | | 5 | |
| 6 | | 7 | | 8 | | 9 | | 10 | |
| 11 | | 12 | | 13 | | 14 | | 15 | |
| 16 | | 17 | | 18 | | 19 | | 20 | |
| 21 | | 22 | | 23 | | 24 | | 25 | |
| 26 | | 27 | | 28 | | 29 | | 30 | |
| 31 | | 32 | | 33 | | 34 | | 35 | |
| 36 | | 37 | | 38 | | 39 | | 40 | |
| 41 | | 42 | | 43 | | 44 | | 45 | |
| 46 | | 47 | | 48 | | 49 | | 50 | |
| 51 | | 52 | | 53 | | 54 | | 55 | |
| 56 | | 57 | | 58 | | 59 | | 60 | |
| 神经质合计 | | 外倾性合计 | | 开放性合计 | | 宜人性合计 | | 尽责性合计 | |

# 16PF 卡特尔人格测试题与答案

每个问题只能选择一个选项。请尽量少选中性答案。请根据自己的实际情况，不必过多地考虑问题的含义，尽快回答每个问题。

1. 我很明了本测试的说明：

A. 是的          B. 不一定          C. 不是的

2. 我对本测试的每一个问题，都能做到诚实地回答：

A. 是的          B. 不一定          C. 不是的

3. 如果有机会，我愿意：

A. 到一个繁华的城市旅行

B. 介于 A、C 之间

C. 去清静的山区

4. 我有能力应付各种困难：

A. 是的          B. 不一定          C. 不是的

5. 即使是关在铁笼里的猛兽，我见了也会感到惴惴不安：

A. 是的          B. 不一定          C. 不是的

6. 我总是不敢大胆批评别人的言行：

A. 是的          B. 有时如此          C. 不是的

7. 我的思想似乎：

A. 比较先进          B. 一般          C. 比较保守

8. 我不擅长说笑话、讲有趣的事：

A. 是的

B. 介于 A、C 之间

C. 不是的

9. 当我见到邻居或朋友争吵时，我总是：

A. 任其自己解决

B. 介于 A、C 之间

C. 予以劝解

10. 在朋友聚会时，我：

A. 谈吐自如

B. 介于 A、C 之间

C. 保持沉默

11. 我愿意做一个：

A. 建筑工程师          B. 不确定          C. 社会科学研究者

12. 阅读时，我喜欢选读：

A. 自然科学书籍          B. 不确定          C. 政治理论书籍

13. 我认为很多人的心理都有些不正常，只是他们不愿承认：

A. 是的

B. 介于 A、C 之间

C. 不是的

14. 我希望我的爱人擅长交际，无须具有文艺才能：

A. 是的          B. 不一定          C. 不是的

15. 对性情急躁、爱发脾气的人，我仍能以礼相待：

A. 是的

B. 介于 A、C 之间

C. 不是的

16. 受人侍奉时我常常感到局促不安：

A. 是的

B. 介于 A、C 之间

C. 不是的

17. 在完成体力或脑力劳动之后，我总是需要比别人更多的休息时间才能保持工作效率：

A. 是的

B. 介于 A、C 之间

C. 不是的

18. 半夜醒来，我常常因为种种不安而不能入睡：

A. 常常如此          B. 有时如此          C. 极少如此

19. 当事情进行得不顺利时，我常常急得眼泪直流：

A. 常常如此　　　　　　　　B. 有时如此　　　　　　　　C. 极少如此

20. 我认为只要双方同意就可以离婚，而不必受传统观念的束缚：

A. 是的

B. 介于 A、C 之间

C. 不是的

21. 我对人或物的兴趣都很容易改变：

A. 是的

B. 介于 A、C 之间

C. 不是的

22. 工作中，我愿意：

A. 与别人合作　　　　　　　B. 不确定　　　　　　　　C. 自己单独进行

23. 我常常无缘无故地自言自语：

A. 常常如此　　　　　　　　B. 偶尔如此　　　　　　　C. 从不如此

24. 无论是工作、饮食还是外出游览，我总是：

A. 匆匆忙忙，不能尽兴

B. 介于 A、C 之间

C. 从容不迫

25. 有时我怀疑别人是否对我的言行真正感兴趣：

A. 是的

B. 介于 A、C 之间

C. 不是的

26. 如果我在工厂里工作，我愿做：

A. 技术科的工作

B. 介于 A、C 之间

C. 宣传科的工作

27. 在阅读时我喜欢看：

A. 有关太空旅行的书籍

B. 不太确定

C. 有关家庭教育的书籍

28. 本题中列出的 3 个单词中，哪 1 个与其他 2 个单词不同类：

A. 狗　　　　　　　　　B. 石头　　　　　　　　　C. 牛

29. 如果我到一个新的环境，我会：

A. 把生活安排得和从前一样

B. 不确定

C. 和从前不一样

30. 在一生中，我总觉得我能达到预期的目标：

A. 是的　　　　　　　　B. 不一定　　　　　　　　C. 不是的

31. 当我说谎时，我总觉得内心羞愧而不敢直视对方：

A. 是的　　　　　　　　B. 不一定　　　　　　　　C. 不是的

32. 假使我手里拿着一支装着子弹的手枪，我必须把子弹拿出来才能安心：

A. 是的

B. 介于 A、C 之间

C. 不是的

33. 多数人认为我是一个说话风趣的人：

A. 是的　　　　　　　　B. 不一定　　　　　　　　C. 不是的

34. 如果人们知道我内心的成见，他们会大吃一惊：

A. 是的　　　　　　　　B. 不一定　　　　　　　　C. 不是的

35. 在公共场合，如果我突然成为大家注意的中心，我就会感到局促不安：

A. 是的

B. 介于 A、C 之间

C. 不是的

36. 我总喜欢参加规模庞大的晚会或集会：

A. 是的

B. 介于 A、C 之间

C. 不是的

37. 在学科中，我喜欢：

A. 音乐　　　　　　　　B. 不一定　　　　　　　　C. 手工劳动

38. 我常常怀疑那些出乎我意料的、对我过于友善的人的动机是否良好：

A. 是的

B. 介于 A、C 之间

C. 不是的

39. 我愿意把我的生活安排得像一个：

A. 艺术家　　　　　　　B. 不确定　　　　　　　C. 会计师

40. 我认为目前需要的是：

A. 一些改造世界的理想家

B. 不确定

C. 脚踏实地的实干家

41. 有时候我觉得我需要剧烈的体力劳动：

A. 是的

B. 介于 A、C 之间

C. 不是的

42. 我愿意与有教养的人来往而不愿意同粗鲁的人交往：

A. 是的

B. 介于 A、C 之间

C. 不是的

43. 在处理一些必须依靠智慧的事务时：

A. 我的亲人表现得比一般人差

B. 我的亲人表现得很普通

C. 我的亲人表现得比一般人好

44. 当领导找我谈话时，我：

A. 觉得可以趁机提出建议

B. 介于 A、C 之间

C. 总怀疑自己做错事

45. 如果待遇优厚，我愿意做护理精神病人的工作：

A. 是的

B. 介于 A、C 之间

C. 不是的

46. 读报时，我喜欢读：

A. 当今世界的基本问题

B. 介于 A、C 之间

C. 地方新闻

47. 在接受困难的任务时，我总是：

A. 有独立完成的信心

B. 不确定

C. 希望有别人的帮助和指导

48. 在游览时，我宁愿观看一个画家写生，也不愿听大家辩论：

A. 是的 　　　　　　　B. 不一定 　　　　　　　C. 不是的

49. 我的神经脆弱，稍有刺激就会战栗：

A. 时常如此 　　　　　B. 有时如此 　　　　　C. 从不如此

50. 早晨起来，我常常感到疲乏不堪：

A. 是的

B. 介于 A、C 之间

C. 不是的

51. 如果待遇相同，我愿意做：

A. 森林管理员 　　　　B. 不一定 　　　　　　C. 中小学教员

52. 每逢过年过节或亲友结婚时，我：

A. 喜欢赠送礼品 　　　B. 不太确定 　　　　　C. 不愿赠送礼品

53. 本题中列出的 3 个数字中，哪 1 个数字与其他 2 个数字不同：

A. 5 　　　　　　　　　B. 2 　　　　　　　　　C. 7

54. 猫和鱼就像牛和：

A. 牛奶 　　　　　　　B. 草 　　　　　　　　　C. 盐

55. 我在小学时敬佩的老师，到现在仍然值得我敬佩：

A. 是的 　　　　　　　B. 不一定 　　　　　　　C. 不是的

56. 我觉得我确实有一些别人没有的优良品质：

A. 是的 　　　　　　　B. 不一定 　　　　　　　C. 不是的

57. 根据我的能力，即使让我做一些平凡的工作，我也会感到安心：

A. 是的 　　　　　　　B. 不太确定 　　　　　C. 不是的

58. 我看电影或参加其他娱乐活动的次数：

A. 比一般人多 　　　　B. 与一般人相同 　　　C. 比一般人少

59. 我喜欢从事需要精密技术的工作：

A. 是的

B. 介于 A、C 之间

C. 不是的

60. 在有威望、有地位的人面前，我总是较为局促谨慎：

A. 是的

B. 介于 A、C 之间

C. 不是的

61. 对于我来说，在大众面前演讲或表演是一件难事：

A. 是的

B. 介于 A、C 之间

C. 不是的

62. 我愿意：

A. 指挥几个人工作

B. 不确定

C. 和同事们一起工作

63. 即使我做了一件让别人笑话的事，我也能坦然处之：

A. 是的

B. 介于 A、C 之间

C. 不是的

64. 我认为没有人会幸灾乐祸地希望我遇到困难：

A. 是的　　　　　　　　B. 不确定　　　　　　　　C. 不是的

65. 一个人应该考虑人生的真正意义：

A. 是的　　　　　　　　B. 不确定　　　　　　　　C. 不是的

66. 我喜欢去处理被别人弄得一塌糊涂的工作：

A. 是的

B. 介于 A、C 之间

C. 不是的

67. 当我非常高兴时，我总有一种"好景不长"的感受：

A. 是的

B. 介于 A、C 之间

C. 不是的

68. 在一般的困难情境中，我总能保持乐观：

A. 是的            B. 不一定            C. 不是的

69. 迁居是一件极不愉快的事：

A. 是的

B. 介于 A、C 之间

C. 不是的

70. 在年轻的时候，当我和父母的意见不同时，我会：

A. 保留自己的意见

B. 介于 A、C 之间

C. 接受父母的意见

71. 我希望让我的家庭：

A. 成为适合自身活动和娱乐的地方

B. 介于 A、C 之间

C. 成为邻里交往活动的一部分

72. 我解决问题时，多借助于：

A. 个人独立思考

B. 介于 A、C 之间

C. 与别人讨论

73. 在需要当机立断时，我总是：

A. 镇静地运用理智

B. 介于 A、C 之间

C. 感到紧张兴奋

74. 最近在某些事情上，我觉得我是无辜受累的：

A. 是的

B. 介于 A、C 之间

C. 不是的

75. 我善于控制我的表情：

A. 是的

B. 介于 A、C 之间

C. 不是的

76. 如果待遇相同，我愿做一个：

A. 化学研究工作者　　　　　B. 不确定　　　　　　　C. 旅行社经理

77. 以"惊讶"与"新奇"搭配为例，我认为"惧怕"与（　　　）搭配：

A. 勇敢　　　　　　　　　　B. 焦虑　　　　　　　　C. 恐怖

78. 本题中列出的 3 个分数中，哪 1 个数与其他 2 个数不同：

A. 3/7　　　　　　　　　　B. 3/9　　　　　　　　　C. 3/11

79. 不知为什么，有些人总是回避或冷落我：

A. 是的　　　　　　　　　　B. 不一定　　　　　　　C. 不是的

80. 我虽然以好意待人，但常常得不到好报：

A. 是的　　　　　　　　　　B. 不一定　　　　　　　C. 不是的

81. 我不喜欢争强好胜的人：

A. 是的

B. 介于 A、C 之间

C. 不是的

82. 与一般人相比，我的朋友的确太少：

A. 是的

B. 介于 A、C 之间

C. 不是的

83. 不在万不得已的情况下，我总是回避参加应酬类活动：

A. 是的　　　　　　　　　　B. 不一定　　　　　　　C. 不是的

84. 我认为对领导逢迎得当比在工作中表现得好更重要：

A. 是的

B. 介于 A、C 之间

C. 不是的

85. 参加竞赛时，我总是将重心放在竞赛的活动上，而不计较其成败：

A. 总是如此　　　　　　　　B. 一般如此　　　　　　C. 偶尔如此

86. 按照我个人的意愿，我希望做的工作是：

A. 有固定可靠的工资收入

B. 介于 A、C 之间

C. 工资高低应随我的工作表现随时调整

87. 我愿意阅读：

A. 军事与政治的实事记载

B. 不一定

C. 富有感情的、幻想的作品

88. 我认为有许多人之所以不敢犯罪，是因为怕被惩罚：

A. 是的

B. 介于 A、C 之间

C. 不是的

89. 我的父母从来不严格要求我事事顺从：

A. 是的                    B. 不一定                    C. 不是的

90. "百折不挠，再接再厉"的精神常常被人们忽略：

A. 是的                    B. 不一定                    C. 不是的

91. 当有人对我发火时，我总是：

A. 设法使他冷静下来

B. 不太确定

C. 自己也会发火

92. 我希望人们都友好相处：

A. 是的                    B. 不一定                    C. 不是的

93. 不论是在极高的屋顶上，还是在极深的隧道中，我都很少感到胆怯不安：

A. 是的

B. 介于 A、C 之间

C. 不是的

94. 只要没有过错，不管别人怎么说，我总能心安理得：

A. 是的                    B. 不一定                    C. 不是的

95. 我认为无法用理智来解决的问题，有时不得不靠强权处理：

A. 是的

B. 介于 A、C 之间

C. 不是的

96. 我在年轻的时候，会与异性朋友交往：

A. 是的

B. 介于 A、C 之间

C. 不是的

97. 我在社团活动中，是一个活跃分子：

A. 是的

B. 介于 A、C 之间

C. 不是的

98. 在人声嘈杂中，我仍能不受干扰、专心工作：

A. 是的

B. 介于 A、C 之间

C. 不是的

99. 在某些心境下，我常常因为困惑而陷入空想并将工作搁置：

A. 是的

B. 介于 A、C 之间

C. 不是的

100. 我很少用难堪的语言刺伤别人：

A. 是的　　　　　　　　　B. 不太确定　　　　　　　C. 不是的

101. 如果让我选择，我宁愿做：

A. 列车员　　　　　　　　B. 不确定　　　　　　　　C. 描图员

102. "理不胜词"的意思是：

A. 理不如词

B. 理多而词少

C. 辞藻华丽而理不足

103. 以"铁锹"与"挖掘"搭配为例，我认为"刀子"与（　　　）搭配：

A. 琢磨　　　　　　　　　B. 切割　　　　　　　　　C. 铲除

104. 我在大街上常常避开我不愿意打招呼的人：

A. 极少如此　　　　　　　B. 偶尔如此　　　　　　　C. 经常如此

105. 当我聚精会神地听音乐时，假使有人在旁边高谈阔论：

A. 我仍能专心听音乐

B. 介于 A、C 之间

C. 我会因不能专心而感到恼怒

106. 在课堂上，如果我的意见与老师不同，我常常：

A. 保持沉默　　　　　　　B. 不一定　　　　　　　C. 表明自己的看法

107. 我单独与异性谈话时，总显得不自然：

A. 是的

B. 介于 A、C 之间

C. 不是的

108. 我在待人接物方面，的确不太成功：

A. 是的　　　　　　　　B. 不完全是这样　　　　C. 不是的

109. 每当需要做一项困难的工作时，我总是：

A. 预先做好准备

B. 介于 A、C 之间

C. 相信到时候总会有办法解决的

110. 在我结交的朋友中，男女各占一半：

A. 是的

B. 介于 A、C 之间

C. 不是的

111. 在结交朋友方面，我：

A. 结识了很多人

B. 不一定

C. 仅有几个深交的朋友

112. 我愿意做一个社会科学家，而不愿做一个机械工程师：

A. 是的　　　　　　　　B. 不太确定　　　　　　C. 不是的

113. 如果我发现别人的缺点，我常常不顾一切地指责别人：

A. 是的

B. 介于 A、C 之间

C. 不是的

114. 我喜欢设法影响和我一起工作的同事，从而使他们能协助我达成我的目标：

A. 是的

B. 介于 A、C 之间

C. 不是的

115. 我喜欢做与音乐、舞蹈、新闻采访等有关的工作：

A. 是的            B. 不一定            C. 不是的

116. 当人们表扬我的时候，我总觉得羞愧窘促：

A. 是的

B. 介于 A、C 之间

C. 不是的

117. 我认为一个国家最需要解决的问题是：

A. 政治问题            B. 不太确定            C. 道德问题

118. 有时我会无故地产生一种面临大祸的恐惧：

A. 是的            B. 有时如此            C. 不是的

119. 我在童年时，害怕黑暗的次数：

A. 很多            B. 不太多            C. 几乎没有

120. 在闲暇的时候，我喜欢：

A. 看一本历史性的探险小说

B. 不一定

C. 读一本科学性的幻想小说

121. 当人们批评我古怪不正常时，我：

A. 非常气恼            B. 有些气恼            C. 无所谓

122. 当来到一个新城市里找某个地方时，我常常：

A. 找人问路

B. 介于 A、C 之间

C. 参考地图

123. 当朋友声明她要在家休息时，我总是设法怂恿她同我一起到外面玩：

A. 是的            B. 不一定            C. 不是的

124. 在就寝时，我常常：

A. 不易入睡

B. 介于 A、C 之间

C. 极易入睡

125. 有人烦扰我时，我：

A. 能不露声色

B. 介于 A、C 之间

C. 总要说给别人听，以泄愤怒

126. 如果待遇相同，我愿做一个：

A. 律师 　　　　　　　B. 不确定 　　　　　　　C. 航海员

127. "时间变成了永恒"这是比喻：

A. 时间过得快 　　　　B. 忘了时间 　　　　　　C. 光阴一去不复返

128. 本题中的哪一项应接在 "×0000××00×××" 的后面：

A. ×0× 　　　　　　　B. 00× 　　　　　　　　C. 0××

129. 不论到什么地方，我都能清楚地辨别方向：

A. 是的

B. 介于 A、C 之间

C. 不是的

130. 我热爱我所学的专业和所从事的工作：

A. 是的 　　　　　　　B. 不一定 　　　　　　　C. 不是的

131. 如果我急于借朋友的东西，而朋友又不在家，我认为不告而取也没有关系：

A. 是的

B. 介于 A、C 之间

C. 不是的

132. 我喜欢向朋友讲述一些我个人有趣的经历：

A. 是的

B. 介于 A、C 之间

C. 不是的

133. 我宁愿做一个：

A. 演员 　　　　　　　B. 不确定 　　　　　　　C. 建筑师

134. 在业余时间，我总是能做好安排，不浪费时间：

A. 是的

B. 介于 A、C 之间

C. 不是的

135. 在与别人的交往中，我常常会无缘无故地产生一种自卑感：

A. 是的

B. 介于 A、C 之间

C. 不是的

136. 与不熟的人交谈对我来说：

A. 毫不困难

B. 介于 A、C 之间

C. 是一件难事

137. 我喜欢的音乐是：

A. 轻松活泼的

B. 介于 A、C 之间

C. 富有感情的

138. 我爱想入非非：

A. 是的          B. 不一定          C. 不是的

139. 我认为未来 20 年的世界局势定将好转：

A. 是的          B. 不一定          C. 不是的

140. 在童年时，我喜欢阅读：

A. 神话幻想故事       B. 不确定          C. 战争故事

141. 我向来对机械、汽车等感兴趣：

A. 是的

B. 介于 A、C 之间

C. 不是的

142. 即使让我做一个缓刑释放罪犯的管理人，我也会把工作做得很好：

A. 是的

B. 介于 A、C 之间

C. 不是的

143. 我仅仅被认为是一个能够依靠苦干而稍有成就的人：

A. 是的

B. 介于 A、C 之间

C. 不是的

144. 就算在不顺利的情况下，我仍能保持精神振奋：

A. 是的

B. 介于 A、C 之间

C. 不是的

145. 我认为节制生育是解决经济与和平问题的重要条件：

A. 是的                    B. 不太确定                    C. 不是的

146. 在工作中，我喜欢独自筹划，不愿被别人干涉：

A. 是的

B. 介于 A、C 之间

C. 不是的

147. 尽管有的同事和我意见不合，但我仍能跟她搞好关系：

A. 是的

B. 介于 A、C 之间

C. 不是的

148. 我在工作和学习时，总是不粗心大意、不忽略细节：

A. 是的

B. 介于 A、C 之间

C. 不是的

149. 在与人争辩或险遭事故后，我常常表现出震颤、筋疲力尽、不能安心工作：

A. 是的

B. 介于 A、C 之间

C. 不是的

150. 未经医生诊断，我从不乱吃药：

A. 是的

B. 介于 A、C 之间

C. 不是的

151. 根据我个人的兴趣，我愿意参加：

A. 摄影组织活动                    B. 不确定                    C. 文娱队活动

152. 以"星火"与"燎原"搭配为例，我认为"姑息"与（        ）搭配：

A. 同情                    B. 养奸                    C. 纵容

153. "钟表"与"时间"的关系犹如"裁缝"与（　　）的关系：

A. 服装　　　　　　　　B. 剪刀　　　　　　　　C. 布料

154. 生动的梦境常常干扰我的睡眠：

A. 经常如此　　　　　　B. 偶尔如此　　　　　　C. 从不如此

155. 我爱打抱不平：

A. 是的

B. 介于 A、C 之间

C. 不是的

156. 如果我要到一个新城市，我会：

A. 到处闲逛

B. 不确定

C. 避免去不安全的地方

157. 我爱穿朴素的衣服，不愿穿华丽的服装：

A. 是的　　　　　　　　B. 不太确定　　　　　　C. 不是的

158. 我认为安静的娱乐远胜过热闹的宴会：

A. 是的　　　　　　　　B. 不太确定　　　　　　C. 不是的

159. 我明知自己有缺点，但不愿接受别人的批评：

A. 偶尔如此　　　　　　B. 极少如此　　　　　　C. 从不如此

160. 我总是把"是、非、善、恶"作为处理问题的原则：

A. 是的

B. 介于 A、C 之间

C. 不是的

161. 当我工作时，我不喜欢有许多人在旁边参观：

A. 是的

B. 介于 A、C 之间

C. 不是的

162. 我认为，侮辱那些即使有错误但有文化教养的人，如医生、教师等，也是不应该的：

A. 是的

B. 介于 A、C 之间

C. 不是的

163. 在各种课程中，我喜欢：

A. 语文　　　　　　　　B. 不确定　　　　　　　　C. 数学

164. 那些自以为是、道貌岸然的人使我生气：

A. 是的

B. 介于 A、C 之间

C. 不是的

165. 与循规蹈矩的人交谈：

A. 我很有兴趣，并能有所收获

B. 介于 A、C 之间

C. 他们的思想简单，使我厌烦

166. 我喜欢：

A. 有几个有时对我苛求，但富有感情的朋友

B. 介于 A、C 之间

C. 不受别人的干扰

167. 如果征求我的意见，我赞同：

A. 切实制止精神病患者和智力低下的人生育

B. 不确定

C. 对杀人犯必须判处死刑

168. 有时我会无缘无故地感到沮丧，甚至痛哭流涕：

A. 是的

B. 介于 A、C 之间

C. 不是的

169. 当与立场相反的人争辩时，我主张：

A. 尽量找出基本概念的差异

B. 不一定

C. 彼此让步

170. 我一向重感情而不重理智，因而我的观点常常动摇：

A. 是的　　　　　　　　B. 不一定　　　　　　　　C. 不是的

171. 我的学习多依赖于：

A. 阅读书刊

B. 介于 A、C 之间

C. 参加集体讨论

172. 我宁愿选择一个工资较高的工作，不在乎是否有保障，也不愿做工资低的固定工作：

A. 是的　　　　　　　　B. 不一定　　　　　　　　C. 不是的

173. 在参加讨论时，我总是能坚守自己的立场：

A. 经常如此　　　　　　B. 一般如此　　　　　　　C. 必要时才如此

174. 我常常被一些无谓的小事烦扰：

A. 是的

B. 介于 A、C 之间

C. 不是的

175. 我宁愿住在嘈杂的闹市区，也不愿住在僻静的区域：

A. 是的　　　　　　　　B. 不太确定　　　　　　　C. 不是的

176. 下列工作如果任我挑选，我愿做：

A. 少先队辅导员　　　　B. 不太确定　　　　　　　C. 修表工作

177. 一人（　　）事，人人受累：

A. 债　　　　　　　　　B. 愤　　　　　　　　　　C. 喷

178. 望子成龙的家长往往（　　）苗助长：

A. 揠　　　　　　　　　B. 堰　　　　　　　　　　C. 偃

179. 天气的变化并不会影响我的情绪：

A. 是的

B. 介于 A、C 之间

C. 不是的

180. 因为我对一切问题都有一些见解，所以大家认为我是一个有头脑的人：

A. 是的

B. 介于 A、C 之间

C. 不是的

181. 我讲话的声音：

A. 洪亮

B. 介于 A、C 之间

C. 低沉

182. 一般人都认为我是一个活跃热情的人：

A. 是的

B. 介于 A、C 之间

C. 不是的

183. 我喜欢做出差机会较多的工作：

A. 是的

B. 介于 A、C 之间

C. 不是的

184. 我做事严格，力求把事情办得尽善尽美：

A. 是的

B. 介于 A、C 之间

C. 不是的

185. 在取回或归还所借的东西时，我总是仔细检查，看东西是否保持原样：

A. 是的

B. 介于 A、C 之间

C. 不是的

186. 我通常精力充沛，忙碌多事：

A. 是的　　　　　　　　B. 不一定　　　　　　　　C. 不是的

187. 我确信我没有遗漏或漫不经心地回答上面的任何问题：

A. 是的　　　　　　　　B. 不确定　　　　　　　　C. 不是的

本测试题共包括对 16 种人格因素的测评，各项人格因素所包含的题目序号如下表所示。

各项人格因素所包含的题目序号

| 人格因素 | 包含的题目序号 |
|---|---|
| A | 3；26；27；51；52；76；101；126；151；176 |
| B | 28；53；54；77；78；102；103；127；128；152；153；177；178 |

| 人格因素 | 包含的题目序号 |
|---|---|
| C | 4；5；29；30；55；79；80；104；105；129；130；154；179 |
| E | 6；7；31；32；56；57；81；106；131；155；156；180；181 |
| F | 8；33；58；82；83；107；108；132；133；157；158；182；183 |
| G | 9；34；59；84；109；134；159；160；184；185 |
| H | 10；35；36；60；61；85；86；110；111；135；136；161；186 |
| I | 11；12；37；62；87；112；137；138；162；163 |
| L | 13；38；63；64；88；89；113；114；139；164 |
| M | 14；15；39；40；65；90；91；115；116；140；141；165；166 |
| N | 16；17；41；42；66；67；92；117；142；167 |
| O | 18；19；43；44；68；69；93；94；118；119；143；144；168 |
| Q1 | 20；21；45；46；70；95；120；145；169；170 |
| Q2 | 22；47；71；72；96；97；121；122；146；171 |
| Q3 | 23；24；48；73；98；123；147；148；172；173 |
| Q4 | 25；49；50；74；75；99；100；124；125；149；150；174；175 |

将每项人格因素包含的题目得分加起来，就是该项人格因素的原始分，每题具体的计分方法如下。

下列每题凡是选择以下选项的人得 1 分，否则得 0 分。

28.B　53.B　54.B　77.C　78.B　102.C　103.B　127.C　128.B　152.B　153.C　177.A　178.A

下列每题凡是选择 B 选项的人均得 1 分，选以下选项的人得 2 分，否则得 0 分。

3.A　4.A　5.C　6.C　7.A　8.C　9.C　10.A　11.C　12.C　13.A　14.C　15.C　16.C　17.A　18.A　19.C　20.A　21.A　22.C　23.C　24.C　25.A　26.C　27.C　29.C　30.A　31.C　32.C　33.A　34.C　35.C　36.A　37.A　38.A　39.A　40.A　41.C　42.A　43.A　44.C　45.C　46.A　47.A　48.A　49.A　50.A　51.C　52.A　55.A　56.A　57.C　58.A　59.A　60.C　61.C　62.C　63.C　64.C　65.A　66.C　67.C　68.C　69.A　70.A　71.A　72.A　73.A　74.A　75.C　76.C　79.C　80.C　81.C　82.C　83.C　84.C　85.C　86.C　87.C　88.A　89.C　90.C　91.A　92.C　93.C　94.C　95.C　96.C　97.C　98.A　99.A　100.A　101.A　104.A　105.A　106.C　107.A　108.A　109.A　110.A　111.A　112.A　113.A　114.A　115.A　116.A　117.A　118.A　119.A　120.C　121.C　122.C　123.C　124.A　125.C　126.A　129.A　130.A　131.A　132.A　133.A　134.A　135.C　136.A　137.C　138.A　139.C

140.A　141.C　142.A　143.A　144.C　145.A　146.A　147.A　148.A　149.A

150.A　151.C　154.C　155.A　156.A　157.C　158.C　159.C　160.A　161.C

162.C　163.A　164.A　165.C　166.C　167.A　168.A　169.A　170.C　171.A

172.C　173.A　174.A　175.C　176.A　179.A　180.A　181.A　182.A　183.A

184.A　185.A　186.A

其中，第1、第2、第187题不计分。

将各项人格因素对应题目的得分结果相加之后，得到原始分。可以将原始分换算成标准分，如下表所示。

**16PF 卡特尔人格测评原始分与标准分换算表**

| 因素＼标准分 | 1 | 2 | 3 | 4 | 5 | 6 | 7 | 8 | 9 | 10 |
|---|---|---|---|---|---|---|---|---|---|---|
| A | 0～1 | 2～3 | 4～5 | 6 | 7～8 | 9～11 | 12～13 | 14 | 15～16 | 17～20 |
| B | 0～3 | 4 | 5 | 6 | 7 | 8 | 9 | 10 | 11 | 12～13 |
| C | 0～5 | 6～7 | 8～9 | 10～11 | 12～13 | 14～16 | 17～18 | 19～20 | 21～22 | 23～26 |
| E | 0～2 | 3～4 | 5 | 6～7 | 8～9 | 10～12 | 13～14 | 15～16 | 17～18 | 19～26 |
| F | 0～3 | 4 | 5～6 | 7 | 8～9 | 10～12 | 13～14 | 15～16 | 17～18 | 19～26 |
| G | 0～5 | 6～7 | 8～9 | 10 | 11～12 | 13～14 | 15～16 | 17 | 18 | 19～20 |
| H | 0～1 | 2 | 3 | 4～6 | 7～8 | 9～11 | 12～14 | 15～16 | 17～19 | 20～26 |
| I | 0～5 | 6 | 7～8 | 9 | 10～11 | 12～13 | 14 | 15～16 | 17 | 18～20 |
| L | 0～3 | 4～5 | 6 | 7～8 | 9～10 | 11～12 | 13 | 14～15 | 16 | 17～20 |
| M | 0～5 | 6～7 | 8～9 | 10～11 | 12～13 | 14～15 | 16～17 | 18～19 | 20 | 21～26 |
| N | 0～2 | 3 | 4 | 5～6 | 7～8 | 9～10 | 11 | 12～13 | 14 | 15～20 |
| O | 0～2 | 3～4 | 5～6 | 7～8 | 9～10 | 11～12 | 13～14 | 15～16 | 17～18 | 19～26 |
| Q1 | 0～4 | 5 | 6～7 | 8 | 9～10 | 11～12 | 13 | 14 | 15 | 16～20 |
| Q2 | 0～5 | 6～7 | 8 | 9～10 | 11～12 | 13～14 | 15 | 16～17 | 18 | 19～20 |
| Q3 | 0～4 | 5～6 | 7～8 | 9～10 | 11～12 | 13～14 | 15 | 16～17 | 18 | 19～20 |
| Q4 | 0～2 | 3～4 | 5～6 | 7～8 | 9～11 | 12～14 | 15～16 | 17～19 | 20～21 | 22～26 |

每项人格因素的标准分得分超过8分者为高分，标准分得分低于3分者为低分。被测评人在各项人格因素上的得分不同，其适合的职业类别就不同。

# 九型人格测试题与答案

请在下列测试题中不同问题后面的"同意"/"不同意"处画"√"。所有题目都要回答，回答时不需要过多思考。难以判断同意或不同意的题目可以参考自己在第一时间的感觉。

九型人格测试题如下表所示。

九型人格测试题

| 序号 | 题目 | 同意 | 不同意 |
|------|------|------|--------|
| 1 | 我很容易被迷惑 | | |
| 2 | 我虽不想成为一个喜欢批评的人，但很难做到 | | |
| 3 | 我喜欢研究宇宙的道理、哲理 | | |
| 4 | 我很注意自己是否年轻，因为那是本钱 | | |
| 5 | 我喜欢独立自主，一切凭自己 | | |
| 6 | 当我有困难时，我会试着不让人知道 | | |
| 7 | 被人误解对我而言是一件十分痛苦的事 | | |
| 8 | 向别人伸出援手会给我带来很大的满足感 | | |
| 9 | 我常常设想最糟的结果而使自己陷入苦恼中 | | |
| 10 | 我常常试探或考验朋友、伴侣的忠诚度 | | |
| 11 | 我看不起那些不如我坚强的人，有时我会用种种方式羞辱他们 | | |
| 12 | 身体上的舒适对我非常重要 | | |
| 13 | 我能触碰生活中的悲伤和不幸 | | |
| 14 | 别人不能完成他的分内事，这会令我失望和愤怒 | | |
| 15 | 我时常拖延，不去解决问题 | | |
| 16 | 我喜欢戏剧性、多姿多彩的生活 | | |
| 17 | 我认为自己非常不完美 | | |
| 18 | 我对感官的需求特别强烈，喜欢美食、服装、身体上的触觉刺激，并纵情享受 | | |
| 19 | 当别人请教我一些问题时，我会巨细无遗地为他分析得很清楚 | | |
| 20 | 我习惯于推销自己，从不觉得难为情 | | |
| 21 | 有时我会放纵自己、做出僭越的事 | | |
| 22 | 帮不到别人会让我觉得痛苦 | | |
| 23 | 我不喜欢人家问我广泛、笼统的问题 | | |
| 24 | 在某些方面（例如食物等）我有放纵的倾向 | | |
| 25 | 我宁愿适应别人，包括我的伴侣，而不会反抗他们 | | |

| 序号 | 题目 | 同意 | 不同意 |
|---|---|---|---|
| 26 | 我最不喜欢的一件事就是虚伪 | | |
| 27 | 我知错能改，但由于执着好强，我周围的人还是会感觉到压力 | | |
| 28 | 我常觉得很多事情都很好玩、很有趣，人生真是快乐 | | |
| 29 | 我有时很欣赏自己充满权威感，有时却又优柔寡断、依赖别人 | | |
| 30 | 我习惯付出多于接受 | | |
| 31 | 面对威胁时，我一是会变得焦虑，二是会对抗迎面而来的威胁 | | |
| 32 | 我通常是等别人来接近我，而不是我去接近他们 | | |
| 33 | 我喜欢当主角，希望得到大家的关注 | | |
| 34 | 别人批评我，我也不会回应和辩解，因为我不想发生任何争执与冲突 | | |
| 35 | 我有时期待别人的指导，有时却忽略别人的忠告径直去做我想做的事 | | |
| 36 | 我经常忘记自己的需要 | | |
| 37 | 在重大危机中，我通常能克服对自己的质疑和内心的焦虑 | | |
| 38 | 我是一个天生的推销员，说服别人对我来说是一件容易的事 | | |
| 39 | 我不相信一个自己一直都无法了解的人 | | |
| 40 | 我爱依惯例行事，不太喜欢改变 | | |
| 41 | 我很在乎家人，在家中表现得忠诚且包容 | | |
| 42 | 我被动而优柔寡断 | | |
| 43 | 我很有包容力，彬彬有礼，但与人的感情不深 | | |
| 44 | 我沉默寡言，好像不会关心别人似的 | | |
| 45 | 当沉浸在工作或我擅长的领域中时，别人会觉得我冷酷无情 | | |
| 46 | 我常常保持警觉 | | |
| 47 | 我不喜欢要对人尽义务的感觉 | | |
| 48 | 如果不能完美地表态，我宁愿不说 | | |
| 49 | 我的计划比我实际完成的还要多 | | |
| 50 | 我野心勃勃，喜欢挑战和登上高峰的体验 | | |
| 51 | 我倾向于独断专行和自己解决问题 | | |
| 52 | 我在很多时候都感到被遗弃 | | |
| 53 | 我常常表现出十分忧郁的样子，充满痛苦而且内向 | | |
| 54 | 初见陌生人时，我会表现得很冷漠、高傲 | | |
| 55 | 我的面部表情严肃而生硬 | | |
| 56 | 我很飘忽，常常不知自己下一刻想要什么 | | |
| 57 | 我常对自己很挑剔，期望不断改正自己的缺点，以成为一个完美的人 | | |
| 58 | 我特别敏感，并怀疑那些总是很快乐的人 | | |
| 59 | 我做事有效率，也会找捷径，模仿能力特别强 | | |
| 60 | 我讲理、重实用 | | |
| 61 | 我有很强的创造天分和想象力，喜欢将事情重新整合 | | |

| 序号 | 题目 | 同意 | 不同意 |
|------|------|------|--------|
| 62 | 我不要求得到很多的注意力 | | |
| 63 | 我喜欢每件事都井然有序，但别人会认为我过分执着 | | |
| 64 | 我渴望拥有完美的心灵伴侣 | | |
| 65 | 我常夸耀自己，对自己的能力十分有信心 | | |
| 66 | 如果周遭的人行为太过分，我准会让他难堪 | | |
| 67 | 我外向、精力充沛，喜欢不断追求成就，这使我自我感觉十分良好 | | |
| 68 | 我是一位忠实的朋友和伙伴 | | |
| 69 | 我知道如何让别人喜欢我 | | |
| 70 | 我很少看到别人的功劳和好处 | | |
| 71 | 我很容易看到别人的功劳和好处 | | |
| 72 | 我嫉妒心强，喜欢跟别人比较 | | |
| 73 | 我对别人做的事总是不放心，批评一番后，自己会动手再做 | | |
| 74 | 别人会说我常戴着面具做人 | | |
| 75 | 有时我会激怒对方，引来莫名其妙的争吵，但其实是想试探对方爱不爱我 | | |
| 76 | 我会尽力保护我所爱的人 | | |
| 77 | 我常常刻意保持兴奋的情绪 | | |
| 78 | 我只喜欢与有趣的人为友，不愿与无趣的人交往，即使他们看起来很有深度 | | |
| 79 | 我常往外跑，四处帮助别人 | | |
| 80 | 有时我会讲求效率而牺牲完美和原则 | | |
| 81 | 我似乎不太懂得幽默，没有弹性 | | |
| 82 | 我待人热情而有耐心 | | |
| 83 | 在人群中我时常感到害羞和不安 | | |
| 84 | 我喜欢高效率，讨厌拖泥带水 | | |
| 85 | 帮助别人获得快乐和成功是我重要的成就 | | |
| 86 | 付出时，别人若不欣然接纳，我便会有挫败感 | | |
| 87 | 我的肢体硬邦邦的，我不习惯接受别人热情的付出 | | |
| 88 | 我对大部分社交集会不太感兴趣，除非那里有我熟识和喜爱的人 | | |
| 89 | 很多时候我会有强烈的寂寞感 | | |
| 90 | 人们很乐意向我诉说他们遭遇的问题 | | |
| 91 | 我不但不会说甜言蜜语，而且别人会觉得我唠叨不停 | | |
| 92 | 我常担心自由被剥夺，因此不爱做出承诺 | | |
| 93 | 我喜欢告诉别人我所做的事和所知的一切 | | |
| 94 | 别人很容易认同我所做的事和所知的一切 | | |
| 95 | 我要求光明正大，为此不惜与人发生冲突 | | |

| 序号 | 题目 | 同意 | 不同意 |
|---|---|---|---|
| 96 | 我很有正义感,有时会支持不利的一方 | | |
| 97 | 我注重小节而效率不高 | | |
| 98 | 我容易感到沮丧和麻木,多于感到愤怒 | | |
| 99 | 我不喜欢那些具有侵略性或过度情绪化的人 | | |
| 100 | 我非常情绪化,一天内的喜怒哀乐多变 | | |
| 101 | 我不想让别人知道我的感受与想法,除非我告诉他们 | | |
| 102 | 我喜欢刺激和紧张的关系,而不是稳定和依赖的关系 | | |
| 103 | 我很少用心倾听别人的心声,只喜欢说说俏皮话和笑话 | | |
| 104 | 我是一个循规蹈矩的人,秩序对我来说十分有意义 | | |
| 105 | 我很难建立一种我感到真正被爱的关系 | | |
| 106 | 假如我想要结束一段关系,我不是直接告诉对方就是激怒对方让他离开我 | | |
| 107 | 我温和平静,不自夸,不爱与人竞争 | | |
| 108 | 我有时善良可爱,有时又粗野暴躁,很难捉摸 | | |

上表中所有问题对应的人格类别如下表所示。

## 九型人格测试题对应的人格类别

| 题号 | 对应人格类别(号) | 题号 | 对应人格类别(号) | 题号 | 对应人格类别(号) | 题号 | 对应人格类别(号) |
|---|---|---|---|---|---|---|---|
| 1 | 9 | 28 | 7 | 55 | 1 | 82 | 2 |
| 2 | 1 | 29 | 6 | 56 | 4 | 83 | 5 |
| 3 | 5 | 30 | 2 | 57 | 1 | 84 | 8 |
| 4 | 7 | 31 | 6 | 58 | 4 | 85 | 2 |
| 5 | 8 | 32 | 6 | 59 | 3 | 86 | 2 |
| 6 | 2 | 33 | 3 | 60 | 1 | 87 | 1 |
| 7 | 4 | 34 | 9 | 61 | 4 | 88 | 5 |
| 8 | 2 | 35 | 6 | 62 | 9 | 89 | 2 |
| 9 | 6 | 36 | 9 | 63 | 1 | 90 | 2 |
| 10 | 6 | 37 | 6 | 64 | 4 | 91 | 1 |
| 11 | 8 | 38 | 3 | 65 | 3 | 92 | 7 |
| 12 | 9 | 39 | 9 | 66 | 8 | 93 | 3 |
| 13 | 4 | 40 | 8 | 67 | 3 | 94 | 9 |
| 14 | 1 | 41 | 9 | 68 | 6 | 95 | 8 |
| 15 | 9 | 42 | 5 | 69 | 2 | 96 | 8 |
| 16 | 7 | 43 | 5 | 70 | 3 | 97 | 1 |
| 17 | 4 | 44 | 8 | 71 | 2 | 98 | 9 |
| 18 | 7 | 45 | 6 | 72 | 3 | 99 | 5 |

| 题号 | 对应人格类别（号） | 题号 | 对应人格类别（号） | 题号 | 对应人格类别（号） | 题号 | 对应人格类别（号） |
|---|---|---|---|---|---|---|---|
| 19 | 5 | 46 | 6 | 73 | 1 | 100 | 4 |
| 20 | 3 | 47 | 5 | 74 | 3 | 101 | 5 |
| 21 | 7 | 48 | 5 | 75 | 6 | 102 | 1 |
| 22 | 2 | 49 | 7 | 76 | 8 | 103 | 7 |
| 23 | 5 | 50 | 8 | 77 | 3 | 104 | 1 |
| 24 | 8 | 51 | 5 | 78 | 7 | 105 | 4 |
| 25 | 9 | 52 | 4 | 79 | 2 | 106 | 1 |
| 26 | 6 | 53 | 4 | 80 | 3 | 107 | 9 |
| 27 | 8 | 54 | 4 | 81 | 1 | 108 | 9 |

九型人格测试题中每个选择同意的题目计 1 分，不同意计 0 分，将所有人格类别对应的题目分数加总之后，即可得到所有人格类别对应的分数。按照分数高低，人格类别分数最高者是主体人格，其次是倾向性人格。九型人格测试题计分表如下表所示。

**九型人格测试题计分表**

| 人格类别（号） | 对应得分 | 对应人格类别 |
|---|---|---|
| 1 | | 完美型 |
| 2 | | 助人型 |
| 3 | | 成就型 |
| 4 | | 自我型 |
| 5 | | 思智型 |
| 6 | | 忠诚型 |
| 7 | | 活跃型 |
| 8 | | 领袖型 |
| 9 | | 和平型 |

# LASI 领导风格测评试题与答案

本测试总共有 12 道题，每道题代表一种状况。在回答问题之前，请先仔细地考虑，你实际面对每种状况时将如何处理，而不是理论上应该怎么做，然后根据实际情况把选项（单选）填在后面的括号内。

状况 1：一位新员工正在接受岗前培训，他很想把事情做好，也非常自信，只是没有多少工作方法和经验。（　　　）

A. 指导下属按标准步骤完成工作

B. 提出工作要求，也听听下属的建议

C. 询问下属对工作目标的想法，并予以鼓励和支持

D. 尽量不干扰他

状况 2：你的下属经过一段时间的培训，已经基本了解自己的工作职责和工作流程，只是与前一阶段相比工作动力明显不足。（　　　）

A. 友善地鼓励他们加强互助，并继续留心观察他们的表现

B. 尽量不做什么

C. 尽可能做出一些让他们感觉自己很重要且有参与感的安排

D. 强调工作的重要性及完成期限

状况 3：你的下属遇到了挑战性问题，显得信心不足。过去虽然有类似情况，但在你的鼓励下，多半他们都能自行解决问题，而且人际关系也很正常。（　　　）

A. 加入进来和他们一同解决问题

B. 让他们自行处理

C. 尽量纠正他们

D. 鼓励他们针对问题自行解决，并适时给予意见

状况 4：你正计划进行一项工作程序变革，而你的下属在这方面有丰富的经验，并期待着变革尽快实施。（　　　）

A. 让他们共同参与变革，并适时提出合理的建议

B. 宣布变革并严密地予以监督

C. 让他们自行变革，将结果向你汇报

D. 听取他们的意见，但决定权在你

状况 5：你刚接管一个工作效率一般的团队，在前任主管的经营下，团队生产力水平较低，你知道团队成员对你的到来充满了信任和期待。（　　）

A. 让他们自己决定工作方向与内容

B. 听取他们的意见，仍关注其工作是否能达成目标

C. 重新设定目标，指导并监督他们完成任务

D. 让他们自己设定目标，并予以支持

状况 6：几个月以来，你下属的表现一直处于低谷，他们也不在意是否能达成目标，你想带领团队尽快度过这个时期，提升生产力，并使工作环境更人性化。（　　）

A. 尽量做出一些使他们感觉自己很重要且有参与感的安排

B. 强调按时完成工作的重要性

C. 尽量不去干扰他们

D. 听听他们的意见，鼓励并指导他们达成目标

状况 7：你的下属建议改变部门内部的架构，而你也认为很有必要。日常工作中下属拥有足够的弹性和工作经验，只是遇到重大问题时他们缺乏足够的勇气。（　　）

A. 细心指导并监督变革

B. 认可他们的建议，大家集思广益进行变革

C. 听取他们好的意见，并控制变革的进程

D. 顺其自然，相信他们自己能够变革成功

状况 8：你的下属表现杰出，在团队内维持着良好的人际关系，尽管你很少过问，但常常有令你意想不到的业绩出现，偶尔你也感到无法掌握他们的工作方向或进度。（　　）

A. 顺其自然，由他们自己去完成工作

B. 与他们讨论，并着手进行一些改变

C. 以明确的态度来确定他们的工作方向

D. 为避免伤害上司与下属间的关系，不做太多的指示

状况 9：你的上司指定你负责一个工作团队，但该工作团队对工作目标认识得不够清楚，每次会议的效率都很低，常常"会而不议，议而不决"；可是你知

道他们想把事情做好，只是缺乏经验和必要的指导。（　　）

A. 顺其自然

B. 听取并采纳他们的良好建议，同时监督目标的达成

C. 重新确定目标，指导并监督他们完成工作目标

D. 让他们加入进来，共同参与目标的设定

状况10：以往你的下属对工作很有责任感，最近由于工作经验不足而遭受挫折，并对新布置的工作任务敷衍了事。（　　）

A. 让他们共同参与目标的重新确定

B. 重新确定工作任务，并细心地督导

C. 避免给他们施加压力，造成麻烦

D. 采纳他们的建议，但留心新的目标是否达成

状况11：你刚接任一个职位，以前这个职位的主管较少参与下属的事务；而下属在多数情况下能够自己处理事务，并保持和谐的关系。面对你布置的新任务，他们显得有些信心不足。（　　）

A. 以明确的态度指导他们工作

B. 让他们参与决策，并激励他们做出一些贡献

C. 与他们讨论过去的表现，并要求他们按新程序工作

D. 顺其自然

状况12：最近下属间存在一些内在问题，影响了工作，但他们以前表现得很好。（　　）

A. 试着和他们一起解决问题

B. 让他们自己解决

C. 快速解决他们之间存在的内在问题

D. 提供讨论的机会，但以不伤害上司与下属之间的关系为原则

**按上述程序操作后，请根据以下步骤操作。**

第1步：将"LASI 领导风格测评试题"中的12项选择题的答案抄在"答卷"上，并对照"答案"打出分数，随后将12道题的得分汇总。

**答　　卷**

| 状况 | A | B | C | D |
|---|---|---|---|---|
| 1 | | | | |
| 2 | | | | |
| 3 | | | | |
| 4 | | | | |
| 5 | | | | |
| 6 | | | | |
| 7 | | | | |
| 8 | | | | |
| 9 | | | | |
| 10 | | | | |
| 11 | | | | |
| 12 | | | | |

**答　　案**

| 状况 | A | B | C | D |
|---|---|---|---|---|
| 1 | 2 | −1 | 1 | 2 |
| 2 | 2 | −2 | 1 | −1 |
| 3 | 1 | −1 | −2 | 2 |
| 4 | 1 | −2 | 2 | −1 |
| 5 | −2 | 1 | 2 | −1 |
| 6 | −1 | 1 | −2 | 2 |
| 7 | −2 | 2 | −1 | 1 |
| 8 | 2 | −1 | −2 | 1 |
| 9 | −2 | 1 | 2 | −1 |
| 10 | 1 | −2 | −1 | 2 |
| 11 | −2 | 2 | −1 | 1 |
| 12 | −1 | 2 | −2 | 1 |
| 小计 | | | | |

第2步：将你的"答卷"与"S1 计分卡""S2 计分卡""S3 计分卡""S4 计分卡"对照，并在计分卡上把重叠项用圆圈标出。比如，你的"答卷"上第1题选择的是 A，而"S1 计分卡"上选择的也是 A，那就表示两者重叠，请在 S1 计分卡上用圆圈标出来。

S1 计分卡

| 状况 | A | B | C | D |
|---|---|---|---|---|
| 1 | ♠ | | | |
| 2 | | | | ♠ |
| 3 | | | ♠ | |
| 4 | | ♠ | | |
| 5 | | | ♠ | |
| 6 | | ♠ | | |
| 7 | ♠ | | | |
| 8 | | | ♠ | |
| 9 | | | ♠ | |
| 10 | | ♠ | | |
| 11 | ♠ | | | |
| 12 | | | ♠ | |

S2 计分卡

| 状况 | A | B | C | D |
|---|---|---|---|---|
| 1 | | | ♠ | |
| 2 | ♠ | | | |
| 3 | ♠ | | | |
| 4 | | | | ♠ |
| 5 | | ♠ | | |
| 6 | | | | ♠ |
| 7 | | | ♠ | |
| 8 | | ♠ | | |
| 9 | | ♠ | | |
| 10 | | | | ♠ |
| 11 | | | ♠ | |
| 12 | ♠ | | | |

S3 计分卡

| 状况 | A | B | C | D |
|---|---|---|---|---|
| 1 | | ♠ | | |
| 2 | | | ♠ | |
| 3 | | | | ♠ |
| 4 | ♠ | | | |
| 5 | | | | ♠ |
| 6 | ♠ | | | |

| 状况 | A | B | C | D |
|---|---|---|---|---|
| 7 | | ♠ | | |
| 8 | | | | ♠ |
| 9 | | | | ♠ |
| 10 | ♠ | | | |
| 11 | | ♠ | | |
| 12 | | | | ♠ |

**S4 计分卡**

| 状况 | A | B | C | D |
|---|---|---|---|---|
| 1 | | | | ♠ |
| 2 | | ♠ | | |
| 3 | | ♠ | | |
| 4 | | | ♠ | |
| 5 | ♠ | | | |
| 6 | | | ♠ | |
| 7 | | | | ♠ |
| 8 | ♠ | | | |
| 9 | ♠ | | | |
| 10 | | | ♠ | |
| 11 | | | | ♠ |
| 12 | | ♠ | | |

第 3 步：数一数每一张计分卡上的圆圈数，并分别把它填在"分数总结"中。比如"S2 计分卡"上有 3 个圆圈，那就在"分数总结"的 S2 的括号内写上 3。因为有 12 道题，所以应该有 12 个圆圈。可能的结果是 S1 为 3，S2 为 4，S3 为 5，S4 为 0。

**分数总结**

| | |
|---|---|
| （　　）S3 支持式 | （　　）S2 教练式 |
| （　　）S4 授权式 | （　　）S1 命令式 |

接下来，笔者将说明一下这些测试题的情况。

"LASI 领导风格测评试题"共有 12 种情况，其中员工处于 S1、S2、S3 和 S4 发展阶段各有 3 种情况。正确的选择应该是采取命令、教练、支持、授权的领导风格各 3 次。

当你的选择正确时，每题都会得 2 分，最糟的选择会得 -2 分，所以最高分是 24 分，最低分是 -24 分。分数越高，说明你的领导风格与下属的发展阶段越匹配；分数越低，则说明你的领导风格需要根据下属的成熟程度做出调整。

在"S1 计分卡""S2 计分卡""S3 计分卡""S4 计分卡"上与"答卷"重叠的个数加在一起为 12 个。如果你在 S1 版块的得分最高，表明你的主要领导风格为命令式，得分次之的为你的次要领导风格。

**领导风格分析结果表**

| 测试得分 | 分析结果 |
| --- | --- |
| S1、S2、S3、S4 都为 3 | 最佳领导状态，领导风格有权变性 |
| S1+S2 | 代表你的指挥性行为，分数越高，指挥性行为越多 |
| S2+S3 | 代表你的支持性行为，分数越高，支持性行为越多 |
| 得分最高 / 最低的版块 | 得分最高的版块是你经常运用的领导风格，反之为不经常运用的 |

领导风格测评是对领导风格的测试。领导者应该根据测评结果，根据情景的不同，权变地采用合适的领导方式和领导风格。

# 舒伯职业价值观测评量表

下面有 60 道题，每道题都有 5 个备选答案，请根据自己的实际情况或想法，在题目后面写出与自己的情况相符的字母，每题只能选择一个答案。通过测评，你可以大致了解自己的职业价值观。

A——非常重要

B——比较重要

C——一般

D——较不重要

E——很不重要

1. 能参与救灾济贫工作

2. 能经常欣赏完美的工艺作品

3. 能经常尝试新的构想

4. 必须花精力去深入思考

5. 在职责范围内有充分自由

6. 可以经常看到自己的工作成果

7. 能在社会上扮演更重要的角色

8. 能知道别人如何处理事务

9. 收入能比相同条件的人高

10. 能有稳定的收入

11. 能有清静的工作场所

12. 主管善解人意

13. 能经常和同事一起度过休闲时光

14. 能经常变换职务

15. 能成为自己想成为的人

16. 能帮助贫困的和不幸的人

17. 能增添社会的文化气息

18. 可以自由地提出新颖的想法

19. 必须不断学习才能胜任

20. 工作不被他人干涉

21. 觉得自己的辛苦没有白费

22. 能使自己的社会地位更高

23. 能够分配、调整他人的工作

24. 能常常加薪

25. 生病时能有人妥善照顾自己

26. 工作地点光线、通风好

27. 有一个公正的主管

28. 能与同事建立深厚的友谊

29. 工作性质常会变化

30. 能实现自己的理想

31. 能够减少别人的苦难

32. 能运用自己的鉴赏能力

33. 常需构思新的解决方法

34. 必须不断地解决新的难题

35. 能自行决定工作方式

36. 能知道自己的工作绩效

37. 能让自己觉得出人头地

38. 可以发挥自己的领导能力

39. 可存下许多钱

40. 有好的保险和福利制度

41. 工作场所有现代化设备

42. 主管能采取民主领导方式

43. 不必和同事产生利益冲突

44. 可以经常变换工作场所

45. 常让你觉得如鱼得水

46. 能常帮助他人解决困难

47. 能创作出优美的作品

48. 常需要提出不同的处理方案

49. 需对事情进行深入分析研究

50. 可以自行调整工作进度

51. 工作结果受到他人肯定

52. 能自豪地介绍自己的工作

53. 能为团体拟订工作计划

54. 收入高于其他行业

55. 不会轻易地被解雇或裁员

56. 工作场所整洁卫生

57. 主管的学识和品德让自己钦佩

58. 能够认识很多有趣的伙伴

59. 工作内容随时间变化而变化

60. 能充分地发挥自己的专长

计分方法：A——5分，B——4分，C——3分，D——2分，E——1分，分数越高，代表该项越重要。

### 舒伯职业价值观测评得分表

| 职业价值观 | 对应题目 | 我的选项 | 得分 |
|---|---|---|---|
| 利他助人 | 1、16、31、46 | | |
| 美的追求 | 2、17、32、47 | | |
| 创造性 | 3、18、33、48 | | |
| 智力激发 | 4、19、34、49 | | |
| 成就感 | 6、21、36、51 | | |
| 独立性 | 5、20、35、50 | | |
| 声望地位 | 7、22、37、52 | | |
| 管理权力 | 8、23、38、53 | | |
| 经济报酬 | 9、24、39、54 | | |
| 安全感 | 10、25、40、55 | | |
| 工作环境 | 11、26、41、56 | | |
| 上司关系 | 12、27、42、57 | | |
| 同事关系 | 13、28、43、58 | | |
| 生活方式 | 15、30、45、60 | | |
| 变异性 | 14、29、44、59 | | |

# 人才测评

识别高潜人才，提升用人效能　任康磊　著

任力资源

人民邮电出版社

北京

**图书在版编目（CIP）数据**

人才测评：识别高潜人才，提升用人效能 / 任康磊
著. -- 北京：人民邮电出版社，2021.3（2024.6重印）
ISBN 978-7-115-55222-8

Ⅰ. ①人… Ⅱ. ①任… Ⅲ. ①人才测评 Ⅳ.
①C962

中国版本图书馆CIP数据核字(2020)第219868号

## 内 容 提 要

企业正式用人之前，需要对人才进行全面、综合的测评。本书详细介绍了人才测评在
人力资源管理实战中的方法与工具，将人才测评的方法论可视化、流程化、步骤化、模板
化，并通过实战案例呈现应用过程，让读者能够轻松上手，快速掌握人才测评工具的应用
方法。

本书共 6 章，主要内容包括人才测评的基本认识、应用方法和注意事项，人格心理测
评的 3 种方法和 7 种常用工具，人才能力测评的 3 种方法和 4 种常用工具，笔试与面试测
评的应用方法，评价中心的应用方法，常见能力测评问题库。

本书案例丰富，模板齐全，实操性强，通俗易懂，适合人力资源管理各级从业人员、
企业各级管理者、各高校人力资源管理专业的教师或学生、备考人力资源管理师及其他人
力资源管理专业相关证书的学员，以及其他对人力资源管理工作感兴趣的人员阅读。

◆ 著　　　　任康磊
　　责任编辑　马　霞
　　责任印制　彭志环
◆ 人民邮电出版社出版发行　　北京市丰台区成寿寺路 11 号
　　邮编　100164　　电子邮件　315@ptpress.com.cn
　　网址　https://www.ptpress.com.cn
　　北京虎彩文化传播有限公司印刷
◆ 开本：700×1000　1/16
　　印张：16.25　　　　　　　　2021 年 3 月第 1 版
　　字数：344 千字　　　　　　2024 年 6 月北京第16次印刷

定价：79.80 元（附小册子）

读者服务热线：**(010)81055296**　印装质量热线：**(010)81055316**
反盗版热线：**(010)81055315**
广告经营许可证：京东市监广登字 20170147 号

# 前言

一次偶然的机会，我有幸参与了一家国外的人力资源公司在中国选拔出国劳务人员的人才测评。整个人才测评过程持续了3天，这家公司采取的是评价中心式的人才测评方法，测评项目比较丰富。让我印象最深刻的一个测评项目是户外负重跑步。这个环节要求不论性别、年龄，被测评人每人每只手拎一桶5升（5千克）的水，跑步1 000米。

这是一项体力运动，就算是常年保持跑步习惯的人，甚至是比较专业的跑步运动员，在负重5千克的情况下想一气呵成地跑完1 000米，也是比较困难的，更不用说普通人群。这个测评项目对大多数人来说，是一项严峻的挑战。

按照人们通常的理解，这种测评方式的评判依据应当是看被测评人到达终点的次序，也就是负重跑步的名次。前多少位到达终点的人，通过测试；或者设置一个用时最高值，到达终点的用时应当控制在一定的范围内，用时超过这个范围的人不能通过测试。

然而，这家公司的测评人员却没有这样做。在这项测评中，测评人员并不看重被测评人在整个负重跑步过程中耗费的时间。事实上，被测评人在跑步过程中慢一点没有关系，频繁休息没有关系，甚至最后一步一步地走到终点也没有关系。

那么，测评人员以什么为评判依据呢？原来，测评人员是通过观察被测评人在负重跑步过程中的表现，来判断他们在面对压力和困难时的表现。

有位男性A，看起来很健壮，听到这个测评项目后自信满满，一开始就跑在队伍最前面。跑了一会儿，他发现自己体力不支，于是慢了下来。后来，他跑跑停停，很快就开始出现厌烦情绪和对抗表现。接着，他表现出了生气的情绪，嘴里不停地碎碎念，而且对待负重拎的水桶非常粗鲁。最终，他第一个到达了终点。

有位男性B，身材比较匀称，看起来比较健康，他从听到这个测评项目开始就显得很不耐烦，拎着水桶跑了50米之后就开始一会儿休息，一会儿行进。过程中，他一直唉声叹气，能够看出来他对这项测评非常不满，颇有微词，认为这项测评是在"折腾人"、没有意义。到离出发点大约200米的位置时，他停下来，放弃了这项测评。

有位女性C，在女性中属于身材瘦弱型的，她在听到这个测评项目之后和大多人一样，有些吃惊和抗拒。从她拎桶的样子能够看出来，她平时并不经常接触重体力活。在测评开始时，她就走走停停，最后就这样走走停停地到达了终点。除了中途选择放弃的人之外，她是最后一个到达终点的。可是过程中，她没有一句怨言，可以看得出来她很累，但她丝毫没有放弃的想法，一直坚持前进。

如果您是现场的测评人员，面对这3位被测评人，您会如何选择呢？

相信大多数读者都会认为，B应当淘汰，因为他选择了放弃。没错，现场的测评人员也是这样决策的。比较纠结的是对A和C该如何决策。在实际决策中，对A、B、C 3位被测评人，测评人员最终只选择了C。

为什么选择C呢？因为C懂得尊重规则，接受挑战后能够坚持，并且比较稳定。

为什么没有选择A？因为A自视过高、满腹牢骚、情绪不稳、不爱惜物品。

人的行为模式是由思维模式决定的。人们很难真正了解一个人的思维模式，却可以通过观察来发现人的行为模式，再通过人的行为模式来分析人的思维模式。另外，人的行为模式通常具有一定的一致性，在对待一些事情时会表现出一定的行为模式，在对待工作的时候，通常也会表现出类似的行为模式。

这家劳务派遣公司对出国劳务人员的基本要求，除了年龄、身高、体重、语言等几个硬性条件之外，还要求他们具备一定的忍耐力、稳定性和一致性，要有目标感，做事要有始有终。如果有人遇到困难之后就满腹牢骚或选择放弃，不仅会影响个人的工作效率，而且会影响整个团队的士气，从而可能引发群体的负面情绪。

要在人才正式开始工作之前了解其思维模式，就需要用到这样的人才测评工具。这是人才测评的真正魅力、真正作用和真正价值所在。人才测评绝不只是很多人认为的出一套调查问卷找被测评人填，再收集结果，然后根据结果对其进行评判。

所谓人才测评，是基于心理学、管理学和行为学等多方面的知识，通过观察、访谈、测试、测量、模拟、问卷等手段，创造一种场景，对人才进行综合、全面、系统的评测，从而得出其在人格、潜力、智力、能力、态度、兴趣、动机、绩效等方面的具体情况的工具。

针对如何做好人才测评，我总结了实战工作中常见的操作方法和工具，并结合大量的实操案例写成本书。希望通过阅读本书，读者能快速学到人才测评的方法论、工具、案例、模板和注意事项。

本书的内容结构并不是按照心理学中人才测评相关理论的逻辑来划分的，而是根据人力资源管理实战中对人才测评工具的常见应用逻辑来排布的。为便于读者阅读与应用，本书尽量采用平实的语言，没有大量使用心理学的专用名词。本书更适合人力资源管理人员学习如何在实战中应用人才测评工具。

最有效的学习方式是通过解决问题来学习。建议读者拿到本书后，不要马上从第一个字看到最后一个字，而是先带着问题，根据企业当前的具体情况，针对最薄弱的环节，在本书中查找相应的操作方法，根据企业的实际状况，思考、制定、实施和复盘解决方案。

在具体问题得到缓解之后，读者可以由问题点切入，查找知识点；由知识点延伸，找到流程线；由流程线拓展，发现操作面；由操作面升华，全面掌握整个人才测评体系建设方案的实施方法。这时候再从整个体系的角度，自上而下地看问题，就会有新的、更深刻的认识。

我总结了一个关于学习的ABC原理：看到的是A，学到了B，而用出来的则是C，这是真正的学习。但很多人不是这样的，他们看到了A，学到了A，就只会用A，结果用的时候发现A未能解决问题，就说A没有用，这其实是"死读书"的表现。

当我们看到A时，能不能学到B，这与总结、归纳、发散能力有关；当我们学到B时，能不能用出C，这与对场景进行观察、思考，同时不断对B进行练习、复盘、调整的行动力有关。所以我觉得，学习能力从来都不是一项单一的能力，而是能够发散思考、举一反三，并在实际应用的时候灵活变通的能力。

祝读者朋友们能够学以致用，更好地学习和工作。

本书若有不足之处，欢迎读者朋友们批评指正。

## 本书特色

1.通俗易懂、案例丰富

本书包含丰富的实战案例，让读者能够快速掌握人才测评工具在人力资源管理实战中的应用，让读者能够看得懂、学得会、用得上。

2.上手快速、模板齐全

本书把大量复杂的理念转变成能在工作中直接应用的、简单的工具和方法，并把这些工具和方法可视化、流程化、步骤化、模板化，让初学者也能够快速上手开展工作。

3.知识点足、实操性强

本书涉及大量知识点。知识点的选择立足于解决工作中的实际问题。通过阅读本书，读者能够学会在人力资源管理实战中有效运用人才测评工具。

## 本书内容及体系结构

本书通过对各类人才测评工具和方法的解析，介绍人才测评在人力资源管理实战中的应用方法。本书的主要内容结构如下。

第1章　人才测评的基本认识

本章分为5个部分，主要介绍人才测评在人力资源管理中的应用，包括人才测评的应用价值、主要作用和应用误区；人才测评的应用类别，包括人才测评的主要原理、工具和方法；人才测评应用的注意事项，包括人才测评的信度、效度、成本和步骤；岗位胜任力模型的构建，包括胜任力模型的维度、组成要素和构建方法；人才画像的描绘，包括人岗匹配与人人匹配、人才画像的组成要素和描绘方法。

第2章　人格心理测评

本章分为8个部分，主要介绍人格心理测评的几种常见方法，DISC职业性格测试的用法，PDP职业性格测试的用法，霍兰德人格与职业兴趣测试的用法，MBTI职业性格测试的用法，The Big Five大五人格测试的用法，16PF卡特尔人格测试的用法，以及九型人格测试的用法。

第3章　人才能力测评

本章分为5个部分，主要介绍人才能力测评的几种常见方法，智力水平测评的两种常见用法，职业能力测评的5种常见用法，特殊能力测评的3种常见用法，以及LASI领导风格测评的用法。

第4章　笔试与面试测评

本章分为11个部分，主要介绍简历筛选方法，笔试测评题型设计，不同类型的面试测评的设计和应用方法，导入类问题应用，动机类问题应用，行为类问题应用，应变类问题应用，压力类问题应用，情境类问题应用，面试过程中常用的实施工具与方法，以及舒伯职业价值观测评方法。

第5章　评价中心

本章分为5个部分，主要介绍评价中心的功能特点、构建方法和注意事项，沙盘游戏测评的用法，无领导小组讨论测评的用法，公文筐测评的用法，以及角色扮演测评的用法。

第6章　常见能力测评问题库

本章分为12个部分，主要介绍针对不同能力类型的测评问题库，包括沟通能力、协作能力、计划能力、决策能力、公关能力、应变能力、营销能力、创新能力、分析能力、管理能力、影响他人的能力和培养他人的能力。

## 人才测评试题与答案

关注微信公众号tobehr，回复"人才测评"即可获得DISC职业性格测试、PDP职业性格测试、霍兰德人格与职业兴趣测试、MBTI职业性格测试、The Big Five大五人格测试、16PF卡特尔人格测试、九型人格测试、LASI领导风格测评、舒伯职业价值观测评共9套人才测评笔试题及其答案的电子文件。

## 本书读者对象

人力资源管理各级从业人员；

分管人力资源管理各模块的专员、主管、经理、总监、副总经理；

企业各级管理者；

各高校人力资源管理专业的教师或学生；

备考人力资源管理师及其他人力资源管理专业相关证书的学员；

需要人力资源管理实战工具书的人员；

其他对人力资源管理工作感兴趣的人员。

# 目录

## 第 ① 章
## 人才测评的基本认识  //  1

**1.1  人才测评与人力资源管理 // 2**

1.1.1  人才测评的应用价值 // 2

1.1.2  人才测评的主要作用 // 3

1.1.3  人才测评的应用误区 // 4

**1.2  人才测评的应用类别 // 5**

1.2.1  人才测评的主要原理 // 6

1.2.2  人才测评的主要工具 // 7

1.2.3  人才测评的主要方法 // 9

**1.3  人才测评应用的注意事项 // 11**

1.3.1  人才测评的信度与效度 // 11

1.3.2  人才测评的成本 // 13

1.3.3  人才测评的步骤 // 14

**1.4  岗位胜任力模型构建 // 15**

1.4.1  胜任力模型四大维度 // 15

1.4.2  胜任力模型组成要素 // 18

1.4.3  胜任力模型构建方法 // 20

**1.5  人才画像描绘 // 21**

1.5.1  人岗匹配与人人匹配 // 21

1.5.2  人才画像的组成要素 // 22

1.5.3  人才画像的描绘方法 // 23

## 第 ② 章
## 人格心理测评  //  27

**2.1  人格心理测评的方法 // 28**

2.1.1  心理问卷调查 // 28

2.1.2  情境模拟测评 // 29

2.1.3  投射测评技术 // 32

2.1.4  结果应用注意 // 35

**2.2  DISC 职业性格测试 // 36**

2.2.1  DISC 职业性格测试人格分类 // 36

2.2.2  DISC 职业性格测试应用方法 // 37

**2.3  PDP 职业性格测试 // 40**

2.3.1　PDP 职业性格测试人格分类 // 40

2.3.2　PDP 职业性格测试应用方法 // 44

### 2.4　霍兰德人格与职业兴趣测试 // 46

2.4.1　霍兰德人格与职业兴趣测试人格
分类 // 46

2.4.2　霍兰德人格与职业兴趣测试应用
方法 // 48

### 2.5　MBTI 职业性格测试 // 50

2.5.1　MBTI 职业性格测试人格分类 // 51

2.5.2　MBTI 职业性格测试应用方法 // 51

### 2.6　The Big Five 大五人格测试 // 53

2.6.1　The Big Five 大五人格测试人格
分类 // 53

2.6.2　The Big Five 大五人格测试应用
方法 // 56

### 2.7　16PF 卡特尔人格测试 // 57

2.7.1　16PF 卡特尔人格测试人格分类 // 57

2.7.2　16PF 卡特尔人格测试应用方法 // 59

### 2.8　九型人格测试 // 61

2.8.1　九型人格测试人格分类 // 61

2.8.2　九型人格测试应用方法 // 63

## 第 3 章
## 人才能力测评 // 67

### 3.1　能力测评方法 // 68

3.1.1　工作访谈法 // 68

3.1.2　观察分析法 // 69

3.1.3　试卷测试法 // 70

### 3.2　智力水平测评 // 71

3.2.1　智力水平测评方法 // 71

3.2.2　斯坦福 - 比奈智力量表 // 72

3.2.3　韦克斯勒智力量表 // 74

### 3.3　职业能力测评 // 83

3.3.1　语言理解与表达测评 // 84

3.3.2　数量关系与分析测评 // 86

3.3.3　逻辑推理与判断测评 // 88

3.3.4　常识知识与应用测评 // 92

3.3.5　资料理解与分析测评 // 94

### 3.4　特殊能力测评 // 96

3.4.1　机械能力测评 // 96

3.4.2　文书能力测评 // 97

3.4.3　操作能力测评 // 99

### 3.5　LASI 领导风格测评 // 100

3.5.1　LASI 领导风格测评分类 // 101

3.5.2　LASI 领导风格测评应用 // 102

## 第 4 章
## 笔试与面试测评 // 105

### 4.1　简历筛选方法 // 106

4.1.1　简历高效筛选两大技巧 // 106

4.1.2　个人信息分析三大维度 // 107

4.1.3　工作经历分析三大维度 // 110

4.1.4　主观信息分析三大维度 // 112

4.1.5　简历筛选三大注意事项 // 114

**4.2　笔试测评题型设计 // 116**

4.2.1　客观笔试测评题 // 117

4.2.2　主观笔试测评题 // 120

**4.3　面试测评类型 // 123**

4.3.1　结构化面试设计 // 123

4.3.2　结构化面试应用 // 125

4.3.3　半结构化面试应用 // 127

4.3.4　非结构化面试应用 // 129

4.3.5　单人 / 集体面试应用 // 130

4.3.6　电话面试应用 // 131

4.3.7　视频面试应用 // 133

**4.4　导入类问题 // 134**

4.4.1　导入类问题内容 // 134

4.4.2　导入类问题实施 // 137

**4.5　动机类问题 // 138**

4.5.1　动机类问题内容 // 138

4.5.2　动机类问题实施 // 140

**4.6　行为类问题 // 141**

4.6.1　行为类问题内容 // 141

4.6.2　行为类问题实施 // 144

**4.7　应变类问题 // 146**

4.7.1　应变类问题内容 // 146

4.7.2　应变类问题实施 // 148

**4.8　压力类问题 // 149**

4.8.1　压力类问题内容 // 149

4.8.2　压力类问题实施 // 151

**4.9　情境类问题 // 153**

4.9.1　情境类问题内容 // 153

4.9.2　情境类问题实施 // 155

**4.10　面试实施工具与方法 // 156**

4.10.1　STAR 工具 // 156

4.10.2　AOR 工具 // 158

4.10.3　现场面试准备 // 159

4.10.4　面试可能误差 // 161

4.10.5　面试谎言判断 // 162

4.10.6　背景调查方法 // 164

4.10.7　面试结束问题 // 167

4.10.8　面试成果评估 // 168

**4.11　舒伯职业价值观测评 // 170**

4.11.1　舒伯职业价值观测评的用途 // 170

4.11.2　舒伯职业价值观测评应用方法 // 172

4.11.3　舒伯职业价值观测评应用案例 // 173

# 第 5 章
## 评价中心 // 175

**5.1　评价中心介绍 // 176**

5.1.1　评价中心的功能特点 // 176

5.1.2　评价中心的构建方法 // 177

5.1.3　评价中心的注意事项 // 178

**5.2　沙盘游戏测评 // 180**

5.2.1　沙盘游戏测评实施方法 // 180

5.2.2　沙盘游戏测评考查能力 // 181

5.2.3　沙盘游戏测评实施流程 // 183

5.2.4　沙盘游戏测评实战案例 // 186

**5.3　无领导小组讨论测评 // 194**

5.3.1　无领导小组讨论测评类别 // 194

5.3.2　无领导小组讨论测评特点 // 196

5.3.3　无领导小组讨论测评问题设计 // 197

5.3.4　无领导小组讨论测评实施流程 // 199

5.3.5  无领导小组讨论测评常见角色 // 201

5.3.6  无领导小组讨论测评实战案例 // 203

**5.4  公文筐测评 // 205**

5.4.1  公文筐的测评维度 // 205

5.4.2  公文筐的编制步骤 // 206

5.4.3  公文筐测评的实施流程 // 209

5.4.4  公文筐测评的实战案例 // 210

**5.5  角色扮演测评 // 223**

5.5.1  角色扮演测评能力维度 // 223

5.5.2  角色扮演测评问题类别 // 224

5.5.3  角色扮演测评实施流程 // 227

5.5.4  角色扮演测评实战案例 // 229

第 ⑥ 章
**常见能力测评问题库 // 233**

6.1  沟通能力测评问题 // 234

6.2  协作能力测评问题 // 235

6.3  计划能力测评问题 // 236

6.4  决策能力测评问题 // 236

6.5  公关能力测评问题 // 237

6.6  应变能力测评问题 // 238

6.7  营销能力测评问题 // 239

6.8  创新能力测评问题 // 240

6.9  分析能力测评问题 // 241

6.10  管理能力测评问题 // 242

6.11  影响他人的能力测评问题 // 242

6.12  培养他人的能力测评问题 // 243

结 语
**人才测评项目的实施 // 245**

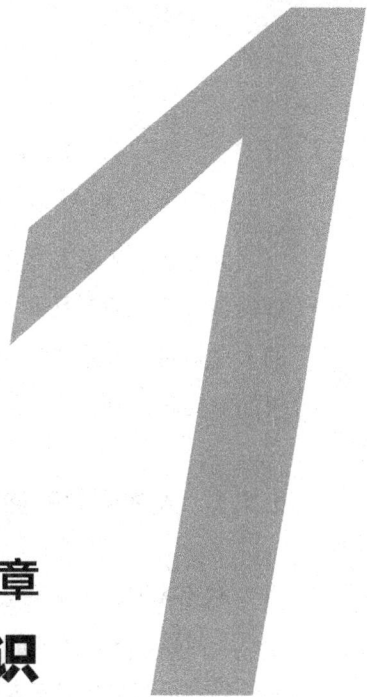

# 第 1 章
## 人才测评的基本认识

　　所谓人才测评，是基于心理学、管理学和行为学等多方面的知识，通过观察、访谈、测试、测量、模拟、问卷等手段，创造一种场景，对人才进行综合、全面、系统的评测，从而得出人才在人格、潜力、智力、能力、态度、兴趣、动机、绩效等方面的具体情况的工具。

# 1.1　人才测评与人力资源管理

　　企业在识人用人方面需要有专业的工具和方法做支持，人才测评就是一种有效的识人用人的工具和方法。在人力资源管理实战场景中，人才测评能够为企业的人才招聘、人才选拔、人才配置、人才评价等方面的工作提供科学的依据，同时能够提高企业和人才的工作效率。

## 1.1.1　人才测评的应用价值

　　笔者认识的一位经验丰富的咨询师朋友在给一家大型企业做咨询的时候发现了一个问题。这家企业的销售队伍的人才素质普遍和企业的期望不匹配，其人力资源管理人员在招聘销售人员的时候，标准通常是"觉得候选人应该能做好销售工作"。

　　可是等候选人正式上岗 3 个月之后，他们才发现这些候选人并不适合该岗位。笔者的朋友通过调研这些人才的简历，再和这些人才进行交流沟通之后，也觉得这些人才做销售工作应该没问题，可是为什么他们上岗后就是不适合呢？他经过进一步调研后发现，是这些人才的性格导致其并不适合做销售工作。

　　这时候他就奇怪了，为什么一个人不适合做销售工作，但是在简历筛选和面试环节完全体现不出来呢？笔者也曾经面试过很多类似的人，这当中不乏做了十几甚至二十几年销售工作的候选人。从经验上来说，他们已经是身经百战、经验丰富了。他们在面试的时候通常表现得非常自信，如果单从简历筛选和面试的结果来看，他们应该完全可以胜任销售岗位。

　　可是笔者在对他们进行了人格测评之后，发现他们根本不适合做销售工作。深入了解之后发现，这些人通常都是在职业选择初期认为做销售工作的收入比较高，所以刚毕业就选择了做销售工作。多年来，他们的职业类别一直没有转换过，索性就继续找销售工作。

可如果他们的人格其实并不适合销售岗位，那么可能即便他们继续做这类工作，在能力和业绩的提升上也比不过本身人格就适合销售岗位的人。而且他们比人格适合销售岗位的人更容易放弃，也更容易离职。

因为他们自己并不清楚自己讨厌的其实并不是这家公司，而是销售这个岗位类别。这个岗位类别和他们的人格不符，于是他们可能换了一家又一家公司，结果还是一次又一次的不满意。

那么，这家企业以后要怎样应对这个问题呢？笔者的建议是企业在招聘时增加人才测评的环节，提高人才选拔的准确度。

美国著名心理学家麦克利兰在 1973 年提出过一个著名的"冰山模型"，这个模型后来在人力资源管理领域被广泛应用。冰山模型的大体含义是每个人的特质都可以划分为"冰山以上的部分"（也就是表象的部分）和"冰山以下的部分"（也就是潜在的部分）。

特质的表象部分，包括知识、技能、经验等这些通过外在就能够展现出来的特质，是比较容易被他人了解或测量的部分。这部分特质相对而言比较容易通过后天的学习和培训来改变或发展。

特质的潜在部分包括潜能、动机、态度、人格、自我认知、价值观等这些人们内在的、不容易展现出来的、难以测量的特质。这部分特质不太容易因为外界的影响而发生变化，但是它对人们的行为起着至关重要的作用，有时甚至起着决定性的作用。

有句话叫"知人知面不知心"，企业在做人才选拔的时候，如果只看候选人的简历，通过面试问对方问题，是很难判断出冰山以下的这部分特质的。那么，该如何判断冰山以下的这些特质呢？这就需要应用人才测评工具了。人才测评能够帮助企业把对的人放在对的位置。

## 1.1.2　人才测评的主要作用

人才测评在人力资源管理工作中能够起到非常重要的作用，主要体现在以下5 个方面。

1. 有助于人才选拔和岗位匹配

通过人才测评，企业可以更全面地了解被测评人所具有的素质能力，从而与岗位说明书的任职要求、岗位技术能力等相结合，选择更合适的候选人，做到因岗择人、人职匹配。这样在外部招聘时可以择优录用，在内部选拔时可以人尽其才，避免传统选拔方法的主观性和随意性。

2. 有助于团队成员的配置与团队建设

企业在进行员工选拔和配置时，不仅要关注员工的个人特质是否与岗位的要求相吻合，还要考虑团队中成员的个人特质组合。每一种类型的人都有令人称赞的一面，同时也有令人烦恼的一面。人格类型相同的人，在工作方面的沟通会比较顺畅，容易理解彼此的感受，同时有共同的价值观。

3. 为中、高层管理人才选拔和培养提供参考依据

人才测评不仅能够帮助管理者了解员工的人格、素质能力等，还可以预测员工未来的工作和管理风格。在企业中，内外向这个维度与管理者的行为以及部门气氛之间有着紧密联系，通过人才测评了解员工的内外向以及能力水平，可以判断员工是否适合担任企业中、高层管理者，从而为企业选拔人才和培养人才提供重要的参考依据。

4. 有助于工作绩效考核和评价

人才测评以测试、讨论、自陈等方式为主，不同于以往的以"上下级评价"为主的一贯做法，因为他人评价虽然可以充分反映外部意见，但是也增强了主观意识的参与作用。人才测评中的一些测评量表可以避免对参与评价人员的直接依赖，这样可以有效地对员工进行客观的考核和评价，为人事晋升提供重要的参考依据。

5. 有助于员工规划职业生涯

人才测评在职业探索、生涯规划等方面应用得比较广泛，通过人才测评，企业可以获得员工的兴趣方向、认知风格、能力趋势等信息，从而预测适合员工的职业类型，为其职业生涯的规划提供参考依据。

## 1.1.3　人才测评的应用误区

人才测评是通过一系列科学的手段和方法对人的基本素质和能力实施测量和评价的人事管理工作。科学的人才测评的确可以增进企业对人才的了解，但目前国内企业使用的人才测评多以心理测评为主要方式，其信度和效度都有一定的局

限性。而且现在较为权威的测评量表多来自国外，这些测评方式在国内的样本数量有限，因此很多企业在使用人才测评时常会陷入以下4个误区。

1. 认为人才测评是最可靠的人才选拔工具

人才测评采用一种严谨、客观的方式来考查人的基本素质和能力，但无论是多么准确的人才测评方法，其有效性和可靠性都有一定的局限，没有百分之百准确的人才测评方法。因此，单纯依靠人才测评来进行人才选拔，可能会遗漏优秀人才，毕竟有些人才测评方法和测评要点具有片面性。

2. 认为人才测评是万能工具

人才测评在我国投入使用的时间并不长，任何一种成熟的人才测评工具都需要多年的实践经验积累和数据分析来完善，故而企业选拔人才不能完全依赖于人才测评，可以将人才测评的结果作为参考依据，而非绝对依据。

3. 过于依赖国外的人才测评工具

目前国外的人才测评已经发展成为规模较大的产业，很多成熟、经典的人才测评工具经过多年的实践检验和数据校正，在效度和信度上都得到了认可。

但实际上，国外的人才测评在题目设置和数据分析上与国内的情况存在一些文化差异，这些文化差异对能力测评的影响不大，但对认知测评或人格测评的影响比较大。因此在应用国外成型的人才测评工具时，如果可以选择版本，建议尝试选用改造后的本土化版本。

4. 过于追求测评指标的客观性

人才测评是科学与管理经验的结合，在企业选拔人才的过程中，所有的人才测评工具都只起辅助作用，最终的选用还是要依靠主观的判断。人才测评存在的价值是尽可能地降低企业主观判断的失误率，因此在选择测评指标时必须从实际情况出发，将主观判断和客观指标相结合。

人才测评并不是万能的，其测评结果只能作为重要参考。在人才选拔的过程中，企业还需要结合面试等多种手段。

# 1.2 人才测评的应用类别

人才测评是一个非常广的概念，到了实施环节，企业要根据需要，了解人才测评的原理、找准人才测评的工具、选择人才测评的方法，通过对人才测评的正确应用，达到企业期望实现的测评效果。

## 1.2.1 人才测评的主要原理

人才测评的实施离不开以下 3 项基本假设。

1. 人的内心世界，具有明显的差异性

人与人之间的内心世界是存在差异的，这种差异性让企业可以通过某种方式，对人才实施区分；这种差异性也能够帮助企业区分某类人才更适合某类岗位，而另一类人才可能不适合该岗位。

要注意，人与人之间的差异性有时候比较明显，有时候则不明显。当差异性不明显时，并不代表不存在差异，只是代表在当前维度，不存在区分差异的有效方法。在这种情况下，变换人才测评的维度和方法，仍然能够找到差异性。

2. 人的心理特征，具有一定的稳定性

人的内心世界虽然会随着环境的变化而不断变化，但人的心理特征相对而言是比较稳定的。心理特征也可以理解为人的思考模式，这种思考模式会表现出一定的特征，让人们在不同的时间节点遇到相似的情境和事物时，会有相似的想法，进而产生相似的行为。

要注意，这种稳定性是相对的，而不是绝对的；是在一定的时间范围内的，而不是永恒的。人的内心世界并不是一成不变的，随着周围环境的变化，一段时间之后，人的内心世界也可能发生变化。

3. 人的内外特质，具有一定的可测性

人的内心世界是看不见摸不着的，但这并不代表它无法被感知，也不代表它无法被测评。人的行为是人的内心世界的一种外在呈现，通过对人的外显行为的观察和测评，能够从某个侧面看到人的内心世界。

要注意，人的内心世界与人的行为虽然具有相关性和一致性，但这种一致性并不是绝对的。在某些情况下，人的行为并不来自人内心真实的想法，可能来自人对情境的判断，可能来自人的潜意识，也可能来自无意识。

目前成型的、比较有效的人才测评工具都是建立在科学的统计方法和规律之上的，这类人才测评工具通常具备以下 3 个特点。

### 1. 客观性

人才测评的结果来源于客观结论而非表面现象或测评人的主观感觉。例如，有的员工当前的工作成绩非常优秀，而且表现得非常自信，但通过专业的心理测评，我们能够发现这名员工内心对于职业发展存在焦虑情绪，并且他的情绪其实并不稳定。

### 2. 间接性

人才测评的结果来源于人的外显行为，而无法直接判断。例如，在通过测评某个候选人的人格特质来判断其适合的岗位时，测评人可以通过询问该候选人的兴趣、爱好、经常从事的娱乐活动等来判断该候选人的人格，从而判断其适合的岗位。

### 3. 相对性

人才测评的结果并不是绝对的，而是相对的，人与人之间的测评差异也存在相对值的大小。例如，通过测评，A 和 B 两个员工都具备某种人格特质，但通过测评，测评人能够判断出 A 具备的这种人格特质比 B 更明显。

## 1.2.2　人才测评的主要工具

在人力资源管理实战中，人才测评在人才选拔过程中应用得最多。在人才选拔的工作需求中，需要进行人才测评的常见领域包括 3 个，分别是人格测评、动力测评和知识能力测评，如图 1-1 所示。

人格也可以叫个性或者性格，它是人的自我意识的体现，主要指人所具有的与他人相区别的独特而稳定的思维方式和行为风格。对人格的测评，可以简单地理解为考查候选人是什么样的人。目前中国企业最常用的测评方式，就是人格测评。

动力也可以叫动机，指的是个体活动的内在心理过程或内部动力，是人的大部分行为的基础。动力会让人产生一种内在的驱动力，使人们自发地朝着所期望的目标前进。对动力的测评，可以简单地理解为考查候选人内心到底有多想获得这个岗位，或者说这个岗位对他来说有多重要。

人格和动力这两个方面，都属于岗位胜任力模型中素质维度项目的拆分；知识能力指的是岗位需要的知识和技能，属于岗位胜任力模型中的知识维度和能力维度项目的合并。对知识能力的测评，就是对候选人掌握这个岗位需要的知识能力的情况的评价。

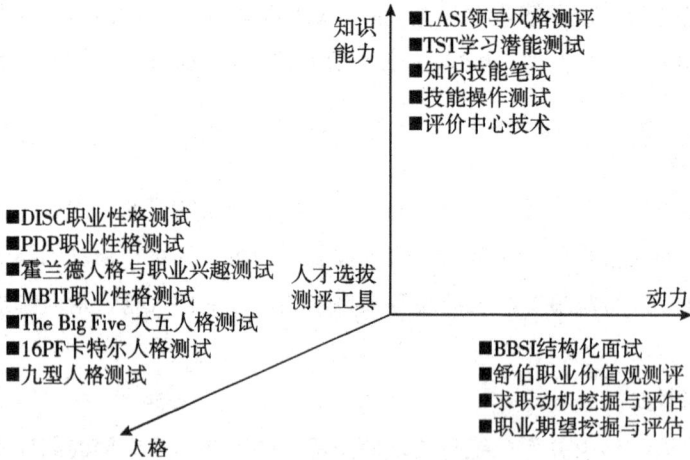

图 1-1　人才选拔中常用的测评工具

在人格测评的领域，常用的测评工具有以下 7 种。

DISC 职业性格测试，把性格分成了 4 个大类。在世界 500 强企业中，DISC 职业性格测试的应用比较广泛。此外，很多著名的咨询公司都用这种测评工具来做内部的人才测评。

PDP 职业性格测试，根据动物的特性，用动物名称给性格命名，这种工具把性格分成了 5 个大类。这种测评工具比较容易被非人力资源专业人员，尤其是容易被用人部门理解，而且操作比较简单，因此应用也比较广泛。

霍兰德人格与职业兴趣测试，把人格分成了 6 个大类。这种工具一般在职业选择中应用得比较多。

MBTI 职业性格测试，以 8 种类型为基础，把人格分成了 4 个大类、16 个小类。

The Big Five 大五人格测试，把人格分成了 5 个大类，还可以将这 5 个大类分别细分成 6 个小类。

16PF 卡特尔人格测试的全称是卡特尔 16 种人格因素测验，根据 16 种人格因素和 4 种衍生出来的次级人格因素的不同得分，来评判整体的人格特质。

九型人格测试，把人格分成了 9 种。

在知识能力测评的领域，可以用到的工具包括 LASI 领导风格测评、TST 学习潜能测试、知识技能笔试、技能操作测试、评价中心技术等。

在动力测评的领域，可以用到的工具包括 BBSI 结构化面试、舒伯职业价值观测评、求职动机挖掘与评估、职业期望挖掘与评估等。

人才测评的工具很多，但不代表它们在企业的人力资源管理实战中都用得上。企业不需要追求多，也不需要追求全，没有哪家企业会把这些工具全部用上。一般来说，在某一个维度选择一种用起来顺手的工具就可以了。

这就好像在古代，有的习武之人能够十八般兵器样样精通，可到了两军交战的时候，这个人不太可能把十八般兵器全都带在身上，更不太可能在战场上全都用上，通常只会选择一种最顺手的兵器来用。

本书在后续章节中，将选择图 1-1 中几种比较有代表性的、在人力资源管理实战中应用比较广泛的、比较通用的工具做重点介绍。

## 1.2.3　人才测评的主要方法

选定了人才测评的工具之后，要落实工具的使用，企业还要选择人才测评的具体方法。在企业的人力资源管理实战中，可用的人才测评方法有很多种，常见的包括对个人简历的评估、心理测评、笔试测评、面试测评、无领导小组讨论测评、公文筐测评、角色扮演 / 情境模拟等。这些测评方法的具体含义、适用岗位和优缺点如表 1-1 所示。

表 1-1　企业中人才测评的主要方法

| 测评方法 | 含义 | 适用岗位 | 优缺点 |
|---|---|---|---|
| 对个人简历的评估 | 1. 对人才简历的评估本身就是一种人才测评方法。简历记录了一个人的任职背景、工作成绩和成长历程<br>2. 简历既可以用来做人才的初步审核和筛选，通过简历，测评人可以直接把不适合的人才筛出候选人名单；也可以作为初步筛选之后，做进一步选拔时，判断人才与岗位相关性的参考依据<br>3. 在实际应用简历评估方法时，测评人可以事先为简历中的各个项目设置权重和分值，通过评估候选人的各个项目与岗位的匹配程度，给简历打分，把得分结果作为人才选拔的参考依据 | 任何岗位 | 优点：能够比较直观、快速地筛选人才，成本较低<br>缺点：1. 简历有造假、过度粉饰的可能性，无法保证简历内容的真实性；2. 只通过简历判断，在某些情况下比较片面 |

| 测评方法 | 含义 | 适用岗位 | 优缺点 |
|---|---|---|---|
| 心理测评 | 1.运用专业的心理测评工具,对候选人实施测评<br>2.心理测评得出的结果通常是结构化、数据化的,能够表现出候选人的某种心理特征 | 任何岗位 | 优点:1.能够对候选人形成标准化、结构化的结论;2.运用现成的心理测评工具,能够实现对多人同时进行心理测评<br>缺点:心理测评的专业性比较强,需要测评人具有一定的专业能力 |
| 笔试测评 | 通过笔试问卷的形式测评候选人的知识水平、能力水平和认知水平。笔试测评是企业常用的人才测评方法之一 | 对专业能力、分析能力、推理能力、管理能力有要求的岗位 | 优点:操作方式比较简单,成本比较低,便于在同一时间大规模实施,测评结果相对而言比较客观,可比性比较强<br>缺点:笔试问卷的设计要考虑信度和效度,要具备一定的专业性 |
| 面试测评 | 通过一对一面试、一对多面试或者多对一面试的方式,测评候选人的能力。面试测评是企业应用频率最高的人才测评方法 | 任何岗位 | 优点:操作方式比较简单、灵活,操作成本比较低,能够得到大规模应用<br>缺点:面试官的能力有一定要求,若实施面试的面试官经验较少,则会降低面试的信度和效度 |
| 无领导小组讨论测评 | 1.由一组互不相识的候选人组成临时小组,小组内不指定组长,测评人为小组安排某项任务,让小组成员就该任务做自由讨论,最终得出小组的总体意见<br>2.在小组的整个讨论过程中,测评人通过观察,评判小组内各成员表现出的沟通能力、表达能力、参与感、说服力、团队意识等特质<br>3.无领导小组的人员数量一般为4~10人。超过10人时,比较难观察 | 管理类岗位 | 优点:可以观察到候选人在群体中的状态,进而判断候选人未来在群体中的行为表现<br>缺点:1.任务的设置需具有一定的专业度;2.讨论的过程需要投入人力观察,且对测评人有一定的专业性要求;3.测评人可能对候选人有一定的主观看法,让测评结果失真 |
| 公文筐测评 | 1.要求候选人阅读和处理一些比较真实的文字材料,这些材料包括岗位可能遇到的各类文本、邮件、信息、指令、报告或特殊情况,需要候选人采取回复、计划、决策、沟通、安排等一系列应对措施,从而考查候选人的计划能力、组织能力、判断能力、决策能力、分析能力和对事物优先级的处理能力<br>2.公文筐测评的回答方式通常是做出书面回答。这种方法特别适合测评管理岗位人才的管理能力。国外很多公司的评价中心都会采用公文筐测评方法 | 管理类、文秘类岗位 | 优点:1.公文筐测评比传统的笔试测评更加注重解决实际问题的能力,而且更加灵活多变;2.因为公文筐测评是以书面形式完成的,所以它比结构化面试和无领导小组讨论更加正式和规范,而且能够同时让更多的候选人接受测评<br>缺点:1.公文筐测评往往没有标准答案,只有参考答案,在评分过程中,可能存在难以确定评分标准的问题;2.公文筐测评的设计需要具备一定的专业度,需要耗费一定的时间和精力 |

| 测评方法 | 含义 | 适用岗位 | 优缺点 |
|---|---|---|---|
| 角色扮演/情境模拟 | 1. 设计某种具有一定冲突性的工作场景，要求候选人在场景中扮演某个角色，模拟真实的情况，完成一系列的任务，协调场景中的矛盾，处理情境中的问题，达到预设的目标<br>2. 测评人通过候选人在情境中的表现，判断其未来在实际工作中的能力 | 管理类、技术类岗位 | 优点：测评内容更贴近实际的工作需要、更全面，通过观察，测评人可能能够发现原本没有预设的测评维度<br>缺点：场景设计需要一定的专业支持，测评过程耗时比较长，需要测评人具备一定的观察和判断能力 |

# 1.3  人才测评应用的注意事项

如果企业在人力资源管理工作中没有实施过人才测评，那么在引入人才测评工具之前，要注意人才测评并不是一个简单到一用就灵的工具。企业在应用人才测评之前，要注意评估人才测评的信度、效度和成本。其中，信度和效度是用来评价人才测评质量的两个指标，成本指的是人才测评的管理成本。

## 1.3.1  人才测评的信度与效度

人才测评的信度，指的是测评结果的可靠性、稳定性和一致性。信度越高，测评结果的一致性水平越高；信度越低，测评结果的一致性水平越低。有时候，测评的误差会导致测评结果的不一致，从而降低测评的信度。

人才测评的效度，指的是测评结果的有效性。效度越高，测评结果和实际情况越吻合；效度越低，测评结果和实际情况越不吻合。

单纯看信度和效度的概念，可能还是比较难理解。这里有一个简单的记忆方法，那就是"10斤大米"。如果现在这里有10斤大米，人们看不见，也摸不着，所以人们不知道它到底是什么。人们要通过测评，才能知道它到底是什么。

这里的10斤，就是信度的范畴。如果人们测评出来的结果是1斤或者50斤，那就证明测评的信度有问题。而大米则是效度的范畴。如果人们测评出来的结果是小米或者绿豆，那就证明测评的效度有问题。

合并起来看，如果测评结果是9.5斤黄豆，那就说明测评结果的信度比较高，但是效度比较低；如果测评结果是 1 斤大米，那就说明测评结果的效度比较高，但是信度比较低；如果测评结果是 30 斤白糖，那就说明测评结果的信度低、效度也低。

信度和效度在人才测评工具的设置环节中是如何发挥作用的呢？

以人格测评工具举例，其实每一种人格测评工具都对应着一定的信度和效度。人力资源管理实战不是搞科学研究，不需要过分关注这些人才测评工具本身的信度和效度。很多学术论文得出的测评结果也不是绝对的，还是仅供参考。

而且人力资源管理工作面对的对象本来就是集复杂性和多变性于一身的人，所以建议人力资源管理者在实战中不要钻牛角尖，在设置和选择人才测评工具的时候，要了解信度和效度的概念，运用信度和效度的思维，而不是过多地用信度和效度去评估那些已经成型的人才测评工具。

本书介绍的所有已经成型的人才测评工具（如 DISC 职业性格测试、PDP 职业性格测试、霍兰德人格与职业兴趣测试等），都是在人力资源管理实战中经过验证，有大量的样本数据，具备一定的信度和效度，而且在很多企业中有过实际应用的。

如何运用信度和效度的思维来设置人才测评工具呢？

企业一般可以将信度和效度的思维用在知识和技能的测评设置上。

以高考为例，高考要考数学，假如小明只会数学教材上 50% 的知识，另外的 50% 不会。这时候小明如果去参加高考，是有一定概率拿满分的。也就是说，如果考的知识恰恰都是小明会的那部分，并且小明都做对了，那么小明就拿到满分了。同时，小明也有一定概率拿 0 分，也就是说，如果考的知识恰好都是小明不会的，那么小明就会拿 0 分。这就是信度思维。

从考试出题人的角度出发，出题人是为了考查考生的真实水平，所以出题人一定不希望一个只懂 50% 知识的人拿满分。同样，出题人也不希望这个人拿 0 分。出题人期望的是，如果有人只懂 50% 的知识，那么他最后的分数应该接近 50 分。为了达到这个期望，出题人出题的时候应该把必要的、分散的知识点放在卷子上，以保证卷子上的知识点具有全面性、代表性和重要性。

企业在设置某岗位的知识和技能测评的时候也要遵循这个原理。既然企业是为了某个特定的岗位选拔人才，那么企业肯定不希望候选人其实是个"半吊子"，结果却成功通过了企业的知识和技能测评。所以企业在设置岗位的知识和技能测评的时候，一定要把关于这个岗位的最重要的、最具代表性的核心知识和技能都放在测评中。

回到高考数学的那个例子，出题人的目的是测评考生对数学知识的掌握情况，那么出题人就应只测评数学，而不应在出题的时候还加上英语，把中文的数学卷子变成英文的数学卷子，那样就违背了测评的初衷。这就是效度思维。

企业在设置某岗位的知识和技能测评的时候也要注意这一点，既然企业要测评的是候选人关于这个岗位的能力，那么企业就应当只围绕这个岗位出题，不要加上一些关于其他岗位的内容或者想当然的内容。

## 1.3.2 人才测评的成本

人才测评的成本指企业为了做人才测评，需要多付出多少成本。这里的成本不仅包括企业为了做人才测评，招聘工作者和候选人需要付出的时间成本，还包括人才测评结果和应用可能带来的管理成本，以及应用人才测评结果后续可能带来的沟通成本。总之，人才测评的成本就是企业原本不做人才测评，和现在做人才测评相比，增加的所有成本。

以招聘选拔为例，当企业没有实施人才测评时，面试一个候选人的平均时间是 1 个小时；企业引入某种人才测评工具之后，面试一个候选人的平均时间可能会变成 2 个小时，这增加的 1 个小时就是时间成本。增加的这 1 个小时的时间成本企业能不能接受呢？对这类问题，企业应当在正式实施人才测评之前考虑清楚。

除了时间成本之外，还有认知成本。比如有的企业原本没有引入人才测评工具，企业对人才的评价基本上只从简单的适合与不适合这类"是非观"出发。但是引入人才测评工具之后，企业对人才的评价就不能只从简单的"是非观"出发，而要从哪里适合、哪里不适合这类"维度观"出发。

这种企业内部对人才评价从"是非观"到"维度观"的认知转变，需要的不仅仅是人力资源管理工作者思维的变化，更重要的是让企业的各用人部门能够认识到这一点。为此需要付出的成本，企业能不能接受，也是企业在实施人才测评之前要好好考虑的。

对于一些刚创立的小企业来说，因为企业规模比较小，对管理的要求不高，这时候引入的人才测评工具应当是短平快的，而且是能够被企业中大多数高层管理者快速理解的。如果这类小企业应用的某种人才测评工具会大幅提高企业的成本，或者大幅降低企业的运营效率，则不建议企业引入这种人才测评工具。

对一些规模比较大、管理模式比较成熟的企业来说，相较于由人才测评工具的引入所导致的管理成本的提高，企业更关注人才选拔的准确性，也更担心当前的选拔方式不能准确地选拔出合适的人才，从而给企业造成损失。例如，在欧美的一些世界 500 强企业当中，为了保证选拔到合适的人才，一些关键岗位的选拔周期通常会超过 3 个月，面试次数会超过 10 次。

总之，企业在实施人才测评之前，除了要了解人才测评会为企业带来的好处，也要关注这个人才测评工具可能给企业带来的成本。如果这种管理成本的提升是企业能够承受的，再考虑引入；如果企业的条件暂时不能承受这种管理成本，则可以考虑暂时不引入该人才测评工具，或者引入管理成本比较低的人才测评工具。

## 1.3.3　人才测评的步骤

要在一个没有实施过人才测评的企业实施人才测评，在考虑了信度、效度和成本的情况下，企业可以按照如下步骤，实施人才测评。

首先，企业要成立一个专业、可靠的项目小组。小组的成员最好包括最高管理者，有能力的企业可以聘请外部专家和顾问。在成立了人才测评项目小组之后，人才测评可以分成以下 3 步实施。

1. 明确定位，建立标准

企业在引进人才测评之前，首先要明确自己为什么要引进人才测评，也就是要明确人才测评的整体思路、建设目的和要达成的具体目标；明确人才测评准备为企业的哪些业务、哪些部门、哪些岗位、哪些事项负责，并且确定人才测评需要的组织机构支持、运行流程支持、工作纲领和原则支持。

岗位胜任力模型是人才测评系统建设和运行的前提。所以在正式搭建人才测评系统之前，企业需要在充分考虑行业背景、企业状况、企业战略的前提下，根据待测评岗位的具体情况，对待测评岗位进行岗位胜任力模型的建设。

2. 开发工具，测评测试

人才测评工具有很多，根据不同的测评目的和维度，企业可以采用不同的工具。但不是所有的工具都适合企业，也不是所有的工具都能在企业现有的人才能力的基础上得到有效的实施。在这一步，企业需要考查在所有的人才测评工具中，哪一种或几种更适合自己使用，然后重点开发那一种或几种。

在正式运用人才测评工具之前，需要选取个别目标岗位进行充分的测试。对测试的岗位，测评小组要进行有针对性的访谈，了解这种工具和方法在哪些方面还存在问题，并做出相应的调整。

3. 测评培训，评估改进

人才测评的实施人员需要针对人才测评的实施原理、方法和技术对那些将来要操作和应用人才测评工具的人员进行培训。在人才测评的实施过程中，项目小组要对人才测评的实际运行情况进行持续的监控、评估和改进。

# 1.4 岗位胜任力模型构建

岗位胜任力模型是实施人才测评的基础。有了岗位胜任力模型，企业才能清楚岗位的任职要求。企业的战略规划、经营目标和使命经过层层分解之后，能够转化成每个岗位需要的能力。各岗位的能力水平，直接影响着企业的经营业绩。

## 1.4.1 胜任力模型四大维度

人才选拔的四大维度分别是素质、知识、能力、经验，如表 1-2 所示。

表 1-2　人才选拔的四大维度

| 类别 | 内容 |
|------|------|
| 素质 | 性别、年龄、性格、人格、素养、智商、自我定位、忠诚度、人生观、世界观、价值观等 |
| 知识 | 专业、学历、学位、社会培训、证书、认证、专利、岗位需要的其他知识等 |
| 能力 | 通用能力、专业能力 |
| 经验 | 持续运用某项能力的时间 |

1. 素质

素质维度一般指那些由个人自身特质决定的，根深蒂固的，不太容易改变的东西，包括性别、年龄、性格、人格、素养、智商、自我定位、忠诚度、人生观、世界观、价值观等。

2. 知识

知识维度一般指那些通过学习、查阅资料等后天努力得到的信息，一般包含专业、学历、学位、社会培训、证书、认证、专利以及岗位需要的其他知识等。

3. 能力

能力一般指在一定的知识基础上，完成某个目标或者任务的可能性，它是知识的一种转化。知识和能力是不同的，光有知识没有能力就是纸上谈兵。

**举例**

掌握游泳的相关知识和掌握游泳的能力是两个不同的概念。有一个人只掌握了游泳的知识，但是不具备游泳的能力，也就是知道应该怎么游，但从来没游过，如果把这个人直接扔到水里，那么他可能会被淹死。

开车也是同样的道理。我们考驾照的时候，一般都有一门理论考试，考查的就是驾驶知识。但是光有驾驶知识就能开车吗？肯定是不行的，如果只掌握开车的知识，不掌握开车的能力，那么一定开不好车。

能力可以分为通用能力和专业能力。

通用能力指的是几乎每一个岗位都要用到的能力，比如沟通能力、组织能力、协调能力、理解能力、分析能力。

专业能力指的是某一类岗位特有的，其他岗位基本不需要的能力。比如开飞机的能力、操控挖掘机的能力或者造型师、美容师等岗位需要具备的能力，都属于专业能力。

4. 经验

经验一般指某人持续运用某项能力的时间。能力通常和经验有一定的相关性，但并非持续相关，一般来说，随着时间的增加、经验的增长，能力的提升会趋于平缓。

**举例**

一般人开大约3年车，开车的能力基本上就练成了。再开3年，在能力上一般不会有特别大的提升。这时候提升的，主要是经验。而经验主要体现为对一些事情的熟练程度和处理一些异常状况的能力。

总结下来，素质维度，反映了候选人"能不能"做；知识维度，反映了候选人"知不知道"怎么做；能力维度，反映了候选人"会不会"做；经验维度，反映了候选人"做了多久"或者"熟练程度"。

利用这4个维度，企业很容易定义出岗位所需要的"人才画像"。

**举例**

某企业当前要招聘一位能处理事务性工作的普通行政文员。应聘者在这个岗位上如果工作成绩优秀，未来工资可能会提高，但是基本没有太大的晋升和发展空间。

这个岗位的素质要求一般是性格比较温和，与人为善；智力水平不需要太高，平均水平即可；价值观不需要有成就导向；最好追求安稳的生活。

这个岗位的知识要求一般是不需要太高的学历（考虑到稳定性）；文秘类专业、管理类专业、经济类专业等都可以，专业限制没有那么严格，也可以考虑不限专业；最好接受过一些专业的办公软件培训，或者具备办公软件的基本操作知识。

这个岗位的能力要求一般是具备沟通能力、组织协调能力、解决问题的能力等通用能力；具备应用办公软件的能力、文字速录的能力等专业能力。

这个岗位的经验要求一般是有连续的1年以上、5年以下的相关工作经验。因为行政文员的工作性质在每家企业都差不多，有一些经验的比完全没经验的应聘者更容易适应岗位，而且这种应聘者一般已在其他企业做完人才培养了。

在某岗位的4个维度的要求全部确定后，按照这4个维度招聘，不仅有方向性，而且招聘的人才跟岗位的匹配度会非常高，稳定性和敬业度也会比较高，从而能够达成令个人和公司都满意的目标。

根据这4个维度做人岗匹配时，素质维度起着50%的决定作用，因为这个层面的特质一般很难改变。

例如，24岁以后，每个人的性格特征基本上就比较固定了。有时候外界环境的变化会造成人们性格的变化，但这种变化对大部分个体来说是相对较小的。每个人的人生观、世界观和价值观都不一样，但一般人在30岁时具备什么样的三观，那么他在后面的人生中也会保持这样的三观，如果不出现比较大的刺激，一般不会改变。

而知识、能力、经验这3个维度都是可以通过后天的努力改变的。只要某人的素质达标、三观符合企业要求，这3个维度都是可以培养的。但如果某人的基本素质不够好、三观不符合企业要求、性格有问题，那么再怎么培养，也是没办法培养出目标结果的。

## 1.4.2  胜任力模型组成要素

狭义的胜任力模型仅包含达到岗位要求、完成岗位目标所需要的能力，而广义的胜任力模型包含岗位所要求的素质、知识、能力、经验等各维度的任职资格。

为明确管理，胜任力模型各维度下的每项特质要分成不同的等级，并配备详细的文字描述。比如，素质维度下团队精神的特质，通常是指在团队目标下，对团队利益和协作的共同认知，将其分级后如表1-3所示。

表1-3  团队精神分级样表

| 级别 | 定义 |
|---|---|
| 一级 | 能在团队中配合其他成员；有合作精神；态度端正；能考虑团队目标与利益 |
| 二级 | 尊重团队中的每一位成员；能在团队中积极配合其他成员；有较强的合作精神；态度端正；当团队利益与个人利益冲突时；以团队利益为先 |
| 三级 | 经常为团队提出有意义、有建设性的意见；当团队利益与个人利益冲突时，总是以团队利益为先 |
| 四级 | 能主动加强与团队中其他成员的合作；当团队利益与个人利益冲突时，总是以团队利益为先，并愿意牺牲个人利益 |

素质维度下的教育背景，按学历可以分为初中、高中（包括中专和中等技术学校）、大专、本科、硕士及以上。企业可以将教育背景划分为4级，如表1-4所示。

表1-4  教育背景分级样表

| 级别 | 定义 |
|---|---|
| 一级 | 初中、高中 |
| 二级 | 大专 |
| 三级 | 本科 |
| 四级 | 硕士及以上 |

企业知识通常包括行业知识、产品知识、企业文化（发展历史、理念、价值观等）、组织结构、基本规章制度和流程等，也可以分为4个等级，每一级的描

述如表 1-5 所示。

**表 1-5　企业知识分级样表**

| 级别 | 定义 |
|------|------|
| 一级 | 熟悉员工手册 |
| 二级 | 了解企业的发展历史、相关产品知识，熟悉本岗位相关管理制度、流程 |
| 三级 | 全面了解企业的历史、现状、未来发展方向和目标、产品知识以及相关管理制度和流程 |
| 四级 | 熟悉企业整体运作流程、管理制度，了解企业的整体战略规划以及战略步骤 |

对某一专业知识，也需要用此方式进行分类。比如财务知识，包括：A.会计学原理、统计学原理、税收知识；B.工业企业财务管理、工业企业会计、会计电算化；C.管理会计、成本会计；D.审计学；E.金融证券、投融资管理。对财务知识的分级如表 1-6 所示。

**表 1-6　财务知识分级样表**

| 级别 | 定义 |
|------|------|
| 一级 | 了解 A、B、C、D、E 中某一类所包含的基本知识 |
| 二级 | 掌握 A、B 类所包含的知识；了解 C 类知识 |
| 三级 | 精通 A、B、C 类知识；掌握 D、E 类知识 |
| 四级 | 精通 A、B、C、D、E 类知识 |

能力维度中的沟通能力通常是指通过口头和书面方式表达、交流思想的能力。将其分级后如表 1-7 所示。

**表 1-7　沟通能力分级样表**

| 级别 | 定义 |
|------|------|
| 一级 | 能够为工作事项进行联系或简单交流 |
| 二级 | 能够与他人进行较清晰的思想交流；在书面沟通上文法规范、能够抓住重点，让别人易于理解 |
| 三级 | 沟通技巧较高，具有较强的说服力和影响力；书面沟通时有较强的感染力 |
| 四级 | 沟通时有较强的个人魅力，影响力极强；书面沟通时有很强的感染力 |

经验维度同样可以分级，将其分级后如表 1-8 所示。

**表 1-8　经验分级样表**

| 级别 | 定义 |
|------|------|
| 一级 | 2 年以下相关经验 |
| 二级 | 2～7 年相关经验 |
| 三级 | 7～15 年相关经验 |
| 四级 | 15 年以上相关经验 |

### 1.4.3 胜任力模型构建方法

企业构建岗位胜任力模型的方法一般分为 3 种，如图 1-2 所示。

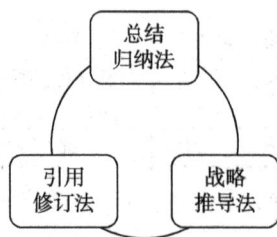

图 1-2　企业构建岗位胜任力模型的 3 种方法

**1. 总结归纳法**

这种方法适用于成熟、稳定、具备一定规模、管理水平相对较高的企业，是通过研究同类岗位上高绩效员工与低绩效员工的差异来构建胜任力模型的。这种方法以行为访谈评估结果为依据，构建出的胜任力模型最符合企业的实际情况，效果最好。这种方法的缺点是构建过程耗费的时间和精力很多，需要模型构建者具备行为事件访谈能力，操作难度很高。

**2. 战略推导法**

这种方法适用于变化较快、管理水平相对较低的企业，是根据企业的核心价值观以及战略规划对岗位能力的要求进行推导，从而构建胜任力模型的。战略推导法的本质是逻辑推理，它的实施步骤如下。

第 1 步，理清企业的战略、愿景、使命和核心价值观。

第 2 步，了解企业内各岗位的角色和职责。

第 3 步，根据企业的战略目标，推导不同岗位的胜任力模型。

这种方法的优点是胜任力模型与企业的战略、价值观密切相关，逻辑清晰。其缺点是缺乏具体的行为作为依据，对胜任力的描述可能会空洞、抽象、脱离现实。

**3. 引用修订法**

这种方法适用于需要快速构建胜任力模型的企业，是通过直接引用专业咨询公司、同行业内优秀企业或者对标企业的岗位胜任力模型，根据本企业实际情况稍做修改后，直接作为本企业的胜任力模型使用的。如果有专业的顾问，可以让其列出通用的胜任力项目，由相关人员选择、筛选出胜任力模型。

这种方法的优点是省时省力，对初步引进胜任力模型概念又没有能力在胜任力模型构建上进行大量投资的企业来说不失为一种有效的方法。其缺点是通用项目较多，它们与具体的企业文化、战略的关联性不一定很强。

# 1.5 人才画像描绘

人才画像指的是岗位需求人才的基本属性。通过描绘人才画像，企业能够精准搭建出岗位需要招聘的人才的标准框架。围绕人才画像实施人才测评和人才选拔，有助于提高人才选拔的效率和成功率。

## 1.5.1 人岗匹配与人人匹配

有人认为，岗位胜任力模型和岗位人才画像都是用来确定岗位需求人才的基本属性的，它们的功能相同，好像是一回事。实际上，岗位胜任力模型和岗位人才画像之间确实存在一定的关联性，但这两种工具的定位有所不同。

岗位胜任力模型是"以岗对人"，或者叫"以岗找人"，就是企业通过需要的岗位来匹配确定这个岗位需要的人才特质，最终得到的结果是"人岗匹配"；岗位人才画像是"以人对人"，或者叫"以人找人"，就是企业通过需要的在这个岗位上能把工作做好的人才特质，来匹配确定该岗位需要的人才特质，最终得到的结果是"人人匹配"。

实际上，除了"以岗找人"和"以人找人"之外，还有一种方式是"以角色找人"，最终得到的结果是"角色匹配"。当既没有已经存在的岗位可以参考，也没有在这个岗位上绩效比较好的人可以参考的时候，企业就可以用角色来找人。

例如，一家刚成立不久的互联网企业，其业务模式是全中国首例，没有可以参考借鉴的对象，这个时候企业就可以用角色来找人。如果这家企业需要招聘销售人员，但这类销售人员又和传统的销售人员不一样，这时候企业就可以研究这类销售人员需要扮演什么角色。假如研究后发现，这家企业的销售人员实际上扮演了一种市场开发加技术指导的角色，这个时候就可以按照这两个角色的合并特征来找人。

人才画像的"人人匹配"、岗位胜任力模型的"人岗匹配"和用角色来找人的"角色匹配"，这三者之间既不矛盾、也不冲突。企业在做人才测评和人才选拔的时候，可以根据需要把这 3 种工具结合起来使用，也可以使用这 3 种工具中的任何一种。

## 1.5.2　人才画像的组成要素

在刑侦破案类影视作品中经常会有这样的桥段。某位刑警或侦探在勘查了犯罪现场之后说，犯罪嫌疑人应该是男性，年龄为 30～35 岁，身高为 170～175 厘米，体型壮实、偏瘦，未婚，性格内向，不喜欢交朋友等。

这个过程在刑侦学中叫"描绘犯罪心理画像"。刑侦专家不需要见到犯罪嫌疑人本人，只需要根据其作案的时间、地点、手段、凶器等信息就可以大致判断出犯罪嫌疑人的生理特征、心理特征、受教育程度以及家庭状况。

与犯罪心理画像类似，在产品营销中有用户画像的概念，就是营销人员根据产品的特性，描绘出对这种产品有需求，可能会购买、使用这种产品的用户具备的特征。

岗位人才画像也是类似的道理，它是指企业在实施人才招聘之前，根据岗位需求的特性，描绘出需求人才的各类特质。

不论是犯罪心理画像还是产品营销中的用户画像，都是为了把视线聚焦在某一类人身上，集中优势资源，重点针对这类人采取行动。这样做能以最低成本、最快速度达成目标。

与之类似，人才画像是为了在茫茫人海中锁定企业要找的候选人，帮助企业快速、精准地实施招聘。有了岗位人才画像，企业就能知道其需要的人才可能会出现在什么地方，就可以有针对性地选择招聘渠道，更加精准地找到和筛选出匹配度高的候选人。

很多猎头总能帮助企业快速、精准地找到合适的人才，这正是因为专业的猎头掌握了描绘人才画像的方法。猎头们会像专业的侦探在破案前描绘犯罪心理画像一样，在正式开展人才寻访工作之前认真地描绘人才画像。

对人才画像组成要素的划分可以参考广义的岗位胜任力模型中的要素划分，即按照大类分，可以分成素质、知识、能力和经验；也可以根据需要在广义的岗位胜任力模型的基础上，进行更细致、更个性化的划分，例如可以细分成身高、体重、年龄、性别、性格、属地、爱好、动机、专业、学历、学校、成绩、培训、资质等维度。

**举例**

某企业销售经理岗位的人才画像如表1-9所示。

表1-9　某企业销售经理岗位的人才画像

| 类别 | 内容 |
|------|------|
| 基本情况 | 25～30岁；本科以上学历；未婚；性格外向，热情开朗；踏实努力；竞争意识强…… |
| 知识要求 | 营销学、广告学、市场策划、产品知识…… |
| 技能要求 | 销售能力、沟通能力、适应能力、抗压能力、应变能力、分析能力、学习能力、说服他人的能力…… |
| 经验要求 | 2年以上销售类岗位工作经验 |

## 1.5.3　人才画像的描绘方法

描绘人才画像可以分成3步，如图1-3所示。

图1-3　描绘人才画像的3个步骤

### 1.采集数据

采集数据，就是收集描绘人才画像需要的数据信息。例如，一家互联网企业需要招聘产品经理，因此企业要为产品经理岗位描绘人才画像。这时，企业首先要了解，适合产品经理岗位的人应该有什么样的性格、什么样的年龄、什么样的背景等，这些都是数据信息。

这里要注意，对数据的采集不是维度越多越好，也不是越细致越好，而是要根据不同岗位的实际需要，在关键维度上采集比较多的数据；在无关的维度上，采集比较少的数据或者不采集数据。

例如，产品经理岗位一般对人才的性别、属地、身高、体重、长相等维度没有要求，所以收集这类数据对企业描绘该岗位的人才画像的意义不大；但产品经理岗位一般对人才的专业知识、岗位技能、从业资质、工作经验等维度的要求比较高，所以企业要重点在这些维度上采集数据。

企业可以从哪些层面来采集数据呢？

人才画像是"以人对人"，人才画像最好的数据来源是"人才样本"。人才样本就是指对这类岗位，要以谁作为样本，也就是照着谁的样子来描绘人才画像。

最好的人才样本，是从事这个岗位的高绩效员工。例如，要对产品经理岗位的人才画像进行数据采集，企业可以将企业内部或其他企业从事这个岗位的高绩效员工作为人才样本。高绩效员工之所以绩效高，其中一定有它的道理，企业就是要通过人才画像的描绘去研究这个道理。

与构建岗位胜任力模型一样，企业研究并描绘出的人才画像，不仅可以为人才测评和人才选拔服务，还可以为人才评价、人才使用、人才培养等方面提供重要依据。除了人才样本，企业还可以从人才档案、岗位说明书、岗位分析、管理者访谈等层面来采集需要的数据。

企业可以通过什么方式来采集数据呢？

对人才样本，企业可以通过调研、访谈、观察来采集数据；对资料类文件，企业可以查阅档案、检索关键信息。为了避免对人才样本的调研和访谈变成一场没有意义的聊天，操作人员在实施之前，可以先列出一份清单，再根据清单操作就不至于跑题。在对人才样本进行访谈和调研的过程中，操作人员要注意收集"关键事件"，并通过对关键事件的分析得出关键信息。

2. 构建画像

对采集到的数据进行整理归纳、分类汇总和关键信息提炼之后，就能够初步得到人才画像。可以在此时的人才画像中加入一些场景化的描述，从而让人才画像更加真实和立体。例如，在某类人才画像中可以加入这样的描述：当你向他表示某件事不可能的时候，他会表现出"世界上没有什么事是不可能的"的态度。

为了让人才画像更生动，可以在人才画像中加入一些标签化的描述，比如固执、独立、幽默等标签。为了让人才画像更精准，可以在其中加入一些数字化的描述，比如2项成就、3年经验、5个项目等包含具体数字的信息。

3. 验证测试

没有应用过的人才画像，企业并不知道其准确性如何。所以在人才画像初步完成之后、正式应用之前，还需要一个论证的过程，也就是验证测试的过程。

如何进行验证测试呢？

可以先把描绘好的人才画像给人才样本（高绩效员工）看，再把人才画像给人才样本的管理者看，接着把人才画像给企业的高层管理者或外部专家看，请这些看过人才画像的人分别发表修改意见。

实践是检验真理的唯一标准。除了在应用之前找不同的人提修改意见，企业还可以通过不断应用、不断调整来得到相对准确的人才画像。

需要注意的是，因为环境是不断发展变化的，企业对岗位的要求也会不断变化，所以岗位人才画像应当及时更新，并随着企业需求的变化而变化。

# 第 2 章
# 人格心理测评

心理测评是关于人的心智模式的各种测验的总称，是指对某一个人或某一个团体的某种心智模式做出评价。当前的心智模式可能会影响个体或群体未来的行为。在人格心理测评领域，人力资源管理实战中常用的测评工具包括 DISC 职业性格测试、PDP 职业性格测试、霍兰德人格与职业兴趣测试、MBTI 职业性格测试、The Big Five 大五人格测试、16PF 卡特尔人格测试、九型人格测试。

在心理学领域中，还有一种应用比较广泛、比较权威的人格心理测评工具——明尼苏达多项人格测验（Minnesota Multiphasic Personality Inventory, MMPI），它是由明尼苏达大学的教授 S. R. 哈撒韦（S. R. Hathaway）和 J. C. 麦金利（J. C. Mckinley）于 1940 年研发编制的。这种工具主要被用来检测精神类疾病，在人力资源管理实战中应用并不多，因此本书不做介绍。

## 2.1 人格心理测评的方法

在现实生活中，每个人身上都存在着不同的人格特质：有的人热情奔放，有的人冷漠孤僻，有的人顽强果断，有的人优柔寡断。这些不同的人格特质构成了人与人之间不同的个体特质和独特的行为方式，让人类社会变得丰富多彩。要测评人们的人格心理，常见的方法有 3 种，分别是心理问卷调查、情境模拟测评和投射测评技术。

### 2.1.1 心理问卷调查

问卷调查并非只有测评人发放问卷，被测评人填写问卷，然后测评人回收问卷并对照答案打分这一种形式。在心理问卷调查测评中，常用的心理问卷调查方法有两种，分别是自陈量表法和评定量表法。

1. 自陈量表法

自陈量表法是一种要求被测评人自行答题，回答关于他们在各种情况下的行为或感受等问题的测量工具，这些笔试测评的题目可能会涉及个人特质、兴趣、价值观等维度，被测评人要明确描述每个场景与自身情况的符合程度，或说明对每个题目的认可程度。

在人力资源管理实战中，自陈量表法是当前应用最广泛的心理问卷调查方法，也是应用最广泛的人格心理测评方法。自陈量表法的关键在于调查问卷的设计、发放、回收和评分。本章介绍的所有人格心理测评工具的测试题都可以直接用来做自陈量表。

自陈量表法的题目形式一般以是非题、折中是非题、选择题、文字或数字量表题为主。这类测评的题目数量一般比较多，按不同维度划分为不同的测评模块，可以采用笔试的测评方式，也可以将其录入计算机程序，让被测评人通过计算机系统来完成测评。

自陈量表法的优点是应用成本比较低、应用场景比较灵活、获得结果比较快，可以用来做个体测评，也可以用来做团体测评；缺点是被测评人可能为了隐藏自己的真实人格，猜测题目的"正确答案"，导致测评结果出现偏差。

2. 评定量表法

评定量表法也称他评量表法，由测评人通过观察被测评人的行为和特质来进行判断评分。评定量表一般包含一组可以描述个体特质的词语或句子，要求测评人对被测评人的行为和特质做出评价和判断。

评定量表法本质上是一种行为观察法，这种方法的重点不仅在于量表的设计，还在于行为观察的过程。测评人的选择和行为观察的方式在这种方法中至关重要。在人力资源管理实战中，在人才选拔的环节，这种方法可以用在面试中；在人才职业发展的环节，这种方法可以用在员工日常工作的评价中。

评定量表法的优点是能够在一定程度上防止被测评人故意隐藏人格，以此来提高测评结果的信度和效度；缺点是对测评人的能力和经验要求较高，测评耗费的成本较高，经历的时间周期较长。

## 2.1.2　情境模拟测评

情境模拟测评是让被测评人处于某种给定的情境环境中，测评人通过观察，对被测评人在情境环境中的行为表现进行评分，从而判断被测评人的人格特质。情境模拟测评在人力资源管理实战中应用比较广泛，一般用于人才选拔，尤其适用于管理干部和高层管理者的选拔。

企业中比较流行的沙盘模拟经营游戏，就是一种典型的情境模拟测评。通过沙盘模拟经营游戏过程中对被测评人行为的观察，测评人能够预见被测评人在实际工作中的态度和行为表现。

情境模拟测评不仅可以模拟实际工作场景，还可以模拟一些游戏娱乐场景或特定任务场景，测评人通过观察这些场景中被测评人的行为来判断他们的人格特质和行为特征。前言中提到的那家外国人力资源公司采用的负重跑步测试，就是在模拟特定任务场景，所以那其实是一种情境模拟测评。

实际上，国内很多著名的公司在人力资源管理实战中也逐渐开始应用情境模拟测评，比如，阿里巴巴集团在选拔有潜质的干部的时候，就经常运用情境模拟测评的方法。阿里巴巴集团选拔干部的方式主要有以下 3 种。

### 1. 平时观察

内部人才在平时工作中最能展示个人能力和特质，通过平时的业务会议、日常举办的各类活动，企业可以发现很多有潜质的人才。

### 2. 集中面试

在集中面试的过程中，面试官询问实战类问题或压力类问题，也可以比较集中地观察和判断有潜质的干部。

### 3. 选人游戏

前两种形式在一般企业中应用得比较广泛，还有一种形式比较独特，那就是运用游戏的方法实施干部选拔。这种通过游戏选拔人才的方法，实际上就是一种情境模拟测评。

阿里巴巴集团曾经要选拔一批储备干部，让他们组成"笑傲江湖"班，未来对他们实施重点培养和培训。当企业有管理岗位需求时，尤其是当新业务有需求时，可以提拔他们成为正式的管理干部。

当时参加选拔的人很多，面试官们确定确定了几个特质。因为当时阿里巴巴集团有很多新项目、新业务，并且企业的未来有一定的未知性，所以面试官们就把"敢拼敢赌""智慧"作为这次想要选拔出的人才的潜质。如果人才相对比较保守，则并不适合这个项目。

当时，面试官们运用了一种独特的人才选拔方法——所有候选人一起玩德州扑克游戏。阿里巴巴集团的 HR 加入候选人和他们一起玩这个游戏，同时作为观察员，观察和记录候选人们在玩游戏的过程中的种种表现。

德州扑克游戏其实不仅是运气的较量，要玩好这个游戏，还需要动用感性和理性，需要具备智慧和胆量，需要有比较强的全局意识、观察能力、分析能力和决策能力。设计德州扑克游戏场景，是为了考查候选人的个性、智慧和勇气，是为了通过游戏的过程对候选人进行综合判断。

整场德州扑克游戏大约耗时 6 个小时，过程中全程录像。第 2 天，面试官们实施复盘，讨论每个候选人的特质，并让阿里巴巴集团的核心管理团队查看录像，最后从 30 个候选人中选出 20 人组成了"笑傲江湖"班，并对这个班实施 Mini-MBA 培训。

通过这种人才选拔方法，阿里巴巴集团能够更精准地实施人才盘点，得到更客观的对人才测评结果，而且未来阿里巴巴集团在开展新业务需要用人时，能够更好地实施人才搭配，让人才之间形成优势互补。

例如，在阿里巴巴集团设计的德州扑克游戏中，有 3 种具备典型特质的候选人，下面分别用 A 类、B 类、C 类指代。

A 类属于攻击派，年轻、敢冒险、冲劲儿足，但谋划能力稍显不足。后来 A 类被分配到了一项新业务上担任管理者，这项新业务所在的商业环境与传统的商业环境不同，具有比较高的未知性和风险性。

B 类属于防守派，保守、做事谨慎、喜欢通过防守获胜、很有耐性。后来 B 类被分配到了一项需要打攻坚战的业务上，这项业务以守为主、以攻为辅，而且需要一些比较有耐力、不到最后不放弃的管理者。

C 类属于攻守兼备派，做事沉稳、有勇有谋、不偏不倚。后来 C 类被分配到了一个比较复杂的商业环境中，这个商业环境中的竞争非常激烈，需要一个能够根据市场情况随时变换应对策略的管理者。

事实证明，A 类、B 类、C 类在他们各自负责的业务领域内都比较好地完成了业务目标，而且他们的职业满足感也比较高，因为他们所处的岗位和环境符合各自的特质，能够发挥他们的特长。当然，A 类、B 类、C 类都既有优势，也有劣势，因此在他们各自负责的业务领域内，阿里巴巴集团也搭配了其他能够和他们的特质形成互补的人。

阿里巴巴集团通过德州扑克游戏选人才，对其他企业在人才选拔方面的启示包括以下 4 点。

1. 设计规则

实施人才选拔之前，首先要明确企业需求的人才特质，根据企业需求的人才特质设计人才选拔的规则，实施人才选拔的具体方案。

2. 进行复盘

在人才选拔过程中设置观察员，并全程进行录像，以便后续复盘讨论。复盘讨论时可以多方参与，对人才进行多维度的讨论分析，避免存在偏见。

3. 应用结果

根据人才选拔过程中对人才特质的判断和业务需求实施人才的应用和搭配，让人才能够发挥特长，实现优势互补。

**4. 进行培训**

对选拔出的具备较高潜质的人才进行培训，并在实战中不断对其进行训练。

## 2.1.3 投射测评技术

投射测评技术可以简称为投射技术，是一种比较专业的心理测评技术。人格心理测评所称的投射，就是让人们在不自觉的情况下，将自己的态度、动机、价值观、需求、情绪、内心冲突、人格特征等在其他事物上反映出来的方法。

这种技术对测评人的能力和经验的要求比情境模拟测评更高，在实战中一般由专业的心理测评人员负责实施。因为其专业性和特殊性，这种技术在人力资源管理实战中应用比较少，但在临床心理中应用比较广泛。有时候为了达成一些特殊的目的，企业也会聘请专业的心理测评机构来实施这种技术。

投射测评技术是指在测评过程中，由测评人向被测评人展示一些无意义的、模糊的、不确定的图形、句子、场景等信息，并要求被测评人就这些信息进行感受描述，从而表达出被测评人的内心需要和感受的投射反应。

当不适宜采用调查问卷、直接提问等方法或测评目的不适宜明确表露时，可以采用投射测评技术。除了用来测评人格之外，投射测评技术有时候也可以用于考查被测评人的智力、创造力、解决问题的能力等。常见的投射测评技术有以下3 种。

**1. 罗夏墨迹测验**

罗夏墨迹测验（Rorschach Inkblot Test）由瑞士精神科医生、精神病学家罗夏（Rorschach）创立，因为这种测验方法利用了墨渍图，所以又被称为墨渍图测验。罗夏墨迹测验被世界各国广泛使用，是一种非常著名的投射测评技术。

罗夏墨迹测验中应用的墨迹图如图 2-1 所示。

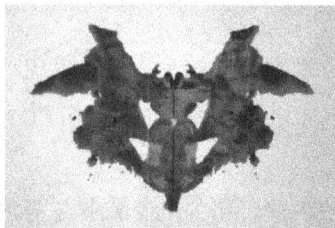

图 2-1 罗夏墨迹测验样图

经典的罗夏墨迹测验由 10 张经过精心制作的墨迹图构成。这 10 张图片都是没有明确含义的图形，其中有 5 张为黑白图片，且墨迹的深浅不一；有 2 张在黑白图片的基础上，增加了红色斑点；另外 3 张为彩色图片。

罗夏墨迹测验实施的流程是：先由测评人向被测评人分别展示这些无意义的图片，然后问被测评人"这张图片，你觉得看起来像什么"或者"这张图片让你联想到了什么"。测评人通过被测评人回答的语言内容、回答速度、语音语调、附带行为等，判断其个性倾向和真实心理。

2. 主题统觉测验

主题统觉测验（Thematic Apperception Test）最早是由 H. A. 默里 (H. A. Murray) 和 C. D. 摩根（C. D. Morgan） 创立的。经典的主题统觉测验包括 30 张内容隐晦的黑白图片以及 1 张空白卡片，图片的内容以人物或景物为主。

主题统觉测验的样图如图 2-2 所示。

图 2-2　主题统觉测验样图

主题统觉测验的每张图片都标有字母符号，按照年龄、性别把图片组合成 4 套测验题，每套 20 张，分成 2 个系列，每个系列各有 10 张图片，分别用于对男人、女人、男孩和女孩的测验，其中有些图片是共用的。进行测验时，测评人按照顺序逐一展示图片，要求被测评人针对每一张图片根据自己的想象和体验，讲述一个内容生动、丰富的故事。

每套测验的 2 个系列分 2 次进行，测完第 1 个系列通常需要花费 1 小时，在一天或者更长的时间之后，再进行第 2 个系列的测验。一般来说，第 2 个系列的图片内容会较为奇特、复杂，容易引起被测评人的情绪反应。在第 2 个系列测验完毕后，测评人会与被测评人进行一次谈话，了解被测评人编造故事的来源和依据，并将其作为对被测评人进行分析的重要参考。

被测评人根据图片编造的故事通常与个人的生活经历密切相关。在编造故事的过程中，被测评人会不自觉地将自己当前隐藏在内心深处的矛盾冲突或者某种欲望投射到故事当中，借故事中的人物和情节展现出来。

测评人通过故事中主人公的身份、怀揣的动机、情感的强度、情绪的变化、所处的环境、肩负的使命、经历的挫折、获得的结果及其与故事中其他人物的互动关系、矛盾冲突等判断被测评人真实的心理状况。

3. 房树人测验

房树人测验（House-Tree-Person）由美国心理学家约翰·巴克（John Buck）于1948年创立的。最初的房树人测验只需要被测评人在一张白纸上画上房屋、树木和人物，就能完成测评。测评人根据被测评人所画的房屋、树木和人物之间的对应关系，判断被测评人的心理状况。后来随着这种方法的发展，出现了一些类似的方法，这些方法被统称为绘图测评。

比如，1949年瑞士的职业顾问、心理学家科赫（Koch）出版了《树木画测验》一书，书中仅使用"树木"作为唯一的主题，将树木人格测验作为一种独立的投射测评技术。这种树木人格测验要求被测评人随意画一棵树，然后测评人把他画好的树与既定标准进行比较，通过观察被测评人画的树与标准卡上的哪一棵标准树最接近，判断被测评人的性格特征。

实战中应用的投射测评技术一般都来源于以上3种，有些比较专业的心理研究机构会在以上3种投射测评技术的基础上进行延伸和开发，从而得到类似的但独有的投射测评技术。

比如，有的心理研究机构在罗夏墨迹测验的基础上开发出更多的墨渍图，运用与罗夏墨迹测验相同的原理实施人格心理测评；或者在主题统觉测验的基础上开发出更多的图片，运用主题统觉测验的原理实施人格心理测评。

此外，也有一些心理研究机构运用投射测评技术的原理，设计出一些本土化的投射测评技术。

比如，有的心理研究机构采用半个句子的完形填空法，要求被测评人对句子进行补充。

（1）我最喜欢_____。

（2）我最讨厌_____。

（3）我最向往_____。

（4）我最羡慕_____。

## 2.1.4 结果应用注意

在实战中，人格心理测评结果可以作为人力资源部门对人才聘用、调岗、晋升或降职的重要参考，但不能作为绝对或唯一的依据。不要唯测评结果论，人格心理测评结果应当更多地用作用人决策的参考要素，而不是决定性要素。对于测评结果的应用要注意以下 5 点。

1. 重在解读

不论是采取心理问卷调查、情境模拟测评还是投射测评技术，得到了被测评人的心理测评结果并不代表测评结束，而是测评告一段落。人格心理测评结果本身并不是最关键的，关键是对测评结果的解读和应用，这对测评结果解读人的能力和经验有一定的要求。

2. 时间因素

由于时间的推移、职业的转换、经历的不同、习惯的养成等因素，同一个人在不同时期的人格心理测评结果可能完全不同。这也表示人的性格并非一成不变，而是逐渐适应环境、不断变化的。

3. 天性培养

让某一类人去做与他的人格特征不匹配的岗位工作并不一定代表他不能做。很多时候，如果形式需要他来做，其实他也能做，但相较于那些人格特征和岗位比较匹配的人，他们的内心可能会有一定的排斥，可能需要一段时间来适应和调整自己。

在调整之后，他们有时候也能把与自己的人格特征相悖的岗位工作做好。这时，他们一方面是把自己的天性压抑了，另一方面是在挖掘自己的其他天性。通过挖掘，他们未被开发的天性可能会得以展现。

4. 谨慎选择

当两个候选人在其他各方面都差不多的情况下，一位人格特征和岗位匹配，另一位不匹配的时候，可以根据人格心理测评结果来选择。但是当发现一位候选人在所有方面都适合，只在人格心理测评结果上不适合的时候，企业不要立即拒绝他，而是应当再参考更多维度。

5. 人格互补

没有完美的个人，也没有完美的人格，只有完美的团队。团队中的人才应当人格互补，才能帮助团队更好地达成目标。在团队中，应当存在不同人格的人才，避免一叶障目。不同人格类型的人才互相搭配，能达到取长补短的效果，从而实现团队的最大价值。

# 2.2 DISC 职业性格测试

DISC 职业性格测试是由美国心理学家威廉·莫尔顿·马斯顿（William Moulton Marston）在 1928 年提出的。由于这种工具能给出比较确定的人格分类，同时能对每种人格的特征、团队价值、所适宜的工作环境给出详细说明，因此它在企业中比较受欢迎。很多世界 500 强企业使用的人格心理测评工具就是 DISC 职业性格测试。

## 2.2.1 DISC 职业性格测试人格分类

DISC 职业性格测试把人格分为支配型（Dominance，D）、影响型（Influence，I）、稳健型（Steadiness，S）与谨慎型（Compliance，C）4 种。DISC 正是由这 4 种人格的英文单词的首字母组成。

DISC 职业性格测试的人格分类及特点如图 2-3 所示。

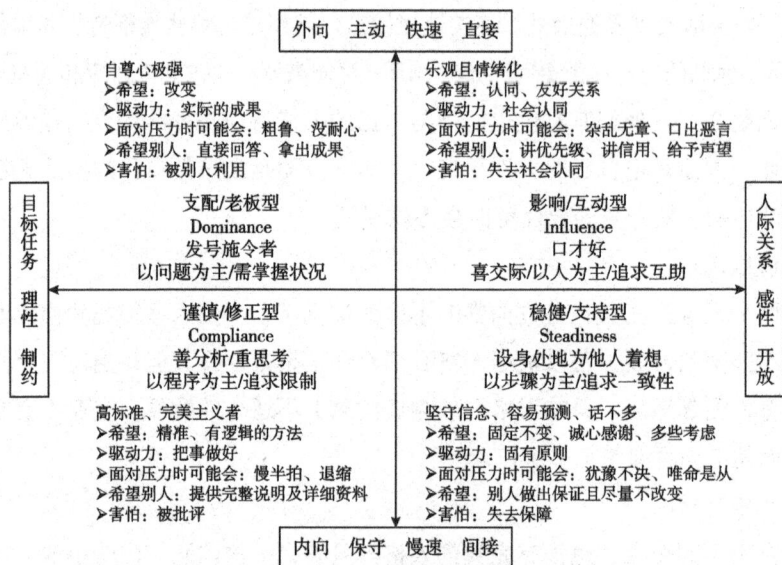

图 2-3 DISC 职业性格测试的人格分类及特点

支配型人格的人，喜欢做主、行动力强、行动迅速、思考能力稍弱；喜欢设定目标、不达目的不罢休、充满自信、意志坚定、有活力、做事主动、不易气馁；是推动别人行动的人，粗线条。

影响型人格的人，在人群中说话比较多、具有较强的表达能力、天生希望成为人群的焦点；具有很强的好奇心、热情、热心；精力充沛、有干劲；好表现、粗线条、轻许诺，以自己的快乐为主。

稳健型人格的人，为人低调、易相处、轻松平和、无反抗精神、耐心、适应力强、无攻击性；是很好的聆听者、具有外交手段、人际关系处理得好；通常朋友很多，不爱生气。

谨慎型人格的人，以思考为主，深思熟虑；严肃、有目标、目标感很强；有艺术天分、沉闷；追求完美、关注细节、高标准，想得多但做得少；做事前一定要制订计划，有条理、有组织。

## 2.2.2　DISC 职业性格测试应用方法

除了应用问卷调查的方法，通过观察人们日常的言行举止，也能够看出不同的人的人格特点。比如，想象一个场景，甲、乙、丙、丁 4 个人准备一起过马路，当他们走到路口的时候，发现红绿灯坏了。

这个时候，甲第一时间说："红绿灯坏了又不影响我们过马路，周围没有车，赶快过去吧！"他说完就急着往前走。

乙随后说："对啊，我们大家一起走比较安全，没事的。"乙开始号召丙和丁，拉着大家一起准备过马路。

丙听到甲和乙这么说，点了点头，说了声"好"，然后在后面跟着甲和乙一起过马路。

丁在丙的身边，虽然也跟着他们一起过马路，但一直在小声嘀咕："这个红绿灯为什么会坏呢？出了什么问题呢？我们这样过马路要不要紧啊？会不会出事啊？"

根据 DISC 职业性格测试中 4 种人格的特点，在上述案例中，可知甲的人格比较偏向支配型；乙的人格比较偏向影响型；丙的人格比较偏向稳健型；丁的人格比较偏向谨慎型。

在实际工作中，在应用 DISC 职业性格测试工具的时候，要关注员工的职业性格特点，并根据其在测试中体现出来的不同人格特点进行工作安排以及选择相处中的沟通方式。

### 1. 支配型

典型支配型人格的人比较喜欢获得主导权、喜欢领导他人。在工作中，这类人格的人比较务实、讲究效率，行动力和执行力都比较强，目标感比较明确，能够带领团队以解决问题为导向开展工作。在执行任务的过程中，这类人格的人就算遇到负面的声音，也比较不容易受到影响，适合负责组织领导工作。

不过，这类人格的人可能会过于重视工作结果，忽略与团队中其他成员进行情感交流，对团队成员缺乏必要的共情感和同情心；可能会控制别人，盲目自信，听不进他人的意见；可能会显得没有耐心，比较霸道，做事粗鲁；可能不懂得劳逸结合，不考虑他人的感受；可能会替别人做决定，强迫别人做事。

与典型支配型人格的人沟通时，要注意以下事项。

（1）明确问题，关注效率，找到目标，基于数据和事实与其谈话。

（2）如果其不喜欢沟通情感问题，不要硬与其聊情感，可以聊其感兴趣的话题。

（3）沟通前做好准备，需要搜集的资料提前搜集，不要浪费时间做过多铺陈。

（4）最好直截了当地与其沟通，传达信息时最好一针见血，不要绕弯子。

（5）谈工作的时候最好带着计划和方案，而且计划与方案要有逻辑性。

（6）谈话时注意指明利弊关系，创造双方共赢的沟通环境。

### 2. 影响型

典型影响型人格的人情感比较丰富、情绪外显、喜欢交朋友，常常能成为群体中的焦点。在工作中，这类人格的人经常有比较好的想法，思维活跃、充满热情、号召能力强、表达能力强、关爱他人，能够鼓励和带领他人一起投入某项工作。

不过，这类人格的人可能会过于夸张，喜欢说大话；可能说得多，做得少；可能情绪不稳定，被情绪左右，会因为自己的负面情绪影响工作效率；可能逻辑性比较差，靠情怀做事；可能不专一，半途而废。

与典型影响型人格的人沟通时，要注意以下事项。

（1）多聊与人相关的话题，比如情感类话题，少聊数据和事实。

（2）尽量与其保持高频沟通。

（3）可以多让其发表意见，听取其建议。

（4）要注意细节，注意其情感变化。

（5）谈话时可以适时谈起其比较尊敬的人。

（6）对其进行鼓励时，可以提供区别于他人的独特奖励。

## 3. 稳健型

典型稳健型人格的人比较温和、乐于倾听、随遇而安，做事时能持之以恒、懂得中庸之道。在工作中，这类人格的人通常平易近人、和蔼可亲、比较容易相处，甘当绿叶、愿意付出，愿意为他人提供支持，能够持之以恒地从事某项工作。

不过，这类人格的人可能会缺乏热情，没有激情；做事比较被动，行动比较慢，甚至比较懒惰；可能会不求有功，但求无过，得过且过，不愿意承担风险，也不愿意承担责任；可能不愿意主动沟通，有意见却憋在心里。

与典型稳健型人格的人沟通时，要注意以下事项。

（1）开始正式谈话前先寒暄，可以先聊一下家人或朋友，再开始谈正事。

（2）引导其主动分享，用心聆听其个人意见。

（3）为激励其行动，可以视情况对其做出承诺。

（4）态度保持真诚，语气保持温和，不要让其感觉被指挥。

（5）当需要做决定时，为其留出足够的时间。

（6）当其受到打击时，找到其出现情绪问题的原因，协助其调整情绪。

## 4. 谨慎型

典型谨慎型人格的人比较沉稳、善于思考与分析、比较严肃、注意细节。在工作中，这类人格的人往往会强调规则和逻辑，做事比较严谨；善始善终，追求完美，能够对自己高标准、严要求；能够在分析问题之后实施有针对性的解决方案。

不过，这类人格的人可能过于敏感，过于理想主义，缺乏安全感；可能比较内向，不愿沟通；可能无法容忍他人的缺点，容易怀疑他人、指责他人；可能会自我否定，无法容忍自己的缺点；可能过于重视分析，而忽略了解决实际问题。

与典型谨慎型人格的人沟通时，要注意以下事项。

（1）谈话时注意就事论事，话题不要发散。

（2）用事实和数据说话，也可以引用专家名人的观点。

（3）不要对其施加过多的压力，要为其留出足够的时间或空间。

（4）为了促使其行动，要设定明确的截止日期。

在应用 DISC 职业性格测试的时候需要注意，很少有人的人格是单一的，大多数人的人格是复合型的，比如 DI 型，指的是 D 型人格为主导，其次是 I 型人格；CSI 型，指的是 C 型人格为主导，其次是 S 型人格，再次是 I 型人格。在复合型人格中，其一人格类型的值越高，其外显性越明显。

# 2.3　PDP 职业性格测试

PDP 职业性格测试的全称为 Professional Dyna-Metric Programs，是由美国南加州大学统计学研究所、英国 RtCatch 行为科学研究所共同发明的，它可以测量人的基本行为、对环境的反应和可预测的行为模式。这一人格心理测评工具在全球已经累计了 1600 万人次的有效案例，超过 5000 家企业、研究机构和政府部门在持续追踪其有效性。研究机构的调查表明，当 PDP 职业性格测试的所有程序被有效执行时，其误差率低于 4%。

## 2.3.1　PDP 职业性格测试人格分类

PDP 职业性格测试因为用 5 种动物的名字来划分人格，所以很容易被非专业人士理解和记忆，在应用的时候也很容易推广。PDP 职业性格测试把人的人格分为"老虎型""孔雀型""猫头鹰型""考拉型""变色龙型"5 个类型，如图 2-4 所示。

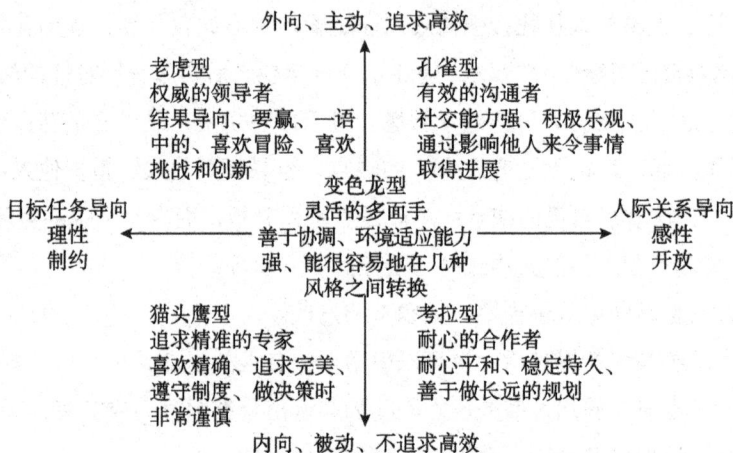

图 2-4　PDP 职业性格测试的 5 个人格类型

按照横轴上的更偏重于目标任务还是更偏重于人际关系,更偏重于理性还是更偏重于感性,更偏重于被制度、流程等约束还是更偏重于不被束缚的开放;以及纵轴上的更偏重于外向型性格还是更偏重于内向型性格,更偏重于喜欢主动做事还是更偏重于被动做事,更偏重于追求高效还是更偏重于不追求高效,PDP 职业性格测试首先把人格分成了四大类,分别是老虎型、孔雀型、猫头鹰型和考拉型,各项都趋于中性的,就是变色龙型。

在应用层面,可以通过判断某一个岗位需要候选人更偏重于图 2-4 中的哪个方面,来判断该岗位更适合什么人格类型的人才。

如果用一个字来形容老虎型的人才,那就是"做"。这种人一般反应快速,喜欢发号施令、企图心强,是结果导向的决策型人才。

如果用一个字来形容孔雀型的人才,那就是"说"。这种人一般活泼乐观、口才极佳、擅长沟通,是爱好表现的社交型人才。

如果用一个字来形容猫头鹰型的人才,那就是"思"。这种人一般喜欢三思而后行、注重细节、追求完美,是做事讲究逻辑的思考型人才。

如果用一个字来形容考拉型的人才,那就是"看"。这种人情商一般比较高,能设身处地地为别人着想、性格内敛而稳重,是能够以团队为重的支持型人才。

如果用一个字来形容变色龙型的人才,那就是"变"。这种人一般是灵活的多面手,善于协调,对环境的适应能力比较强,是能够很容易地在几种风格之间转换的复合型人才。

PDP 职业性格测试中人格分类的具体内容如下。

1.老虎型

老虎型的人一般企图心较强,以目标和结果为导向;不喜欢维持现状,喜欢冒险;个性积极,竞争力强;具备高支配型特质,凡事都喜欢掌控全局、发号施令;行动力强,一确立目标便会全力以赴。

由于他们对自己和周围人的要求比较高,加上他们好胜的天性,这类人往往会成为"工作狂"。这类人常见的行为有:喜欢制定目标和行动计划,行动迅速;声音洪亮,说话速度快,而且具有一定的说服力;交谈时喜欢进行直接的目光交流;喜欢运用直截了当的实际性语言,不喜欢拐弯抹角。

老虎型的人一般都会戴手表,男士一般会喜欢戴那种比较大的手表,而且他们办公室的墙上、桌子旁边或者电脑里面都放有日历。

这类人可能存在的优点是有决断力、善于控制局面、能果断地做出决定，相对而言比较容易取得成就。

这类人可能存在的缺点是在决策时容易专断、不易妥协，容易和其他人发生争执和摩擦。有时候当他们感觉到工作中的压力时，他们会比较重视迅速地完成目标，而容易忽视细节和过程，而且过程中他们可能不顾自己和别人的感受。

老虎型的人一般比较容易成为管理者。这类管理者倾向于利用自己的权威来做决策，希望自己的下属能够做到高度服从，并且要和自己一样有冒险和攻克难关的勇气。这类管理者适合做一些开创性的或者改革性的工作，在开拓市场或者需要执行改革的环境中，会有比较出色的表现。

2. 孔雀型

孔雀型的人热情开朗，天生具有乐观和善的性格，有真诚的同情心和感染他人的能力，具有较好的表达能力。他们的社交能力极强，幽默风趣，重视形象，擅于建立良好的人际关系，富有同情心，容易与人接近，有很好的口才，在以团队合作为主的工作环境中，会有很好的表现。

孔雀型的人常见的行为表现有：说话的时候手舞足蹈，面部表情丰富；比较有创造力；具有一定的说服力；时常能给他人带来惊喜或者一些鼓舞人心的东西。

这类人可能存在的优点是比较热心、乐观、有口才、好交朋友、风度翩翩、诚恳和善、生性活泼，能够使别人开心，善于通过建立同盟或者搞好关系来实现目标。

这类人可能存在的缺点是思考模式有时比较跳跃，常常无法顾及细节以及计划的完成情况，有时候不太注重结果，有时候会过于乐观。

孔雀型的人一般适合做一些需要当众表现、引人注目的工作，比如销售、采购、培训师、品牌推广、公关等工作。孔雀型的人一般在任何团队里都会是人缘最好、最受欢迎的人。

3. 猫头鹰型

猫头鹰型的人行事讲究条理分明、守纪律、重承诺，重规则、轻感情，讲究制度化、事事追求依据和规律，是完美主义者。他们通常传统而保守、性格内敛，善于用数字或图表作为表达工具而不太擅长用语言来沟通情感。

猫头鹰型的人常见的行为表现有：很少有面部表情；说话或者行动不是很快；容易陷入思考；特别强调逻辑、规则；使用精确的语言、注意细节；平时说话喜欢引用数字，做报告的时候喜欢用图表和数字。

这类人可能存在的优点是精确度高、逻辑性强、分析能力强，尊重规则和制度、遵循规律、重视架构，天生有爱找出事情真相的特点，因为他们有耐心仔细考察所有的细节并想出合乎逻辑的解决办法，是最佳的品质保证者。

这类人可能存在的缺点是往往把事实和规则置于情感之前，容易被认为性格冷漠；他们有时在压力之下为了避免得出不准确的结论，会过度分析；有时候喜欢钻牛角尖，让人觉得吹毛求疵；有时候他们照章办事的态度和追求完美的精神可能会造成团队内部的不团结。

4. 考拉型

考拉型的人行事稳健、不喜夸张、强调稳定，性情平和，不喜欢给人制造麻烦，不兴风作浪。他们一般温和善良、平实、敦厚、遵守规则、不好冲突。这类人常被人误以为是懒散、不积极的人，但他们只要下定决心，则可能是持之以恒的最佳典范。

考拉型的人常见的行为表现有：和蔼可亲，说话慢条斯理，声音轻柔；喜欢用赞同性的语言；特别强调情感、忠诚等。这类人喜欢在办公室里摆放家人的照片。

这类人可能存在的优点是安稳，对其他人的情感变化很敏感，这使得他们在集体环境中能够左右逢源。

这类人可能存在的缺点是喜欢依附别人，很难坚持自己的观点或迅速做出决定，可能会比较守旧，不愿意处理有挑战性的事情，不喜欢争执，也不愿意处理争执。

5. 变色龙型

变色龙型人才的关键词包括中庸、韧性、综合、适应、变化等。

变色龙型的人没有突出的个性，他们中庸而不极端，能兼容并蓄，不与人为敌，凡事不执着，懂得看情况、看场合，韧性和弹性极强，处处留有余地，善于沟通，是天生的谈判家，是其他4种人格类型的综合体。他们能充分融入各种新环境、新文化且适应良好。

变色龙型的人常见的行为表现有：综合老虎、孔雀、猫头鹰、考拉型人的特质，没有突出的个性，没有强烈的个人意识形态，擅长整合各项资源。

这类人可能存在的优点是能够在工作中调整自己的角色去适应环境，善于整合各项资源，具有良好的沟通和适应能力。

这类人可能存在的缺点是没有强烈的个人意识形态，有时候摇摆不定、难以捉摸，从而让别人觉得他们没有个性、没有原则，就好像墙头草。

这类人的中庸处世之道让他们为人圆滑，不会特立独行，有时候会让人觉得他们办事能力很强。但是这类人也有可以效忠任何人的倾向。变色龙型管理者的下属可能很难忍受一个善变且不讲原则的领导。

## 2.3.2　PDP 职业性格测试应用方法

PDP 职业性格测试的应用方法同样不限于量化的问卷调查，实战应用时还可以通过询问对方问题或者观察对方的行为来判断对方的人格特质。

根据 PDP 职业性格测试的结果，可以有针对性地对人才进行分类，以及指导人才的职业发展和日常工作。

1. 老虎型人才应用

对待老虎型人才，首先目标要明确，因为他们非常注重结果。其次是和他们沟通时要直接、主动，开诚布公地直接说观点。再次是对这类人才的激励点要选准，要有挑战、有授权、有一定的物质奖励，任务可以有一定的难度，工作内容也可以相对丰富一些。

典型的老虎型人才比较适合做管理者，适当给他们一些挑战，他们会觉得自己是有价值的。老虎型的管理者，除了与老虎型下属可能相处不好之外，可以搭配其他任何类型的下属。

如果企业马上要推行管理变革，那么老虎型的管理者和孔雀型的二把手搭配是个比较好的选择。因为老虎型和孔雀型的人天生就具有追求理想和情怀的特质。

如果企业当前比较强调制度、流程、规范的梳理和建设，老虎型的管理者和猫头鹰型的二把手搭配比较好。

如果企业目前的经营管理情况比较稳定，一段时期内不会有比较大的波动，那么老虎型的管理者和考拉型的二把手搭配就比较好。

2. 孔雀型人才应用

与孔雀型人才相处的时候，要明确表示出对他们的认可和赞美。比如，在欧美文化中，父母之间、亲人之间、爱人之间会非常直接表达"我爱你"，同事之间、朋友之间、陌生人之间会直接地表达"你今天好漂亮"。这类事情都是孔雀型人才经常会做的，而这也是对待孔雀型人才较好的方式。

孔雀型人才是以人际关系为导向的，他们对人非常敏感，喜欢活跃气氛、喜欢给别人带来快乐，也非常享受作为团队一员的感觉。他们不能忍受别人对他们的忽视，更不能忍受有人把他们排除在外。

对待孔雀型人才，要引导他们提出能落实到行动上的方案。孔雀型人才一般创意很多，但是他们在优先级排序和行动方面相对来说不如老虎型人才。所以，可能需要随时关注这类人才的行动计划和计划的执行情况。

3. 猫头鹰型人才应用

在与猫头鹰型人才相处时，需要确保自己的人品能得到他的认可。猫头鹰型的人才和人交往时一般很看重人品，不是什么人都能和猫头鹰型人才深入交往的，一般真诚和具备责任心的人会得到他们的欣赏。

对待猫头鹰型人才，要有精确性和规划性，最好有精确的安排、计划，最好用事实或者数据和他们说话，最好按照规则和制度来做事。猫头鹰型人才也会把这些看作人品的一部分。

要注意鼓励猫头鹰型人才学会抓大放小，因为猫头鹰型人才比较注重细节，可能会过于关注一些细节而忘了计划的整体目标。要注意引导他们从细节中跳出来，看到整体，培养他们"见树又见林"的眼界和能力。

如果是架构稳定，强调制度、流程或者规范的企业，可以选用猫头鹰型人才做管理者。猫头鹰型人才喜欢在这种一切按照规范做事的环境中工作，也会主动建立规范。但如果企业要进行架构重组、目标调整，猫头鹰型管理者就容易迷失方向。

典型的猫头鹰型人才非常适合从事财务、数据分析、设计、编程、研发等方面的工作。对待典型猫头鹰型人才，要提供可以让他们安静研发或者分析的环境，因为他们通常不太喜欢表现。

4. 考拉型人才应用

考拉型人才做事一般从容不迫，有自己的步调；喜欢做规划，会给自己充分的规划、考虑和行动的时间。他们不喜欢突发奇想，不喜欢突然改变计划。要注意培养这类人才的应变能力和对变化的适应能力。

考拉型人才一般性格温顺、喜欢和谐、不喜欢冲突，但是在任何环境中遇到冲突都是在所难免的，因此需要鼓励他们提出自己的意见，不要害怕冲突和不和谐。

对待典型的考拉型人才，在工作中可以少给他们一些挑战，因为他们喜欢平稳，不喜欢挑战。典型的考拉型人才非常适合做行政、前台、客服、接待等类型的工作。

5. 变色龙型人才应用

对待非常灵活的变色龙型人才，首先，要认可他们的灵活是一种特质，可以作为优势，而不是被别人称为墙头草的劣势。其次，要帮助他们在复杂的环境中学会分清主次和优先顺序。他们有时候会苦恼在复杂的环境中应该采用什么样的应对方法，这时要鼓励和帮助他们学会判断。典型的变色龙型人才适合做任何类型的工作。

**举例**

假如某人是团队中的管理者，是孔雀型人才，其下属有老虎型、考拉型、猫头鹰型、变色龙型，那么这位管理者可以利用他们的优点，充分发挥他们的优势，取长补短，推动整个团队共同进步。

给予老虎型下属更多的责任，布置工作时注意以结果为导向。让考拉型下属配合老虎型下属的工作。猫头鹰型的人注重细节、分析能力强，所以在做决定之前，可以让猫头鹰型下属发挥自己的特长，用科学的方式分析，以避免老虎型下属的武断和考拉型下属的犹豫不决。

在日常工作或者某项目的运行过程中，意见出现分歧的时候就是变色龙型下属大展身手的时候了。变色龙型下属极强的沟通能力和应变能力，能够让团队成员更清楚团队目标，圆满地完成任务。

# 2.4　霍兰德人格与职业兴趣测试

职业兴趣测试也是一种心理测试，指通过测评技术来确定一个人最感兴趣、最能够得到满足感的职业类型是什么。因为能够实现量化，同时又有一定的理论支撑和数据支持，职业兴趣测试在职业选择、发展和职业生涯规划中起着至关重要的作用。霍兰德人格与职业兴趣测试理论最早是由美国著名的心理学教授、职业指导专家约翰·霍兰德（John Holland）提出的。

## 2.4.1　霍兰德人格与职业兴趣测试人格分类

霍兰德人格与职业兴趣测试的核心假设是人根据其人格可以分为6个类别，

分别是现实型（Realistic）、研究型（Investigative）、艺术型（Artistic）、社会型（Social）、企业型（Enterprising）、传统型（Conventional），其英文缩写依次为 R、I、A、S、E、C，如图 2-5 所示。

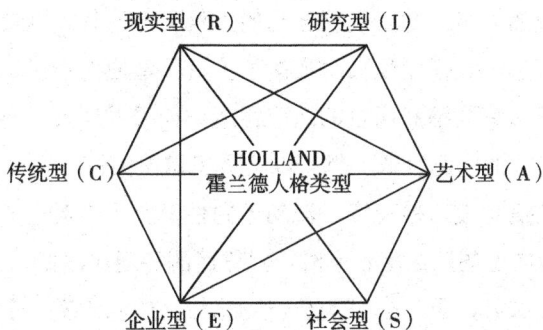

图 2-5　霍兰德人格与职业兴趣测试人格分类

现实型人格（R）的人的共同特点是：愿意使用工具从事具备操作性特点的工作，动手能力较强，做事手脚灵活，动作协调；偏好具体的任务；不善言辞，做事保守，较为谦虚；缺乏社交能力，通常喜欢独立做事。

研究型人格（I）的人的共同特点是：抽象思维能力强，求知欲强，肯动脑、善思考，不愿动手，往往是思想家而不一定是实干家；喜欢独立的、富有创造性的工作；善于理性考虑问题，做事追求精确，喜欢逻辑分析和推理，喜欢不断探讨未知的领域；有学识才能，不善于领导他人。

艺术型人格（A）的人的共同特点是：具有一定的艺术才能和个性，喜欢创造新颖的、与众不同的成果，具备创造力，希望通过表达个性来实现自身的价值；做事较理想化，可能会不重实际地追求完美；善于表达，不善于事务性工作；有些怀旧，心理状态往往较为复杂。

社会型人格（S）的人的共同特点是：致力于建立广泛的人际关系，喜欢与人交往、不断结交新的朋友；善言谈，喜欢助人、愿意教导别人；比较看重社会道德和社会义务、关心社会问题、渴望发挥自己的社会作用。

企业型人格（E）的人的共同特点是：追求权威、权力、物质财富，具备一定的领导才能；敢于冒险，喜欢竞争、有野心、有抱负；为人务实，目的性很强，习惯以利益、得失、金钱、地位、权力等来衡量价值。

传统型人格（C）的人的共同特点是：喜欢按计划办事，尊重权威和规章制度，有条理、细心，不会主动申请担任管理者，习惯于接受他人的指挥和领导；通常较为谨慎和保守，不喜欢冒险和竞争，缺乏创造性，喜欢关注实际和细节；具有一定的自我牺牲精神。

在进行人才招聘的时候，通过对候选人进行职业兴趣测试，可以帮助其判定自己属于哪种类型的人格，并且根据自己的人格类型选择适合自己的职业；在员工职业发展的过程中，如果发现员工在岗位上有不适应的情况，可以通过职业兴趣测试判定员工的人格类型和岗位的匹配程度。如果发现员工不适应岗位的原因是其人格类型和岗位的匹配度低，就可以给员工调整岗位。

员工对工作的满意度、敬业度、流动倾向性都和人格类型与岗位的匹配度有关。当人格类型和岗位的匹配度较高时，就算薪酬待遇比较低、工作环境比较差、工作发展前景没那么好，员工也可能会产生比较高的满意度、敬业度和比较低的流动率。

相反，如果人格类型和岗位的匹配度很低，就算企业给员工升职、加薪、提供非常好的工作条件，员工的满意度、敬业度依然可能比较低，而员工的流动率依然可能比较高。

## 2.4.2　霍兰德人格与职业兴趣测试应用方法

人们表现出对某种事物、某项活动积极的态度和情绪反应，就是感兴趣的表现，通常可以用喜欢或不喜欢来形容。所谓的职业兴趣，就是员工对不同类型的工作、活动项目的偏好程度。

不同的职业对员工的职业兴趣有着不同的特殊要求。兴趣是员工与职业匹配过程中最重要的因素之一，实施霍兰德人格与职业兴趣测试，不仅可以帮助企业挑选适合的人才，也能够帮助员工了解自己的兴趣，找到适合自己的职业，从而实现个人职业发展的成功。

根据霍兰德人格与职业兴趣测试的结果，可以判断出员工适合的职业方向。人格越靠近社会型（S），适合的职业类型和"人"越相关；人格越靠近现实型（R），适合的职业类型与"物"越相关；人格越靠近企业型（E）和传统型（C），适合的职业越贴近"实务"；人格越靠近研究型（I）和艺术型（A），适合的职业越贴近"理念"。

霍兰德人格与职业兴趣测试人格分类适合的职业方向如图 2-6 所示。

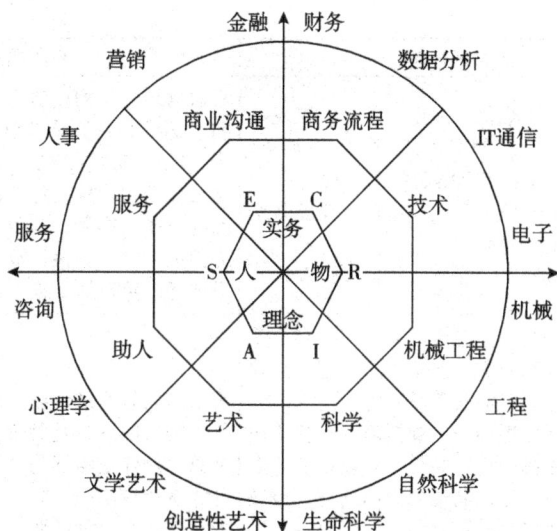

图 2-6　霍兰德人格与职业兴趣测试人格分类适合的职业方向

上图从内到外一共有 3 圈，不同的人格类型和职业的匹配程度，可以通过这 3 圈来一一对应。

霍兰德人格与职业兴趣测试最终的人格分类结果通常是排在前 3 位的人格特质，排第 1 的是主人格，排第 2 和第 3 的分别是次级人格和第三级人格。

除了图 2-6 中对应的典型职业方向之外，霍兰德人格与职业兴趣测试的 6 种典型人格对应的职业方向和典型职业类别如表 2-1 所示。

表 2-1　霍兰德人格与职业兴趣测试对应的职业方向和典型职业类别说明

| 类型 | 职业方向 | 典型职业 |
|---|---|---|
| 现实型（R） | 具有顺从、坦率、谦虚、自然、坚毅、实际、有礼、害羞、稳健、节俭等特征，表现为：<br>1. 喜爱实用性质的职业或情境，避免社会性质的职业或情境；<br>2. 喜欢用实际的能力解决工作及其他方面的问题，但比较缺乏人际关系方面的能力；<br>3. 重视具体的事物，如金钱，权力、地位等 | 喜欢需要使用工具、机器和基本操作技能的工作，对要求具备机械方面的才能、有体力要求的职业或与物件、机器、植物、动物、运动器材、工具相关的职业感兴趣，并具备相应的能力。比如计算机硬件人员、摄影师、制图员、机械装配工等技术型职业，木匠、厨师、修理工、农民等技能型职业 |
| 研究型（I） | 具有分析、谨慎、批评、好奇、独立、聪明、内向、有条理、谦逊、精确等特征，表现为：<br>1. 喜爱研究性质的职业或情境，避免企业性质的职业或情境；<br>2. 喜欢用研究的能力解决工作及其他方面的问题，即自觉、好学、自信、重视科学，但缺乏领导方面的才能 | 喜欢抽象、智力、独立、分析、定向的职业，对要求具备智力或分析才能，并将其用于观察、估测、衡量、形成理论、最终解决问题的职业有兴趣，并具备相应的能力。比如计算机编程人员、科学研究人员、医生、教师、工程师、系统分析员等 |

| 类型 | 职业方向 | 典型职业 |
|---|---|---|
| 艺术型（A） | 具有复杂、爱想象、冲动、独立、直觉、无秩序、情绪化、理想化、不顺从、有创意、表情丰富、不重实际等特征，表现为：<br>1.喜爱艺术性质的职业或情境，避免传统性质的职业或情境；<br>2.具有较强的表达能力，并且重视审美 | 喜欢需要一定的创造力、艺术修养、直觉和表达能力，并将其用于声音、语言、行为、颜色、形式、审美、思索和感受的职业。比如作曲家、乐队指挥、歌唱家等音乐方面的职业，诗人、剧作家、小说家等文学方面的职业，导演、演员、广告制作人、设计师、建筑师、雕刻家、摄影家等职业 |
| 社会型（S） | 具有合作、友善、慷慨、助人、仁慈、负责、圆滑、善社交、善解人意、善说服他人、理想主义等特征，表现为：<br>1.喜爱社会性质的职业或情境，避免实用性质的职业或情境，并且喜欢以社交方面的能力解决工作及其他方面的问题，但缺乏机械能力与科学能力；<br>2.喜欢帮助别人、了解别人，有教导别人的能力，并且重视与社会和伦理相关的活动与问题 | 喜欢与人打交道的职业，希望从事能够不断结交新的朋友且关于帮助、启迪、提供信息、治疗或培训与开发等事务的职业，并具备相应的能力。比如咨询人员、公关人员等社会方面的职业，教师、教育行政人员等教育方面的职业 |
| 企业型（E） | 具有冒险、野心、独断、冲动、乐观、自信、追求享受、精力充沛、善社交、好获取注意力和知名度等特征，表现为：<br>1.喜欢企业性质的职业或情境，避免研究性质的职业或情境，会以企业方面的能力解决工作或其他方面的问题；<br>2.有较好的领导与语言能力，重视政治与经济上的成就，但缺乏科学能力 | 喜欢要求具备经营、管理、领导、监督和说服才能的职业，对目标性较强的职业感兴趣，并具备相应的能力。比如企业领导、营销人员、项目经理、法官、律师等 |
| 传统型（C） | 具有顺从、谨慎、保守、自控、服从、规律、坚毅、实际、稳重、有效率、缺乏想象力等特征，表现为：<br>1.喜欢传统性质的职业或情境，避免艺术性质的职业或情境，会以文字方面的能力解决工作或其他方面的问题；<br>2.喜欢顺从、规律，有文书与数字方面的能力，并且重视经济上的成就 | 喜欢有精确度要求、细节要求、系统性、有条理的职业，对与归档、记录、按特定程序或要求组织文字和数据等各类与信息相关的职业感兴趣，并具备相应的能力。比如记事员、秘书、行政助理、会计、图书馆管理员、出纳等 |

# 2.5 MBTI职业性格测试

MBTI（Myers-Briggs Type Indicator）是由美国心理学家凯瑟琳·布里格斯（Katharine Cook Briggs）和她的女儿伊莎贝尔·布里格斯·迈尔斯（Isabel

Briggs Myers）在瑞士心理学家卡尔·荣格（Carl Jung）划分的 8 种性格类型的基础上制定的。

## 2.5.1　MBTI 职业性格测试人格分类

MBTI 职业性格测试根据人们在动力来源、信息获取、决策方式和生活方式 4 个维度上的不同，将每个维度分成 2 种不同的方向，分别是：外倾（E）、内倾（I）；感觉（S）、直觉（N）；思维（T）、情感（F）；判断（J）、理解（P）。该测试通过对不同维度的人格类别进行分析和判断，来对不同人格的人进行区分。

MBTI 职业性格测试的人格分类及其特点如表 2-2 所示。

表 2-2　MBTI 职业性格测试的人格分类及其特点

| 性格维度 | 类型 | 英文缩写 | 特点 | 类型 | 英文缩写 | 特点 |
|---|---|---|---|---|---|---|
| 动力来源 | 外倾 | E | 行动先于思考；<br>说的多于听的；<br>喜欢广度，不喜欢深度；<br>与他人相处时精力充沛 | 内倾 | I | 思考先于行动；<br>听的多于说的；<br>喜欢深度，不喜欢广度；<br>独处时精力充沛 |
| 信息获取 | 感觉 | S | 重视现实性和常规性；着眼于当下；<br>喜欢深度，不喜欢广度 | 直觉 | N | 重视可能性和独创性；<br>着眼于未来；<br>喜欢广度，不喜欢深度 |
| 决策方式 | 思维 | T | 认为直接比圆滑更重要；<br>希望获得成就；<br>看到缺点时，倾向于批评；<br>重视逻辑和规则 | 情感 | F | 认为圆滑比直接更重要；<br>希望被人欣赏；<br>惯于迎合，维护资源；<br>重视情感和例外 |
| 生活方式 | 判断 | J | 重视工作；<br>看重结果；<br>计划结束时满足感最强；<br>时间观念强 | 理解 | P | 重视享乐；<br>看重过程；<br>计划开始时满足感最强；<br>时间观念弱 |

## 2.5.2　MBTI 职业性格测试应用方法

MBTI 职业性格测试的结果可以应用于人才选拔、人才招聘、职业发展、团队建设等各方面。根据 MBTI 职业性格测试的结果，将 4 个不同维度中的 8 种人格类别排列组合之后，可以得到 16 种不同的人格类型，如图 2-7 所示。

| SJ 教条型 护卫者 | | NF 友善型 理想主义者 | |
|---|---|---|---|
| ISTJ<br>Inspector<br>稽查员/检查者 | ISFJ<br>Protector<br>保护者 | INFJ<br>Counselor<br>咨询师/劝告者 | INFP<br>Healer/Tutor<br>治疗师/导师 |
| ESTJ<br>Supervisor<br>督导/监督者 | ESFJ<br>Provider/Seller<br>供给者/销售员 | ENFJ<br>Teacher<br>教师/教导者 | ENFP<br>Champion<br>倡导者/激发者 |
| ISTP<br>Operator<br>操作者/演奏者 | ISFP<br>Composer/Artist<br>作曲家/艺术家 | INTJ<br>Mastermind<br>智多星/科学家 | INTP<br>Architect<br>建筑师/设计师 |
| ESTP<br>Promotor<br>发起者/创业者 | ESFP<br>Performer<br>表演者/示范者 | ENTJ<br>Field Marshall<br>统帅/调度者 | ENTP<br>Invertor<br>发明家 |

SP 探索型 艺术创造者　　　　　　　　　NT 坚定型 理性者

图 2-7　MBTI 职业性格测试的 16 种人格类型

图 2-7 中的 16 种不同的人格类型分别对应着不同的典型职业类别。当需要判断某类人格是否适合其他职业类别时，可以参考图 2-7 中职业类别的典型特点，从而判断职业类别的相似性。

16 种人格类型适合的职业的特点如表 2-3 所示。

表 2-3　16 种人格类型适合的职业的特点

| 类型 | 适合的职业的特点 |
|---|---|
| ISTJ | 要求详尽、精确、具有系统性、勤劳、关注细节的职业 |
| ISTP | 需要注重实用性、尊重事实、寻求有利方法、具有现实性的职业 |
| ISFJ | 要求仁慈、忠诚、体谅他人、善良、乐于助人的职业 |
| ISFP | 要求温和、体贴、灵活、具有开放性的职业 |
| INFJ | 要求自信、有同情心、有洞察力、有影响力的职业 |
| INFP | 要求开放、灵活、理想主义、具有洞察力的职业 |
| INTJ | 要求独立、个性化、具有专一性和果断性的职业 |
| INTP | 需要注重合理性、喜欢理论和抽象的事物、具有好奇心的职业 |
| ESTP | 要求行为定向、讲究实效、足智多谋、注重现实的职业 |
| ESTJ | 要求理智、善于分析、果断、意志坚定的职业 |
| ESFP | 要求友好、开朗、活泼、善交友的职业 |
| ESFJ | 需要乐于助人、机智、富有同情心、注重秩序的职业 |
| ENFP | 需要热情、富有洞察力、具有创新性、多才多艺的职业 |
| ENFJ | 需要理解、宽容、赞赏他人，善于沟通的职业 |
| ENTP | 需要具备创新思维、战略眼光和分析型思维、多才多艺的职业 |
| ENTJ | 需要具有逻辑性、组织性、客观性、果断性的职业 |

# 2.6 The Big Five 大五人格测试

1961 年，美国心理学家托普斯（Tupes）和克里斯托（Christal）经过大量研究后发现，有 5 个因素可以概括各类人格特质。1981 年，美国心理学家戈尔德伯格（Goldberg）给这 5 个因素起了个外号叫"大五"（The Big Five）。

## 2.6.1 The Big Five 大五人格测试人格分类

The Big Five 大五人格测试也叫 OCEAN（海洋）测试或 NEOAC（独木舟）测试。O 代表 Openness to experience（开放性），C 代表 Conscientiousness（尽责性），E 代表 Extraversion（外倾性），A 代表 Agreeableness（宜人性），N 代表 Neuroticism（神经质）。

1. 开放性

开放性指的是个体的认知风格。

开放性可以分为 6 个子维度：O1 想象力（Fantasy）、O2 审美（Aesthetics）、O3 感受丰富（Feelings）、O4 尝新（Actions）、O5 思辨（Ideas）、O6 价值观（Values）。

开放性子维度的含义如表 2-4 所示。

表 2-4 开放性子维度的含义

| 维度 | 高分者特质 | 低分者特质 |
|---|---|---|
| O1 想象力 | 充满幻想和想象 | 比较理性，比较现实，不具备比较强的想象力 |
| O2 审美 | 懂得欣赏自然或艺术的美 | 对自然或艺术的美不感兴趣 |
| O3 感受丰富 | 能够感知自己的情绪、了解内心世界，愿意坦率地表现情绪 | 不了解自己的情绪，不愿意主动探寻内心世界，不愿意表现情绪 |
| O4 尝新 | 喜欢接触新事物，喜欢冒险，喜欢看新的风景 | 不喜欢接触新事物，不愿意冒险，喜欢熟悉的人、事、物 |
| O5 思辨 | 喜欢思考，喜欢讨论抽象的思想或概念，喜欢解决复杂的智力问题 | 不喜欢思考，不喜欢抽象的思想或概念，不喜欢解决复杂的智力问题 |
| O6 价值观 | 喜欢挑战权威，喜欢打破常规、不喜欢传统，能够接受混乱与冲突 | 权威和常规能够给自己带来安全感，不喜欢挑战它们，也不喜欢混乱与冲突，更喜欢秩序 |

2. 尽责性

尽责性指的是自我控制能力和自我调节能力。

尽责性可以分为 6 个子维度：C1 能力（Competence）、C2 条理性（Order）、C3 责任感（Dutifulness）、C4 追求成就（Achievement Striving）、C5 自律（Self-Discipline）、C6 审慎（Deliberation）。

尽责性子维度的含义如表 2-5 所示。

表 2-5　尽责性子维度的含义

| 维度 | 高分者特质 | 低分者特质 |
| --- | --- | --- |
| C1 能力 | 对自己的能力比较自信，具备一定的掌控感 | 对自己的能力不够自信，不具备掌控感 |
| C2 条理性 | 喜欢制订计划，喜欢按照计划办事 | 没有计划性和条理性，缺乏逻辑和规律 |
| C3 责任感 | 喜欢按照规矩办事，有责任感，会主动承担责任 | 不喜欢规矩，不喜欢被束缚，不愿意承担责任 |
| C4 追求成就 | 有目标感，追求成功，有时候是工作狂 | 目标感弱，安于现状，有时候比较懒惰 |
| C5 自律 | 对待任务比较专注，持续进行，尽力完成，面对困难能够迎难而上 | 做事拖延，容易半途而废，遇到困难容易放弃 |
| C6 审慎 | 能够三思而后行，做决策时不冲动 | 比较冲动，不计后果，想到什么就做什么 |

### 3. 外倾性

外倾性指的是个体向外界投入的能量大小，外倾性类似人们平常说的性格外向或性格内向。

外倾性可以分为 6 个子维度：E1 热情（Warmth）、E2 乐群性（Gregariousness）、E3 独断性（Assertiveness）、E4 活力（Activity）、E5 寻求刺激（Excitement Seeking）、E6 积极情绪（Positive Emotions）。

外倾性子维度的含义如表 2-6 所示。

表 2-6　外倾性子维度的含义

| 维度 | 高分者特质 | 低分者特质 |
| --- | --- | --- |
| E1 热情 | 热情友好，喜欢周围的人，善于交朋友，容易与他人形成亲密关系 | 不善于交朋友，对于人际关系表现得比较冷漠，有时候会刻意疏远他人 |
| E2 乐群性 | 喜欢与人相处，喜欢人多、热闹的场合 | 喜欢独处，喜欢个人空间 |
| E3 独断性 | 喜欢支配别人，喜欢指挥别人 | 不喜欢支配别人，也不喜欢指挥别人 |
| E4 活力 | 生活节奏比较快，能够适应忙碌的工作，充满活力 | 生活节奏比较慢，也不喜欢忙碌，喜欢悠闲的状态 |
| E5 寻求刺激 | 喜欢冒险，追求刺激 | 不喜欢冒险，也不喜欢刺激 |
| E6 积极情绪 | 容易产生积极情绪，比如乐观、高兴、快乐等 | 不容易产生积极情绪，但不意味着容易产生消极情绪 |

## 4. 宜人性

宜人性指的是对人际关系和谐与沟通合作的看重。

宜人性可以分为 6 个子维度：A1 信任（Trust）、A2 坦诚（Straight Forwardness）、A3 利他（Aultruism）、A4 顺从（Compliance）、A5 谦逊（Modest）、A6 同理心（Tender-Mindedness）。

宜人性子维度的含义如表 2-7 所示。

表 2-7　宜人性子维度的含义

| 维度 | 高分者特质 | 低分者特质 |
| --- | --- | --- |
| A1 信任 | 愿意相信别人的动机是积极的 | 不轻易相信别人，认为人性是自私的 |
| A2 坦诚 | 与人交流时比较坦诚，不喜欢隐藏 | 与人交流时防备心理比较重，喜欢掩饰自己 |
| A3 利他 | 愿意帮助别人，把帮助别人看成一种乐趣 | 不愿意帮助别人，把帮助别人看成一种负担 |
| A4 顺从 | 不喜欢与人发生冲突，有时候为了迎合别人，愿意放弃自己的立场；有时候为了与人相处，甚至愿意放弃自己的利益 | 不介意与人发生冲突，不愿意为了迎合别人而放弃自己的立场；有时候为了达到自己的目的，甚至愿意威胁别人 |
| A5 谦逊 | 不认为自己比别人强 | 认为自己比别人强是很有必要的 |
| A6 同理心 | 会因为别人的痛苦而感到伤心难过，容易对他人表现出同情，比较仁慈 | 对别人的痛苦没有强烈的感受，更关注事实、更客观，不容易表现出同情 |

## 5. 神经质

神经质指的是个体产生的消极情绪。

神经质可以分为 6 个子维度：N1 焦虑（Anxiety）、N2 愤怒和敌意（Angry and Hostility）、N3 抑郁（Depression）、N4 自我意识（Self-Consciousness）、N5 冲动性（Impulsiveness）、N6 脆弱性（Vulnerability）。

神经质子维度的含义如表 2-8 所示。

表 2-8　神经质子维度的含义

| 维度 | 高分者特质 | 低分者特质 |
| --- | --- | --- |
| N1 焦虑 | 容易焦虑，容易紧张，容易感受到危险 | 不容易焦虑，不容易紧张，不容易感受到危险 |
| N2 愤怒和敌意 | 容易生气，容易怨恨，容易表现出敌意 | 不容易生气，不容易怨恨，不容易表现出敌意 |
| N3 抑郁 | 容易感到悲伤，容易感到被抛弃，容易灰心丧气 | 不容易感到悲伤，不容易感到被抛弃，不容易灰心丧气 |

| 维度 | 高分者特质 | 低分者特质 |
|------|-----------|-----------|
| N4 自我意识 | 关心别人如何看待自己，担心别人嘲笑自己，在人群中容易感到害羞和紧张 | 对于别人如何看待自己并不十分关心，在人群中不容易表现出害羞和紧张情绪 |
| N5 冲动性 | 比较冲动，追求即时满足，不考虑长期后果 | 不冲动，懂得延时满足，会考虑更长远的利益 |
| N6 脆弱性 | 处在压力下时，容易感到惊慌、无助、混乱 | 处在压力下时，仍然能够感到平静和自信 |

## 2.6.2　The Big Five 大五人格测试应用方法

通过应用 The Big Five 大五人格测试，企业可以根据不同的人格、不同的个性和能力，为员工安排不同的工作，让他们在工作中更好地发挥各自的特长，高效地实现工作目标。大五人格特质因素及高、低分者特性如表 2-9 所示。

表 2-9　大五人格特质因素及高、低分者特性

| 因素 | 低分者特性 | 高分者特性 |
|------|-----------|-----------|
| 开放性 | 讲实际、兴趣少、思维固化、不善于分析 | 兴趣广泛、具有创新思维、富于想象 |
| 尽责性 | 无目标、懒散、粗心、意志薄弱、享乐型 | 有条理、勤奋、自律、守时、细心、有毅力 |
| 外倾性 | 谨慎、内省、冷静、不活跃、乐于做事、喜欢独处、寡言 | 善交际、活跃、健谈、乐观、易引起别人的注意 |
| 宜人性 | 苛刻、挑剔、粗鲁、多疑、易怒、喜操控他人 | 脾气好、容易信任别人、乐于助人、大度、直率 |
| 神经质 | 稳定、平静、放松、少情绪化、安全 | 烦恼、紧张、易情绪化、焦虑 |

开放性显著的人富有想象力和创造力，兴趣比较广泛，具备抽象思维，对艺术比较喜爱，喜欢追求美好的事物；开放性不显著的人则比较保守，喜欢传统和常规，喜欢比较具体的事物，喜欢按部就班。

尽责性显著的人往往比较可靠、聪明，但比较单调乏味，做决策时比较谨慎，有时候是一个完美主义者，有时候是工作狂；尽责性不显著的人则比较有趣，但做事比较冲动，做决策时比较快，有时候说做就做，甚至会为了做一件事而不计后果。

外倾性显著的人比较有活力，喜欢与人接触，比较热情，愿意冒险。这类人往往比较健谈，比较自信，总能引起别人的注意；外倾性不显著的人则比较安静，比较谨慎，喜欢独处，不喜欢与人接触，不善言辞，不愿意其他人注意到自己。

宜人性显著的人为人友善、善解人意、慷慨大方，并且乐于助人，有时候甚至愿意为了别人牺牲自己的利益，对人性持积极乐观的态度；宜人性不显著的人则不愿意帮助别人，较多疑，不关心别人的利益，把自己的利益放在其他人的利益之上。

神经质显著的人容易产生抑郁、焦虑、愤怒等消极情绪，对外界环境的刺激表现得比较敏感，情绪表现比较强烈，情绪控制能力比较差，常常被负面情绪所控制，有效应对外部压力的能力比较差；神经质不显著的人则比较不容易被情绪左右，通常情绪比较稳定，但没有消极情绪并不代表会有积极情绪。

# 2.7　16PF 卡特尔人格测试

16PF 卡特尔人格测试（Catell 16 Personality Factor Test）是由美国心理学家雷蒙德·B.卡特尔（Raymond B.Cattell）编制的用于人格测试的工具，是世界范围内非常具有权威的个性测验方法，被广泛应用在心理临床领域。在人力资源管理实战中，有一些公司也会采用卡特尔 16PF 测试作为人才测评的工具。

## 2.7.1　16PF 卡特尔人格测试人格分类

卡特尔认为人格是由 16 种特质构成的。这 16 种人格特质的名称和符号分别是乐群性（A）、智慧性（B）、稳定性（C）、影响性（E）、活泼性（F）、有恒性（G）、交际性（H）、情感性（I）、怀疑性（L）、想象性（M）、世故性（N）、忧虑性（O）、变革性（Q1）、独立性（Q2）、自律性（Q3）、紧张性（Q4）。

卡特尔 16PF 测试的特质因素及高、低分者特性如表 2-10 所示。

表 2-10 卡特尔 16PF 测试的特质因素及高、低分者特性

| 因素 | 低分者特性 | 高分者特性 |
|---|---|---|
| 乐群性（A） | 缄默、孤独，可能对人冷漠，喜欢独自工作，做事严谨，吹毛求疵 | 外向、热情、乐群，可能和蔼可亲，愿意与人相处，喜欢与他人一起工作，容易接受批评 |
| 智慧性（B） | 思想迟钝，学识浅薄，抽象思考能力弱，学习能力弱，不懂得举一反三，可能是情绪不稳定、心理病态或失常所致 | 聪明、富有才识，具有抽象思考能力，学习能力强，思维敏捷，文化水平高，身心健康 |
| 稳定性（C） | 情绪易激动，易生烦恼，易心神不定，可能容易受环境支配；不能面对现实，可能出现暴躁不安、身心疲乏，甚至失眠、噩梦等征象 | 情绪稳定，比较成熟，能面对现实，能够沉着应对各类问题；行动充满魄力；能振奋精神，维持团队的士气 |
| 影响性（E） | 谦逊、顺从、通融、恭顺，可能行为温顺，喜欢迎合别人 | 好强、固执、独立、积极，可能自视甚高、自以为是，可能非常武断 |
| 活泼性（F） | 严肃、谨慎、冷静、寡言，可能比较消极、忧郁，有时候可能过分深思熟虑，也可能骄傲自满 | 轻松兴奋、随遇而安、活泼、愉快、健谈，对人、对事热心且富有感情，有时可能会冲动从而让行为变化莫测 |
| 有恒性（G） | 苟且敷衍、缺乏奉公守法精神，可能缺乏比较远大的目标和理想，对于人群及社会没有绝对的责任感，有时候能有效地解决实际问题，而不会浪费时间和精力 | 持之以恒、认真负责、做事尽职、细心周到、有始有终，强调是非善恶、努力实干，可能不欣赏诙谐幽默的人 |
| 交际性（H） | 胆怯易退缩、缺乏自信心，可能有强烈的自卑感，不愿与陌生人交谈；喜欢采取观望的态度，有时由于自我意识过强而忽视了社会环境中的重要事物与活动 | 冒险敢为、少有顾忌，可能不爱掩饰，不畏缩，敢作敢为；有时候可能粗心大意、忽视细节；有时候可能无聊多事 |
| 情感性（I） | 理智、注重现实，以客观、坚强、独立的态度处理当前问题；重视文化修养，可能冷酷无情 | 敏感、感情用事、心肠软、易感动，爱好艺术，富于幻想；有时不切实际、缺乏耐心；不喜欢粗俗的人和笨重的工作 |
| 怀疑性（L） | 信赖他人、随和、易与人相处，通常无猜忌，不喜与人角逐竞争，喜爱合作，善于体贴人 | 多疑、固执己见，可能怀疑、不信任别人，与人相处时可能爱计较，不顾及他人利益 |
| 想象性（M） | 现实，力求妥善合理、斟酌现实条件后决定取舍，不鲁莽；紧要关头能保持镇静；有时可能过分重视现实，为人索然寡趣 | 爱幻想、狂放不羁、忽视生活细节，可能富有创造力，可能不务实、冲动 |
| 世故性（N） | 坦白、直率、天真，可能思想简单、感情用事、与人无争，有时候幼稚、粗鲁、笨拙、缺乏教养 | 精明能干、世故、处事老练、比较狡猾；行为得体，能冷静分析，对事物的看法比较理智、客观 |
| 忧虑性（O） | 乐群、沉着、有自信心、不容易动摇，相信自己有处理问题的能力，能适应世俗 | 忧虑抑郁、烦恼自扰，觉得世道艰辛，甚至沮丧悲观、患得患失；有时候觉得低人一等。分数过高者可能存在精神类疾病 |

| 因素 | 低分者特性 | 高分者特性 |
|---|---|---|
| 变革性（Q1） | 保守，尊重传统观念与行为标准，无条件接受已有的权威观点，不愿意尝试新的想法，墨守成规，常被人认为落伍 | 自由、激进、不拘泥于现实、不轻易判断是非，喜欢了解比较前沿的观点和新鲜事物，努力充实自己 |
| 独立性（Q2） | 依赖、爱随群附和，偏向与人共同工作，不愿意独自工作；愿意放弃个人观点，以获得别人的好感，需要团体支持以维持其自信心，但不是真正的乐群者 | 自立自强，能当机立断；能够不依赖别人，独自完成个人计划；不受社会舆论的约束，不需要获得别人的好感 |
| 自律性（Q3） | 既不能克制自己，又不能尊重礼俗，更不愿考虑别人的需要，充满矛盾却又无法解决。分数过低者可能存在精神类疾病 | 自律严谨，言行一致，能够合理支配自己的感情和行动，自尊心强，能够赢得别人的尊重，但有时可能会固执己见 |
| 紧张性（Q4） | 心平气和、闲散宁静、知足常乐，能够保持内心的平衡，有时候可能过分疏懒、缺乏进取心 | 紧张烦恼，可能缺乏耐心，有时心神不安，有时过度兴奋，有时感觉疲乏。分数过高者可能存在精神类疾病 |

## 2.7.2　16PF 卡特尔人格测试应用方法

16PF 卡特尔人格测试同样被广泛应用在人才选拔、人才评价、干部任用等领域，它既可以用来做团体测评，也可以用来做个体测评；既可以测评个体在某个单一维度上的人格特质，也可以对人进行全面整体的评价。

16PF 卡特尔人格测试结果与适合的职业类别如表 2-11 所示。

表 2-11　16PF 卡特尔人格测试结果与适合的职业类别

| 因素 | 低分者适合的职业类别 | 高分者适合的职业类别 |
|---|---|---|
| 乐群性（A） | 必须极端地冷静、严肃与正确才能圆满完成任务的职业，比如物理学家、机电工程师等 | 需要时时应付人与人之间的复杂情绪或行为问题，而仍然能够保持其积极态度的职业，比如销售人员、教师等 |
| 智慧性（B） | 不需要较高的知识水平，只需要完成大量重复性工作的职业，比如生产线操作工人等。分数过低一般被认为会对其所从事的职业产生负面影响 | 需要较高知识水平或专业训练、需要解决难题的职业，比如科研工作者等 |
| 稳定性（C） | 不需要应付难题，能够随心所欲安排自己工作进度的职业，比如作家、画家等。分数过低一般被认为会对其所从事的职业产生负面影响 | 需要在日常工作中应付各类难题的职业，比如教师、机械工程师、推销员、消防员等 |
| 影响性（E） | 不需要带领团队，不需要与人打交道的职业，比如图书管理员等 | 需要带领团队，需要影响他人的职业，比如总经理、部门经理等 |

| 因素 | 低分者适合的职业类别 | 高分者适合的职业类别 |
|---|---|---|
| 活泼性（F） | 不需要健谈，不需要与人打交道的职业，比如实验技术人员等 | 需要比较健谈，需要与人打交道的职业，比如办公室主任、促销员等 |
| 有恒性（G） | 在大方向上可以为了达成目标灵活变化手段的职业，比如公关经理、谈判专家等 | 讲究原则、需要持之以恒地坚守某类职责的职业，比如警察、保安、安全管理员等 |
| 交际性（H） | 不愿意与人接触、不愿意承担风险的职业，比如美工人员等 | 愿意与人接触、愿意承担风险的职业，比如保险销售人员等 |
| 情感性（I） | 需要遵守一定的规则、不需要太多创造力的职业，比如外科医生、统计师等 | 没有过多的规则，需要想象力、创造力，比较艺术化的职业，比如室内设计师、音乐家、艺人等 |
| 怀疑性（L） | 不需要高敏感性、高警惕性的职业，比如设计师等 | 需要高敏感性、高警惕性的职业，比如警察、保安、风控人员、防损人员等 |
| 想象性（M） | 需要务实、脚踏实地工作的职业，比如理货员、收银员等 | 需要想象力、创造力的职业，比如作家、艺术家等 |
| 世故性（N） | 可以与人无争的职业，比如医生、护士等 | 需要处事老练、行为得体、冷静分析的职业，比如科学家、工程师等 |
| 忧虑性（O） | 能够乐观、沉着、冷静地处理事务的职业，比如运动员、消防员、护士等 | 分数过高一般被认为会对其所从事的职业产生负面影响 |
| 变革性（Q1） | 喜欢墨守成规、不愿意做出改变的职业，比如档案管理员等 | 喜欢探索发现、愿意拥抱变化的职业，比如科学家等 |
| 独立性（Q2） | 依附性强、不需独立、需要按照他人的指令来完成工作的职业，比如服务员等 | 自立自强、能当机立断、勇于做出决策的职业，比如首席执行官等 |
| 自律性（Q3） | 分数过低一般被认为会对其所从事的职业产生负面影响 | 知己知彼、自律严谨、能够有效控制自己情感的职业，比如优秀的管理者等 |
| 紧张性（Q4） | 需要心平气和、闲散宁静、知足常乐、保持内心的平衡的职业 | 分数过高一般被认为会对其所从事的职业产生负面影响 |

除了可以从单一维度判断高、低分者的特征对应的适合的职业类别，16PF卡特尔人格测试的结果还可以用来测量更多的需求。

1. 心理健康者的个性因素

计算公式为：$C+F+(11-O)+(11-Q4)$。

将C、F、O、Q4的得分代入公式中计算出结果后，能够得到心理健康者的得分。心理健康是工作和学习的基础，未达到基本心理健康水平的人不适合从事任何职业。一般来说，心理健康的得分越高，代表个体的心理健康水平越高。心理健康得分不足12分，表示个体情绪显著不稳定。如果是比较重要的岗位，则不建议选择心理健康得分偏低的人。

2. 有成就者的个性因素

计算公式为：$2×Q3+2×G+2×C+E+N+Q2+Q1$。

将 Q3、G、C、E、N、Q2、Q1 的得分代入公式中计算出结果后，能够得到有成就者的得分。有成就感潜质的人适合从事具有挑战性，但完成之后会有成就感的工作。一般来说，有成就者的得分越高，代表个体获得成就的可能性越高。其中，有成就者的得分若高于 67 分，则该个体有所成就的可能性极高。

3. 有创新意识者的个性因素

计算公式为：$2×（11-A）+2×B+E+2×（11-F）+H+2×I+2×M+（11-N）+Q1+2×Q2$。

将 A、B、E、F、H、I、M、N、Q1、Q2 的得分代入公式中计算出结果后，能够得到有创新意识者的得分。有创新意识的人适合从事有创新性、创造性的工作。一般来说，有创新意识者的得分越高，代表个体从事创新类工作成功的概率越高。

# 2.8 九型人格测试

九型人格（Enneagram）测试是一种比较古老的人格划分方法，它按照人们习惯性的思维模式、情绪反应和行为习惯等人格特质，将人格划分为 9 种。九型人格测试曾经一度被认为是不科学的、来历不明的人格测试方法，但随着美国斯坦福大学等国际著名大学的 MBA 学员的推崇，九型人格测试的理论体系得以完善和验证，其逐渐成为比较热门的人格测评工具，并被广泛应用在世界 500 强企业的工作实践中。

## 2.8.1 九型人格测试人格分类

九型人格测试的人格分类分别是完美型、助人型、成就型、自我型、思智型、忠诚型、活跃型、领袖型、和平型。九型人格分类图如图 2-8 所示。

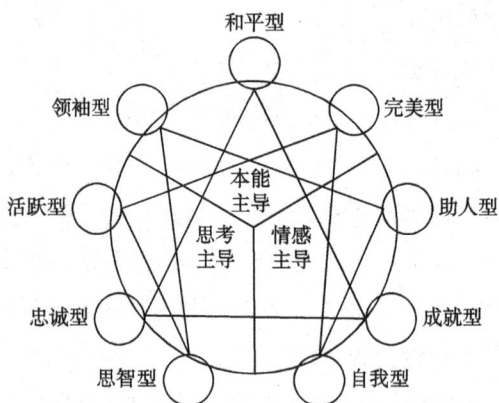

图 2-8  九型人格分类图

九型人格特征如表 2-12 所示。

表 2-12  九型人格特征

| 人格类型 | 自我意识 | 行为目标 | 动力来源 | 极力避免 |
|---|---|---|---|---|
| 完美型 | 认为自己讲原则 | 做正确的事 | 获得自我的肯定 | 把事情做错 |
| 助人型 | 认为自己充满爱心 | 做别人需要的事 | 被别人需要 | 被他人冷落 |
| 成就型 | 认为自己很棒 | 成为第一 | 获得很多人的肯定 | 事情失败 |
| 自我型 | 认为自己很独特 | 专注内在的美好 | 深度体验美好 | 出现缺陷 |
| 思智型 | 认为自己有深度 | 深度分析和研究 | 思想上得到满足 | 思想上的无知 |
| 忠诚型 | 认为自己真诚可信 | 做别人喜欢的事 | 被别人保护和关怀 | 被他人欺骗 |
| 活跃型 | 认为自己很快乐 | 做快乐的事 | 获得自在的快乐 | 被约束和限制 |
| 领袖型 | 认为自己是团队中心 | 控制整个局面 | 获得掌控感和征服感 | 局面失去控制 |
| 和平型 | 认为自己的脾气好 | 让团队和谐 | 建立和谐的人际关系 | 出现矛盾冲突 |

### 1. 完美型

完美型人格的人讲究原则、是非分明、追求完美、信守承诺、遵守规则、持之以恒，对自己和他人的要求都比较高。这类人看待世界常常是二元对立的，要么对，要么错；要么好，要么不好；要么应该，要么不应该。

### 2. 助人型

助人型人格的人与人为善，期望通过帮助别人来与他人建立良好的关系，同时自己也能感到满足。这类人十分热心，慷慨大方、乐善好施、友善随和、比较委婉，在意别人的情绪，愿意迁就他人。

### 3. 成就型

成就型人格的人争强好胜、喜欢比较，常通过成就的高低来衡量自身的价值。

这类人通常比较自信、目标明确、精力充沛、积极进取、注重形象、与众不同、容易受到他人的关注，成为人群中的焦点。

4. 自我型

自我型人格的人追求美感，特立独行、我行我素，喜欢活在自己的世界中。这类人通常易受情绪影响，但懂得自我察觉，时常自我反省；喜欢幻想，创造力较强，艺术天分较高，倾向于追求不同寻常的事物。

5. 思智型

思智型人格的人喜欢观察、乐于思考、善于分析，追求精神世界带给自己的满足感。这类人通常比较冷静，愿意获取更多的知识；思维缜密、条理分明、讲究逻辑；性格内向、情感淡漠、不善表达、对物质的要求不高。

6. 忠诚型

忠诚型人格的人小心谨慎、生性多疑，喜欢群体行动，团队意识强，需要在团队中获得安全感。这类人通常警觉机智、谨慎务实、遵守规则、安于现状、做事尽心尽力，不喜欢变化，也不喜欢受人关注。

7. 活跃型

活跃型人格的人乐观积极、追赶潮流、享受生活，常为其他人带来快乐。这类人通常热情开朗、精力充沛、生性好动，喜欢享受快乐、追求新鲜感，不喜欢承受压力，也不喜欢沉闷的工作，害怕负面情绪。

8. 领袖型

领袖型人格的人追求价值和权力、争强好胜，具有一定的攻击性。这类人往往性格豪爽、不拘小节，有威严、有欲望，目标感强、执行力强，具有很强的行动力，喜欢控制别人，不喜欢被别人控制。

9. 和平型

和平型人格的人个性温和、与世无争，不喜欢出风头，更不喜欢与人发生冲突，倾向于维持和谐的状态。这类人往往善解人意、温柔随和，很容易理解他人，也愿意配合他人，能够给他人提供支持。

## 2.8.2　九型人格测试应用方法

许多世界 500 强企业把九型人格测试运用于员工招聘、员工培训、团队建设、教练指导和执行力提升等方面。九型人格适合从事的职业的特点和相关职业类型如表 2-13 所示。

表 2-13　九型人格适合从事的职业的特点和相关职业类型

| 人格类型 | 适合从事的职业的特点 | 相关职业类型 |
| --- | --- | --- |
| 完美型 | 1.诚实可靠，让人信赖，坚持原则，条理性强；<br>2.追求客观公正，追求真理，始终如一，道德感强；<br>3.自律性强，井然有序；<br>4.组织能力强，学习能力强；<br>5.有警觉性和洞察力，能够针对发现的问题提出解决方案 | 医生、法官、纪律检查、安全管理、财务管理等强调纪律、重视规则、要求做事严谨的职业 |
| 助人型 | 1.乐于助人，有爱心，容易与别人产生共鸣；<br>2.适应能力强，能够与不同类型的人交往并获得对方的信任；<br>3.懂得欣赏别人，愿意赞美别人，容易获得别人的好感；<br>4.能够发现别人的需求并满足别人的需求；<br>5.体贴关心别人，慷慨热情，具有做好事情的内在驱动力 | 教师、营销推广人员、保险销售人员、客服、医生、护士等与人交流、帮助他人、传达善意、建立关系的职业 |
| 成就型 | 1.乐观，自信，目标明确，头脑清醒；<br>2.懂得授权，具有组织能力和领导能力，令人信服；<br>3.具有处理危机、避免冲突的能力；<br>4.效率较高，懂得灵活变通，懂得与人相处之道；<br>5.勤奋、充满活力、精力充沛，务实高效 | 培训讲师、管理者、促销员等具有一定的目标性、需要说服他人行动的职业 |
| 自我型 | 1.直觉敏锐，对日常的人、事、物具有一定的洞察力；<br>2.有创造力、创意、想象力、艺术感；<br>3.热情洋溢，为人和善；<br>4.智慧真诚，表达直接；<br>5.举止优雅，能力较强 | 美术、音乐、时装、戏剧、文学、装潢、广告等需要有发现美的能力和创造力的职业 |
| 思智型 | 1.学习能力强，观察能力强，能够理解深刻的观念或知识；<br>2.逻辑能力强，分析能力强，能够精准聚焦问题、解决问题；<br>3.善于收集信息，能够对大量信息进行分门别类的研究处理；<br>4.客观，冷静，理智，心思缜密，精于计算；<br>5.表达能力强，能够在专业范围内答疑解惑 | 科学家、咨询顾问、决策分析师、数据分析员、研究员等需要参照事实或数据，有逻辑、有条理地分析信息，从而发现并解决问题的职业 |
| 忠诚型 | 1.责任心强，踏实，稳重，实干，细心；<br>2.忠于职守，忠于信念，不偏离最初的目标；<br>3.感官敏锐，警惕性高，能够发现潜在的风险；<br>4.诚恳热心，乐于付出，重视集体利益；<br>5.诚实守信，循规蹈矩，能够与他人平等协作 | 策划、警察、情报人员、保卫人员等需要细心、耐心、警惕性、忠诚的职业 |

| 人格类型 | 适合从事的职业的特点 | 相关职业类型 |
|---|---|---|
| 活跃型 | 1. 善于建立人际网络，有一定的交际范围；<br>2. 慷慨大方、魅力十足，容易让人喜爱；<br>3. 乐观、开朗、好动，容易吸引不同类型的人并与之交往；<br>4. 喜欢冒险，创意丰富，愿意为了达成预定目标而不计后果地采取行动；<br>5. 聪明伶俐，办事能力强，多才多艺，善于表达，工作效率高 | 公关经理、运营经理、社交经理等需要频繁与人接触，需要一定的沟通、交际能力的职业 |
| 领袖型 | 1. 领导能力强，组织能力强，懂得激励他人；<br>2. 有计划能力、决策能力，能够推动计划的执行；<br>3. 无惧艰难，危机面前能排除情绪干扰，冷静思考解决方法；<br>4. 自信，斗志昂扬，精力充沛，办事效率高；<br>5. 有开拓精神，不因循守旧，永不言败 | 创业者、领导者、管理者等需要管理能力、需要勇气、需要智慧、需要解决冲突的能力的职业 |
| 和平型 | 1. 冷静平和，能平等对待不同身份、不同类型的人；<br>2. 敏感，能够了解他人的感受，有一定的共情能力；<br>3. 仁慈，懂得支持他人，能够包容别人；<br>4. 亲切，有耐性，懂得倾听，情绪比较稳定；<br>5. 不愿意与人发生争端，能够平息争议 | 行政文员、操作工人、理货员等不需要与人打交道、不需要面对或处理冲突的职业 |

表 2-13 是根据不同类型的人格所具有的性格差异和能力差异，所列举的其适合从事的职业的特点和相关职业类型。当具备多种显性人格时，可以将表 2-13 中不同显性人格适合从事的职业的特点合并汇总并判断出相关职业类型。

# 第 3 章
# 人才能力测评

受个体自然因素、所处环境以及受教育程度的影响，能力通过社会实践来体现，并在实践中得到巩固和发展。

能力测评是为了考查员工所具备的各项工作能力与岗位任职能力是否匹配。在人力资源管理工作中，实施能力测评的目的是测试员工解决问题的能力的高低，从而帮助其提高工作效率。常见的能力测评类型包括智力水平测评、职业能力测评、特殊能力测评和LASI领导风格测评。

# 3.1 能力测评方法

常用的能力测评方法有工作访谈法、观察分析法、试卷测试法等，企业可根据不同行业、不同岗位选择合适的能力测评方法。特殊行业的特殊岗位通常还需要考查员工的体能素质，可通过科学的体能检测方法对员工进行测评。

## 3.1.1 工作访谈法

工作访谈法是指通过和被访谈人面对面的谈话来获取被访谈人的能力信息。工作访谈法包括单独面谈和团体面谈。这种方法比较适合用在工作内容标准化程度比较低而变化性和创新性比较高的岗位，比如人力资源管理、行政管理、专业技术等难以直接从外部表现观察员工能力的岗位。实施工作访谈法，需要访谈人掌握多种面谈技巧。

实施工作访谈法的流程如下。

1. 访谈准备

访谈人在进行访谈准备的时候，要明确访谈的目标，事先做好时间约定，准备好访谈需要的相关问题和资料，提前通知被访谈人让其做好准备，访谈的地点最好选在不受干扰之处。

2. 访谈开头

在访谈开始之前，访谈人要解释访谈的目的，告知对方整个访谈过程中可能需要做必要的记录，同时要营造一个比较宽松的环境和友好的氛围；访谈的时候要去除偏见，不要带着主观情绪问问题，应通过全面的问题来获得被访谈人对岗位工作的总体认知；访谈过程中要注意与被访谈人的目光保持接触。

3. 访谈过程

针对能力的访谈是一种事实挖掘类的访谈，目的是获得事实而不是观点或偏见，所以访谈人要注意引导整个访谈过程，把被访谈人带入访谈的主题中，让被访谈人针对问题回答事实而不是个人的观点，同时给被访谈人留出足够的时间思考。

在访谈的过程中，为了防止被访谈人不断表达个人观点或情绪，访谈人要不断澄清事实，使用相应的提问和倾听技巧，同时，还要及时让被访谈人澄清其没有表达清楚的内容。

4. 访谈结束

在访谈结束时，访谈人要核查自己是否已经获得了需要的所有信息；要总结关键信息，询问被访谈人是否还有话说；此时如果还有内容不够清楚，可以追加问题；在访谈结束后，应感谢被访谈人所投入的时间和努力。

访谈人在与被访谈人面谈之后，应与其直属上级沟通，向其反馈访谈内容。对一些因为上下级信息不对称所造成的认知差异，访谈人可以与被访谈人的直属上级进行讨论并修改。

## 3.1.2 观察分析法

观察分析法是通过对被测评人的观察，来对被测评人的工作能力进行分析的方法。通过观察分析法取得的信息更加直观，但要求观察人员有足够的经验，而且在必要的时候懂得提问和纠偏。

这种方法比较适合用在被测评人的工作内容标准化程度比较高、所处岗位的变化性和创新性比较低的情况下，而不适合用于创新性和变化性比较高、循环周期长和主要以脑力劳动为主的岗位。

适合实施观察分析法的岗位，前提通常是具备标准化的工作流程，有比较明确的正确操作方法和错误操作方法。如果该岗位工作人员的能力适合通过观察分析法来测评，但目前不具备实施的条件，则可以先定义岗位的作业流程。

要有效地实施观察分析法，观察人员要定义在员工作业的所有动作中，哪些是能产生价值的，哪些是无价值、甚至会产生负价值的。这样做不仅有助于进行能力测评，而且通过对员工作业动作的持续修正，可以让员工在未来的工作中保持正确的动作、减少错误的动作，规范作业流程，从而显著提高生产效率、降低成本。

有了岗位标准的作业流程之后，观察人员就可以通过观察分析法，来对员工进行能力测评了。例如，某岗位要求在某段时间内做多种正确的动作，观察人员通过对该岗位上的不同操作人员进行观察，记录不同操作人员操作的熟练度、准确度，从而判断操作人员的能力水平。

为了提高观察分析的准确性，有时候观察人员也可以实际从事待评估岗位的工作，在工作实践中掌握有关工作的第一手资料。采用这种方法可以使观察人员切身体会岗位的实际工作任务以及岗位在体力、环境、社会方面的要求，从而细致、深入、全面地了解该岗位。

通过岗位工作实践，观察人员可以与岗位零距离接触，获得的岗位信息比通过其他所有岗位分析方法所获得的岗位信息都更真实，其中，进行岗位工作量分析的观察人员的感触会较深，甚至能获得一些采用其他岗位分析方法无法获取的信息与感受。

### 3.1.3　试卷测试法

试卷测试法是指能力评估人员根据待评估的能力项目设计试卷或问卷，通过发放结构化、标准化的试卷或问卷对被测评人进行测评的方法。被测评人填写试卷或问卷之后，能力评估人员收集并整理试卷或问卷，从而得出被测评人的能力评估结果。

根据不同的测试目的，试卷测试法可以与其他的测试方法相结合。

当企业需要考查员工的基本道德素质，比如道德修养、思想作风、敬业精神等项目时，可以采用试卷测试法与日常工作考核相结合的方法。

当企业需要考查员工的一般能力，比如观察力、记忆力、判断力、创新力等能力时，可以采用试卷测试法与工作访谈法相结合的方法。

当企业需要考查员工的专业技能，比如客户接待能力、作业操作能力时，可以采用试卷测试法与观察分析法相结合的方法。

应用试卷测试法时需注意以下几点。

1.注意信度和效度

在设计试卷或问卷的题目时，要注意信度和效度，要把技能测试中最重要、最具有代表性的核心知识和技能放在试卷或问卷中。不相关的测试内容不能用来评估被测评人的情况。

2. 注意公平公正

公平公正是试卷测试法有效实施的前提。为保证公平，对同一批次的被测评人，应选择相同的试卷；为保证公正，测试过程中要防止作弊。

3. 不要唯成绩论

通过试卷测试法得出的成绩能在一定程度上反映问题，但不能成为人才测评的唯一依据。受各种因素的影响，即使是同一个被测评人，在不同时间完成两份相同的试卷后也可能得到不同的分数，所以企业在应用试卷测试法的时候，不能简单得出"成绩为 90 分的被测评人一定比成绩为 80 分的被测评人优秀"的结论。

# 3.2 智力水平测评

智力是人才素质中最基本的素质之一。智力是人的一般认知能力的量化结果，常用一个商数，即智商（IQ）来表示。智力水平测评是人才素质测评的重要内容。通过智力水平测评，企业能够将人才的智力划入相应的范围，从而评价人才的智力水平。

## 3.2.1 智力水平测评方法

智力水平测评一般包括知觉、语言能力、空间意识、数字能力、记忆能力和逻辑推理能力等方面的内容。智力水平测评的方法通常是要求被测评人运用当前自身所具备的知识和技能来解答测试题。企业常用的智力水平测评形式可以分为个人智力测评、团体智力测评以及学习能力测评等。

企业大多采取的是个人智力测评的形式，这是单独评估心智功能的最好方法。目前常用的个人智力测评量表主要分为两种，分别是斯坦福－比奈智力量表（Stanford-Binet Intelligence Scale）和韦克斯勒智力量表（Wechsler Intelligence Scale）。其中，韦克斯勒智力量表还可用于诊断一定范围内的心智失调。

团体智力测评多属于识别型的笔试测验，内容包括文字推理、数字演算、常识以及非文字推理等，适用于教育、工业和军队等部门，通过测评可迅速获得被测评人的心智功能的客观指标。

学习能力测评比普通智力测评的应用范围更窄，它主要用来测评那些影响学业绩的基本能力。学习能力测评和团体智力测评一样，多使用笔试测验，测验的内容一般包括词汇、数字、常识、图形推理、阅读理解等。

比奈 - 西蒙智力量表（Binet-Simon Intelligence Scale）被认为是世界上第一个智力量表，它是由法国心理学家比奈（Binet）和其助手西蒙（Simon）于 1905 年一起编制的，比奈 - 西蒙智力量表在出现之初的主要用途是测评儿童的智力，通过识别智力异常的儿童，来对他们实施差别教育。

比奈 - 西蒙智力量表的内容如今看来比较粗糙，其测评方法和计分方法也没有达到标准，存在很多缺陷，但是它开创了用年龄作为智力测量单位的先河，为后续智力水平测评中智力量表的发展奠定了坚实的基础，在智力水平测评领域做出了具有深远意义的重要贡献。

1908 年，比奈 - 西蒙智力量表得到了更新，测验项目的数量增长了近一倍。1911 年，比奈 - 西蒙智力量表又进行了修订，量表的适用范围被扩大，增加了一些适合成人的题目。

### 3.2.2 斯坦福 – 比奈智力量表

斯坦福 – 比奈智力量表是美国斯坦福大学的特曼（Terman）于 1916 年对比奈 - 西蒙智力量表进行修订后形成的。

斯坦福 - 比奈智力量表在比奈 - 西蒙智力量表的基础上，增加了智商的概念，并且让智商可以在不同年龄段之间进行比较。这是智力水平测评领域的重要发展。

1937 年，斯坦福 - 比奈智力量表有了第 2 版，其中有 2 套等值测验，分别是 L 型和 M 型。1960 年，斯坦福 - 比奈智力量表迎来了第 3 版。在这个版本中，这 2 套等值测验合二为一，叫作 L-M 型。1986 年，斯坦福 - 比奈智力量表再次进行了修订。

如今，斯坦福 - 比奈智力量表已经成为世界上流传和应用比较广泛、比较著名的标准智力量表之一。

**例题**

1. 下列 5 个答案中哪一个是最好的类比：工工人人人工人 对于 2211121 相当于 工工人人工人人工 对于___。（　　）

A. 22122112　　B. 22112122　　C. 22112112　　D. 11221221　　E. 21221121

答案：C。

解析：逻辑推理类问题，工=2，人=1。

2. 找出下列 5 项中与众不同的一项。（    ）

A. 铝    B. 锡    C. 钢    D. 铁    E. 铜

答案：C。

解析：常识类问题，钢是一种合金，其他选项为纯金属。

3. 找出下列 5 项中与众不同的一项。（    ）

A.    B.    C.    D.    E.

答案：C。

解析：图形推理类问题，C 选项的图形由 1 条线段组成，其他选项的图形均由 2 条或 3 条线段组成。

4. 全班学生排成一行，从左数和从右数小明都是第 15 名，请问全班共有学生多少人？（    ）

A.15 人    B.25 人    C.29 人    D.30 人    E.31 人

答案：C。

解析：空间想象类问题，相当于小明的左边有 14 人，右边也有 14 人，加上小明共 29 人。

5. 如果所有的甲是乙，而且没有一个乙是丙，那么，一定没有一个丙是甲。这句话____。（    ）

A. 是对的        B. 是错的        C. 既不对，也不错

答案：A。

解析：逻辑判断类问题，题干中的这句话类似于"所有的猫都是动物，没有一种动物是植物，那么，一定没有一种植物是猫"。

6. 找出下列数字中特殊的一个。（    ）

A.1    B.3    C.5    D.7    E.11    F.13    G.15    H.17

答案：G。

解析：数字推理类问题，除了 G 选项的 15 之外，其他选项的数字都只能被 1 和自身整除。

7.一本书的价格低了50%。现在如果按原价出售，那么价格提高了百分之几？（　　　）

A.25%　　　B.50%　　　C.75%　　　D.100%　　　E.200%

答案：D。

解析：数字计算类问题，假如这本书的原价为80元，降低50%之后为40元，如果按照原价80元出售，相当于在当前40元价格的基础上提高了40元，也就是提高了100%。

8.找出下列5项中与众不同的一项。（　　　　）

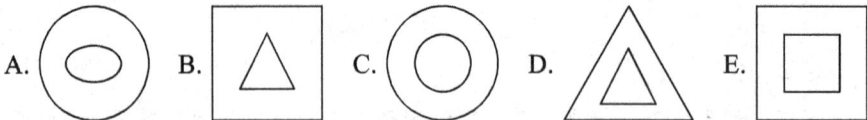

答案：B。

解析：图形判断类问题，除了B选项之外，其他选项的内外图形类型均相同。

### 3.2.3　韦克斯勒智力量表

韦克斯勒智力量表，也叫韦氏智力测试，是由美国心理学家韦克斯勒（Wechsler）编制的。

1939年，韦克斯勒编制了韦克斯勒-贝勒维智力量表（W-B Ⅰ），可以用于10～60岁的人的智力测试；之后他又编制了第2套韦克斯勒-贝勒维智力量表（W-B Ⅱ）。

1949年，韦克斯勒在W-B Ⅱ的基础上，编制了韦克斯勒儿童智力量表（Wechsler Intelligence Scale for Children，WISC）。

1955年，韦克斯勒在W-B Ⅰ的基础上，编制了韦克斯勒成人智力量表（Wechsler Adult Intelligence Scale，WAIS）。

1967年，韦克斯勒编制了韦克斯勒学龄前及学龄初期儿童智力量表（Wechsler Preschool and Primary Scale of Intelligence，WPPSI）。

1949年的WISC、1955年的WAIS和1967年的WPPSI这3套智力量表的编制完成，代表着从4岁的儿童到成人全年龄段都有了相应的智力水平测试题。

之后，韦克斯勒又对各年龄段的智力量表不断实施改版更新。如今的韦克斯勒成人智力量表（也叫韦氏成人智力测试）已应用得非常广泛，甚至被应用在临床测验中。

**例题**

1. 知识测验

知识测验主要测量人们知识的广度、对知识的记忆力、对事物的认知能力、一般学习能力等，题目内容主要由多个常识类问题组成，涵盖了天文、地理、生物、历史、文学等学科。

知识测验部分题目示例如下。

（1）端午节是哪一天？

（2）鱼用什么来呼吸？

（3）月亮在一个月中的什么时间最圆？

（4）人体内有哪几种血管？

（5）一年有多少个星期？

参考答案：

（1）农历五月初五是端午节，它是中国传统节日，又称"端阳节""午日节"等，中国国家法定节假日之一，已被列入世界非物质文化遗产名录。

（2）鱼一般用鳃呼吸。

（3）月亮一般在每个月的农历十五、十六晚上最圆。

（4）人体内的血管分动脉、静脉和毛细血管3种。

（5）如果是平年，则有52个星期余1天；如果是闰年，则有52个星期余2天。

2. 领悟测验

领悟测验主要测量人们的社会适应能力、判断能力（尤其是对伦理道德的判断）、解决问题的能力等，题目内容主要由社会价值观念、社会习俗和一些自然现象组成。

领悟测验部分题目示例如下。

（1）城市里为什么要有交通警察？

（2）为什么不能和坏人交朋友？

（3）为什么要按照季节来耕种？

（4）结婚为什么要办理登记手续？

（5）如果白天在森林里迷路了，你会怎么办？

参考答案：

（1）城市中路多、人多、车多，交通情况复杂。有交通拥堵事件，也有交通违规事件。很多交通状况必须得由交警处理，不然交通状况会乱成一片。

（2）因为近朱者赤、近墨者黑，如果和坏人交朋友，坏人的恶习很可能会传播给我们，让我们也养成恶习。

（3）因为不同的农作物对生长环境有不同的要求，适宜农作物生长的温度、湿度等环境都与季节相关。

（4）这是保障婚姻制度实行的必要手段，可以对公民的婚姻状况实施监督，能够防止包办、买卖婚姻、早婚和重婚等情况发生。

（5）观察树木，通常南侧枝叶相对茂盛，北侧相对稀疏。

3. 算术测验

算术测验主要测量人们的数字敏感度、心算能力、注意力集中程度、记忆和解决问题的能力等，题目内容主要由一些有关计算的算术题组成。

算术测验部分题目示例如下。

（1）每小时走 3 千米，24 千米需要走几小时？

（2）3 元一本的本子，买 6 本应付多少钱？

（3）某人有 120 元，买书用去 50 元，买笔用去 25 元，他还剩多少钱？

（4）某人的月收入为 6000 元，把其中的 15% 存入银行后，他还剩多少钱？

（5）买 2 瓶饮料应付 8 元，买 12 瓶这种饮料，需要付多少钱？

参考答案：

（1）8 小时，24 千米 ÷ 3 千米 / 小时 = 8 小时。

（2）18 元，3 元 / 本 × 6 本 = 18 元。

（3）45 元，120 元 − 50 元 − 25 元 = 45 元。

（4）5100 元，6000 元 × （1 − 15%）= 5100 元。

（5）48 元，8 元 ÷ 2 瓶 × 12 瓶 = 48 元。

4. 相似性测验

相似性测验主要测量人们的抽象思维能力、逻辑思维能力和概括能力等，题目内容主要由表示物体、方向或行为的词组成，要求找出两者之间的相似性（共性）。

相似性测验部分题目示例如下。

（1）眼睛－耳朵。

（2）空气－水。

（3）表扬－惩罚。

（4）帽子－袜子。

（5）北方－西方。

参考答案：

（1）眼睛－耳朵都是人体器官。

（2）空气－水都是自然资源，且是地球上的哺乳动物生存的必备资源。

（3）表扬－惩罚都是激励方式，都能在一定程度上改变人的行为。

（4）帽子－袜子都是人类可穿戴的物品。

（5）北方－西方都是方向。

## 5. 数字广度测验

数字广度测验主要测量人们的短时记忆能力、注意力集中程度等，题目主要分为顺位背诵数字和倒位背诵数字2种形式。顺位背诵数字的最高位数为12位，倒位背诵数字的最高位数为10位。

数字广度测验部分题目示例如下。

（1）顺位背诵：7-4-9-6-1-3-5-9-6-8-2-5。

（2）顺位背诵：6-9-4-7-1-9-7-4-2-5-9-2。

（3）倒位背诵：6-4-5-2-6-7-9-3-8-6。

（4）倒位背诵：5-1-6-2-7-4-3-8-5-9。

无参考答案。

## 6. 词汇测验

词汇测验主要测量人们的语义提取能力、语言理解能力、语言表达能力、抽象概括能力、长时记忆能力等，题目内容主要为解释双字词的词义。

词汇测验部分题目示例如下。

（1）坚定。

（2）大方。

（3）笑柄。

（4）器重。

参考答案：

（1）坚定，指意志坚强，不动摇。

（2）大方，一般指慷慨，不小气，在口语中也可以指见识广博，举止得当。

（3）笑柄，指被人用来作为取笑的把柄或嘲笑的理由。

（4）器重，指看重、重视。

### 7. 数字符号测验

数字符号测验主要测量人们的学习能力、视觉观察能力、知觉辨别能力、精准行动能力、持久判断能力和操作速度等。题目内容主要为根据给定的数字对应符号，在 90 秒内，以最快的速度将 90 个数字所对应的符号填入相应的空格内。

数字符号测验部分题目示例如下。

数字符号对应情况如图 3-1 所示。

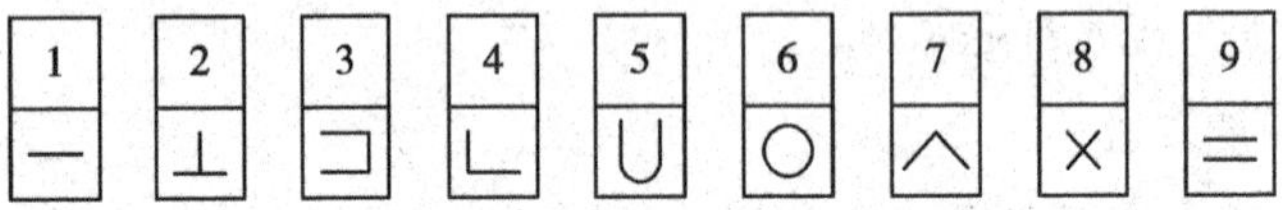

图 3-1　数字符号对应情况示意图

数字符号测验部分题目如表 3-1 所示。

表 3-1　数字符号测验部分题目

| 数字 | 2 | 1 | 3 | 7 | 2 | 4 | 8 | 1 | 5 | 4 |
|---|---|---|---|---|---|---|---|---|---|---|
| 符号 | | | | | | | | | | |
| 数字 | 1 | 5 | 4 | 2 | 7 | 6 | 3 | 5 | 7 | 2 |
| 符号 | | | | | | | | | | |
| 数字 | 6 | 2 | 5 | 1 | 9 | 2 | 8 | 3 | 7 | 4 |
| 符号 | | | | | | | | | | |

无参考答案。

### 8. 画图填充测验

画图填充测验主要测量人们的视觉辨认能力、视觉理解能力、对物体要素的认知能力、逻辑思维能力、迅速找到缺陷的能力等，题目内容主要为找到图画中缺失的构成要素。

画图填充测验部分题目示例如下。

（1）画图填充测验示例题 1 如图 3-2 所示。

图 3-2　画图填充测验示例题 1

（2）画图填充测验示例题 2 如图 3-3 所示。

图 3-3　画图填充测验示例题 2

（3）画图填充测验示例题 3 如图 3-4 所示。

图 3-4　画图填充测验示例题 3

（4）画图填充测验示例题 4 如图 3-5 所示。

图 3-5　画图填充测验示例题 4

参考答案：

（1）图中男子的左手缺少一根手指。

（2）图中镜中女子的手中缺少梳子。

（3）图中男子的眼镜缺少鼻子上连接部分。

（4）图中左边的路标缺少文字。

9.木块图测验

木块图测验主要测量人们的空间理解能力、空间构筑能力、视觉分析能力、视觉与运动的协调能力等，测验方式为要求人们用双色立体木块拼出平面图案。

木块如图 3-6 所示。

图 3-6　木块示意图

木块图测验部分题目示例如下。

（1）木块图测验示例题 1 如图 3-7 所示。

图 3-7 木块图测验示例题 1

（2）木块图测验示例题 2 如图 3-8 所示。

图 3-8 木块图测验示例题 2

（3）木块图测验示例题 3 如图 3-9 所示。

图 3-9 木块图测验示例题 3

（4）木块图测验示例题 4 如图 3-10 所示。

图 3-10 木块图测验示例题 4

无参考答案。

10. 图形排列测验

图形排列测验主要测量人们的逻辑联想能力、综合分析能力、因果判断能力、观察能力、思维的灵活性和生活常识等，测量方式为要求人们把打乱顺序的图片整理成有逻辑、有意义的故事。

图形排列测验题目的示意图如图 3-11 所示。

图 3-11　图形排列测验题目的示意图

无参考答案。

11. 图形拼凑测验

图形拼凑测验主要测量人们的想象力、手眼协调能力、抓住事物线索的能力、处理局部与整体关系的能力、辨别能力、思维能力、知觉组织能力等，测量方式为要求人们将图形的零件拼凑成完整的图形。

图形拼凑测验题目的零件示意图如图 3-12 所示。

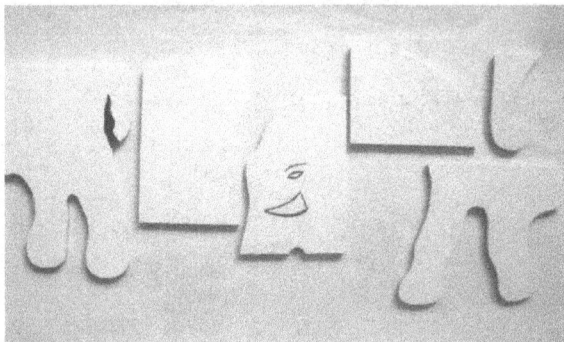

图 3-12　图形拼凑测验的零件示意图

图形拼凑测验零件拼接后的完整图形如图 3-13 所示。

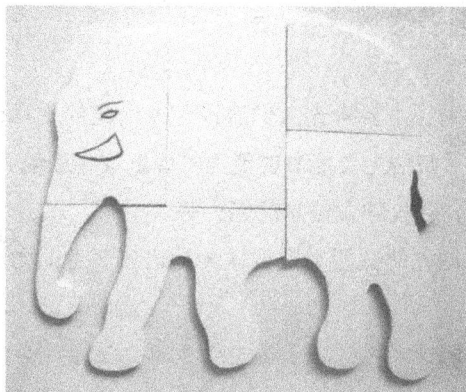

图 3-13  图形拼凑测验零件拼接后的完整图形示意图

无参考答案。

# 3.3  职业能力测评

职业能力测评是指通过发现人们的潜在才能，预测人们在未来的学习和工作中可能达到的成功程度。有时候，职业能力测评也可以帮助人们选择适合自己的职业。

随着社会经济的不断发展，从业者面临着职场中的各种挑战和竞争，这种人才的竞争，其实质是知识和智力的竞争。如何准确可靠地发现和使用人才，已经成为影响企业生存和发展的关键因素。而在人才频繁流动的当下，仅评估人才的个人简历和工作经验已经不能适应目前人才选拔和考评的管理需要。

在 20 世纪 20 年代至 30 年代，随着科学管理的兴起，在商业和工业领域，科学管理者认为，职业能力测评能够实现人才和职业的匹配，未来会给员工和管理者带来极大的益处，因而开发了内容丰富的职业能力测评技术。

职业能力测评在我国公务员录用考试、事业单位录用考试中最为常见，此外，很多企业在人才选拔环节也会实施职业能力测评。

本节以类似我国公务员录用考试中行政职业能力测验的逻辑划分和测试样题为例，对职业能力测评在实际工作中的应用进行解析，分别包括语言理解与表达测评、数量关系与分析测评、逻辑推理与判断测评、常识知识与应用测评、资料理解与分析测评。

### 3.3.1　语言理解与表达测评

语言理解与表达测评主要考查人们对词句或给定的文章选段的理解、分析及综合运用的能力，包括归纳主要信息的能力、理解词句的能力、概括主旨的能力、判断文章意图的能力、寻找隐含信息的能力等。

语言理解与表达测评的试题类型可以分为语言表达能力测评和语言理解能力测评两类。

1.语言表达能力测评

语言表达能力测评主要考查人们运用语言来传递和表达某种信息的能力，题目的主要形式是根据语境，对词语进行准确理解、辨识和运用。

**例题**

（山东省公务员考试曾用题）

合作是新形势下实现共同发展的必由之路，唯有合作，我们才能____矛盾；唯有合作，我们才能不断____共同利益；唯有合作，我们才能有效应对各种挑战，____共赢的彼岸。

依次填入横线部分最恰当的一项是（　　　）。

A.弱化　维护　通向　　　　　　B.消除　加深　到达

C.搁置　拥有　驶向　　　　　　D.超越　扩大　抵达

参考答案：D。

解析：超越矛盾、扩大利益、抵达彼岸，这样填写语句更恰当。

**例题**

（山东省公务员考试曾用题）

当我们在谈论创意的时候，大多会认为这没有什么规律可循，或者说，创意应该是____的。我们会说：如果给创意制订一个框架的话，可能会束缚创意，让创意变成____的工匠活。

依次填入横线部分最恰当的一项是（　　　）。

A.天马行空　按部就班　　　　　B.稍纵即逝　循规蹈矩

C.自由自在　循序渐进　　　　　D.标新立异　熟能生巧

参考答案：A。

解析：第一个空前面的内容是"大多会认为这没有什么规律可循"，这里所填词的含义应当与这句话的含义相近；第二个空中的词应当与前面的"框架"和后面的"工匠活"相匹配。

2. 语言理解能力测评

语言理解能力测评主要考查人们对文字的理解能力，题目的主要形式是通过阅读文字内容，明确文字的主要思想，了解作者的观点。

**例题**

（国家公务员考试曾用题）

"缩略"是赶路人与时间搏斗的一种方式。也许，赶路人自有不得不缩略的苦衷，其中也许不乏积极因素，但从根本上说，所谓缩略，就是把一切尽快转化为物，转化为钱，转化为欲，转化为形式，直奔功利而去。

缩略的标准是物质的而非精神的，是功利的而非审美的，是形式的而非内涵的。缩略之所以能够实现，其秘诀在于把精神性的水分一点点挤出去，像压缩饼干似的，热量倒是足够，滋味却没有了。对一次性的短暂人生来说，这不能不说是一种遗憾。

这段文字着重抒发怎样的感慨？（　　　）

A. 急于实现目标，必然付出代价

B. 淹没在物欲中的人生是枯燥无味的

C. 人们只重目的，忽略了过程的享受

D. 时间可以转化为钱，却无法转化为美

参考答案：B。

解析：本文最后一句话点明了作者的观点，作者认为对一次性的短暂人生来说，缩略是一种遗憾，表明了作者对缩略这种形式的不满。B选项与文章表达的思想更符合。

**例题**

（山东省公务员考试曾用题）

有个教授把学生分成了几组，发给每组一些拼图碎片，并且计时，看看哪一组能够最先完成。其实，每片拼图背面都按顺序标注了数字，只需要按照这些数字的顺序拼接，很快就能拼出整个画面，不过很少有哪组注意到这一点，有的组拼了很长时间才发现背面有数字标记，有的组压根儿就没看到。

这段文字意在说明（　　　）。

A.细致的观察更有利于成功

B.注意正反两面才能全面了解事物

C.机会只留给有准备的人

D.磨刀不误砍柴工

参考答案：A。

解析：这段文字意在说明细致观察的重要性，注重细致观察更有利于达成目标。

### 3.3.2 数量关系与分析测评

数量关系与分析测评主要考查人们理解、把握事物间的量化关系和解决数量关系问题的能力，包括数字应用能力、逻辑分析能力、数字推理能力、数字运算能力、数字判断能力等。

数量关系与分析测评的试题类型可以分为数字推理和数学运算两类。

**1.数字推理**

数字推理主要考查人们对数字以及数字之间的关系的敏感度，题目的主要形式是找到有规律的数列内部存在的某种规律。

**例题**

（河北省公务员考试曾用题）

23，46，77，116，____。（　　　）

A.163　　　　　　B.144　　　　　　C.138　　　　　　D.122

参考答案：A。

解析：后一个数减前一个数的差之间呈现出公差为8的等差数列规律。46-23=23、77-46=31、116-77=39，39-31=8、31-23=8，所以答案为116+39+8=163。

**例题**

（浙江省公务员考试曾用题）

82，98，102，118，62，138，____。（    ）

A.68            B.76            C.78            D.82

参考答案：D。

解析：相邻两数相加后的和呈现重复规律。82+98=180、98+102=200、102+118=220，118+62=180、62+138=200，所以答案为220-138=82。

2.数学运算

数学运算主要考查人们的数学计算能力，题目的主要形式是根据表达数量关系的文字、数字、算式，计算某个结果。

**例题**

（黑龙江省公务员考试曾用题）

一次数学考试一共有20道题，规定：答对一道题得2分，答错一道题扣1分，未答的题不计分。考试结束后，小明共得23分，他想知道自己做错了几道题，但只记得未答的题目数量是偶数。请问小明答错了多少道题？（    ）

A.3            B.4            C.5            D.6

参考答案：A。

解析：根据题目条件可知，小明答对的题目的得分必然是偶数，而小明的最终得分为奇数，所以小明答错的题目数量必然是奇数，那么选项为偶数的答案不正确。假设小明答错的题目数量为3道，则小明答对的题目数量为（23+3）÷2=13道。未答的题目数量为20-13-3=4道，符合未答的题目数量是偶数的条件。假设小明答错的题目数量为5道，则小明答对的题目数量为（23+5）÷2=14道。未答的题目数量为20-14-5=1道，不符合未答的题目数量是偶数的条件。

**例题**

（江西省公务员考试曾用题）

某玩具店同时卖出一个拼装玩具和一架遥控飞机，拼装玩具售价66元，遥控飞机售价120元，拼装玩具赚了10%，而遥控飞机亏损20%，则这家玩具店卖

出这两个玩具赚了或亏了多少钱？（　　）

A.赚了 12 元

B.赚了 24 元

C.亏了 14 元

D.亏了 24 元

参考答案：D。

解析：拼装玩具的成本为 66÷（1+10%）=60 元，卖出 1 个拼装玩具的利润为 6 元。遥控飞机的成本为 120÷（1-20%）=150 元，卖出 1 架遥控飞机的利润为 -30 元。卖出 1 个拼装玩具和 1 架遥控飞机的总利润为 6-30=-24 元。

### 3.3.3　逻辑推理与判断测评

逻辑推理与判断测评主要考查人们对客观事物及其关系的分析推理能力，包括分析能力、推理能力、判断能力、想象力，题目内容包括对文字或图形材料的理解、演绎、比较、归纳、判断等。

逻辑推理与判断测评的试题类型可以分为图形推理、类别推理、逻辑判断和定义判断共 4 类。

1.图形推理

图形推理主要考查人们对图形的观察、辨别、推理和想象力，题目的主要形式是通过对图形的分析，做出推理和判断。

**例题**

（辽宁省公务员考试曾用题）

从所给的 4 个选项中，选择最合适的一个选项填入问号处，使图形呈现一定的规律。（　　）

参考答案：D。

解析：横向看，第1个图形和第2个图形合并后得到第3个图形。

合并规律为：阴影＋阴影＝阴影；阴影＋空白＝空白；空白＋阴影＝空白；空白＋空白＝阴影。

例题

（辽宁省公务员考试曾用题）

把下面的6个图形分成2类，使每一类图形都有各自的共同特征或规律，分类正确的一项为____。（　　）

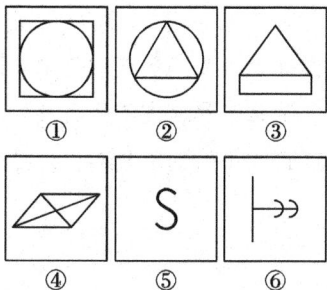

A.①③⑥　②④⑤　　　　　　　　B.①②⑤　③④⑥
C.①④⑤　②③⑥　　　　　　　　D.①④⑥　②③⑤

参考答案：C。

解析：①④⑤旋转180度后依然是原图形，②③⑥旋转180度后变成另一个图形。

2.类别推理

类别推理主要考查人们分析和比较词汇之间的逻辑关系的能力，题目的主要形式是多项类比。

例题

（四川省公务员考试曾用题）

司机：驾驶室：踩油门，类似于（　　　　）

A.教师：讲台：育人　　　　　　　B.医生：医院：开刀
C.演员：舞台：艺术　　　　　　　D.农民：田地：播种

参考答案：D。

解析：题干可以理解为"司机在驾驶室里踩油门"，司机是具体职业，驾驶室是具体地点，踩油门是具体动作。A选项中的育人并非具体动作，B选项中的医院并非具体地点，C选项中的艺术并非具体动作。

**例题**

（湖北省公务员考试曾用题）

（　　）对于 终止 相当于 回车 对于（　　）

A.叫停 打的　　　　　　　　　B.继续 前进

C.句号 换行　　　　　　　　　D.犯罪 网络

参考答案：C。

解析：将4个选项代入题干后，A选项中的打的和回车之间无逻辑关系；B选项中的继续与终止是反义词，而回车和前进不是反义词；C选项中的句号可以表示终止，回车可以表示换行；D选项中的犯罪与终止、回车与网络之间无逻辑关系。

### 3.逻辑判断

逻辑判断主要考查人们对信息的分析能力、推理能力和判断能力，题目的主要形式是对文字或图形所表达的含义进行逻辑判断。

**例题**

（吉林省公务员考试曾用题）

从"有的大学生喜欢所有明星"不能推出（　　）。

A.所有明星都有大学生喜欢　　　B.有的大学生喜欢有的明星

C.所有大学生喜欢所有明星　　　D.并非所有大学生不喜欢所有明星

参考答案：C。

解析：有的大学生喜欢所有明星，所以，所有明星都有大学生喜欢，有的大学生喜欢有的明星,但并非所有大学生喜欢所有明星。D选项中的并非所有=有的，因此D选项等同于"有的大学生不喜欢所有明星"，可以由A推出。

**例题**

（浙江省公务员考试曾用题）

大学生小王参加研究生入学考试，一共考了4门科目：政治、英语、专业科目一、专业科目二。政治和专业科目一的成绩之和与另外2门科目的成绩之和相等。政治和专业科目二的成绩之和大于另外2门科目的成绩之和。专业科目一的成绩比政治和英语两门科目的成绩之和还高。

根据以上条件，小王4门科目的成绩从高到低依次是（　　　）。

A. 专业科目一、专业科目二、英语、政治

B. 专业科目二、专业科目一、政治、英语

C. 专业科目一、专业科目二、政治、英语

D. 专业科目二、专业科目一、英语、政治

参考答案：B。

解析：根据题目，将"政治＋专业科目一＝英语＋专业科目二"代入"政治＋专业科目二＞英语＋专业科目一"，可知政治＞英语。将"政治＞英语"代入"政治＋专业科目一＝英语＋专业科目二"，可知专业科目二＞专业科目一。

### 4. 定义判断

定义判断主要考查人们对概念的理解能力和分析能力，题目的主要形式是根据给出的概念的定义做出推理或判断。

例题

（山东省公务员考试曾用题）

低碳经济是在可持续发展理论的指导下，通过技术创新、制度创新、产业转型、新能源开发等多种手段，尽可能地减少煤炭、石油高碳能源消耗，减少温室气体排放，达到社会经济发展与生态环境保护双赢的一种经济发展形态。

根据上述定义，下列选项中不符合低碳经济理念的是（　　　）。

A. 某小区住房都安装了太阳能电池板

B. 某粮油食品公司大力推广绿色食品

C. 某空调公司引进了低能耗空调生产线

D. 在荒山、滩头、草甸兴建风力发电站

参考答案：B。

解析：对绿色食品的推广不符合题干对低碳经济的定义。

**例题**

（国家公务员考试曾用题）

顺从是指互动中的一方自愿或主动地调整自己的行为，按另一方的要求行事，即一方服从另一方。顺应的含义比顺从更广泛，除了有顺从的含义外，它还指互动的双方或各方都调整自己的行为，以实现互相适应。

根据上述定义，下列行为属于顺应的是（    ）。

A. 王某经常将垃圾堆放在家门口，影响了居民楼内的环境卫生，邻居们向他提出意见后，王某家门口变得干净起来

B. 小燕经常出色地完成各项工作，经理根据小燕的表现在员工大会上表扬了她，并给予了奖励

C. 某食品厂因存在不正当竞争行为，被工商部门处以 20 万元罚款，该厂以罚款过重为由提起行政复议，上级工商部门做出罚款 10 万元的决定

D. 强盛公司与荣发公司有意进行合作，经过多轮激烈的磋商，双方都降低了自己的条件，从而实现了合作目标

参考答案：D。

解析：题干对顺应的定义中提到"双方或各方都调整自己的行为，以实现互相适应"，A、B、C选项都是单方行为，只有D选项是双方交互的行为，符合题意。

### 3.3.4 常识知识与应用测评

常识知识与应用测评主要考查人们对法律、政治、经济、历史、地理、人文和科技等方面的基本常识的运用能力，题目内容通常包括对文字的理解和判断。

**例题**

（山东省公务员考试曾用题）

下列选项中不属于紧缩性货币政策的是（    ）。

A. 提高存款准备金率                B. 发行央行票据

C. 买进政府债券                    D. 提高再贴现率

参考答案：C。

解析：提高存款准备金率，商业银行可以用于贷款的资金将会减少，市场的货币供给将会减少，属于紧缩性货币政策。

发行央行票据，可以减少商业银行的准备金，降低商业银行的信贷能力，减少投资需求，属于紧缩性货币政策。

买进政府债券，可以增加商业银行的准备金，提高商业银行的信贷能力，增加投资需求，属于扩张性货币政策。

提高再贴现率，商业银行从中央银行获得的资金将会减少，市场的货币供给将会减少，属于紧缩性货币政策。

**例题**

（山东省公务员考试曾用题）

下列观点不属于达尔文进化理论的是（　　）。

A. 生物在代代相传的繁育过程中都有可能发生变异

B. 变异的长期积累导致各个物种千变万化

C. 变异是长期存在、逐步发展的，进化是逐渐发生的

D. 生物进化不是"适者生存"，而是"幸者生存"

参考答案：D。

解析："物竞天择，适者生存"是达尔文进化理论的核心。

**例题**

（山东省公务员考试曾用题）

下列关于行政监督的说法正确的是（　　）。

A. 人民法院可以通过法纪检查对国家行政机关及其公务员实施监督

B. 王某因不服交警处罚而向交警支队提起的行政复议不属于行政监督的范畴

C. 人民政协委员可以通过视察、调查、研究等方式进行行政监督

D. 行政监督的主体是执政党以外的政党组织、国家机关、各人民团体、群众组织和社会公众

参考答案：C。

解析：A选项，通过法纪检查对国家行政机关及其公务员实施监督的是人民检察院。

B 选项，王某的行为属于行政监督的范畴。

D 选项，行政监督的主体包括执政党。

### 3.3.5 资料理解与分析测评

资料理解与分析测评主要考查人们对资料信息的分析、比较、判断和处理的能力，进而考查人们的文字理解能力、数据查找能力、数据计算能力和资料信息的统筹能力，题目内容通常包括对文字、表格、图形等的理解与分析。

**例题**

（山东省公务员考试曾用题）

各级型轿车历年销售份额如表 3-2 所示（表中内容为虚构）。

表 3-2 各级型轿车历年销售份额（单位：%）

| 年份 | A00 级型轿车（微型） | A0 级型轿车（小型） | A 级型轿车（紧凑型） | B 级型轿车（中大型） | C 级型轿车（大型） |
|---|---|---|---|---|---|
| 2001 年 | 5.1 | 28.6 | 41.5 | 21.1 | 3.7 |
| 2002 年 | 7.5 | 29.8 | 39.9 | 19.8 | 3.0 |
| 2003 年 | 8.5 | 29.4 | 34.9 | 24.5 | 2.7 |
| 2004 年 | 8.6 | 30.6 | 39.2 | 19.4 | 2.2 |
| 2005 年 | 10.7 | 27.3 | 39.9 | 19.6 | 2.5 |
| 2006 年 | 8.8 | 24.7 | 42.9 | 20.2 | 3.4 |
| 2007 年 | 6.9 | 21.9 | 47.1 | 20.4 | 3.7 |
| 2008 年 | 7.1 | 20.3 | 48.9 | 20.2 | 3.5 |
| 2009 年 | 7.3 | 20.4 | 52.4 | 17.4 | 2.5 |
| 2010 年 | 7.3 | 19.8 | 53.6 | 16.7 | 2.6 |

下列关于 2001—2010 年各级型轿车销售份额的变化趋势的说法中，不正确的有（　　　）。

1. 近 10 年来，C 级型轿车的销售份额最平稳

2. B 级型轿车的销售份额呈下降趋势

3. A00 级型轿车的销售份额基本是 C 级型轿车销售份额的 2 倍以上

4. 2010 年 A0 级型轿车的销售量相较于 2001 年有所减少

A.1 个　　　　　　　B.2 个　　　　　　　C.3 个　　　　　　　D.4 个

参考答案：A。

解析：1正确，2正确，3正确，4错误。

**例题**

（山东省公务员考试曾用题）

城乡家庭消费水平和消费结构比较如表3-3所示。

表3-3　城乡家庭消费水平和消费结构比较表

| 消费类型 | 城市家庭 | | 农村家庭 | |
|---|---|---|---|---|
| | 金额（元） | 比例（%） | 金额（元） | 比例（%） |
| 住房 | 1865.9 | 6.6 | 484.7 | 2.8 |
| 食品 | 9790.2 | 34.6 | 5751.0 | 33.3 |
| 衣着 | 1957.6 | 6.9 | 1171.7 | 6.8 |
| 医疗 | 2670.9 | 9.4 | 2141.6 | 12.4 |
| 交通 | 1425.0 | 5.0 | 1107.0 | 6.4 |
| 通信 | 1482.9 | 5.2 | 965.8 | 5.6 |
| 教育 | 3170.5 | 11.2 | 2069.2 | 12.0 |
| 文化、娱乐、游泳 | 717.8 | 2.5 | 180.3 | 1.1 |
| 电费、水费等日常开销 | 1935.3 | 6.8 | 926.9 | 5.4 |
| 家用电器、家具 | 1010.7 | 3.6 | 567.3 | 3.3 |
| 日用品 | 467.7 | 1.7 | 313.7 | 1.8 |
| 人情往来 | 1849.1 | 6.5 | 1605.7 | 9.3 |
| 合计 | 28343.6 | 100 | 17284.9 | 100 |

一般来说，恩格尔系数可以衡量家庭生活水平，但在调查中发现了低收入家庭的恩格尔系数比中低和中等收入家庭的恩格尔系数低的特殊情况。

由表3-3可知，城乡家庭消费的差异和问题主要是（　　　）。

A.城乡家庭消费水平差异较大，消费结构差异明显

B.教育、医疗等发展型消费呈刚性特点

C.低收入家庭生活质量受到影响

D.家庭消费率总体偏低，消费率随收入提高而呈边际递减

参考答案：A。

解析：观察表格数据就可以得出答案。

# 3.4　特殊能力测评

特殊能力是在某一特殊活动领域中表现出来的个人能力倾向，这种能力倾向既是遗传与环境交互作用的结果，也是社会实践活动的产物。这种能力倾向在不同的人身上有着不同的表现，比如，有人擅长音乐，有人擅长美术，有人擅长演讲等。这些都是与特殊专业知识相联系的特殊能力倾向。而特殊能力测评就是针对这种能力的测验。比如美术能力测评，它所测量的是某个人在未来是否有潜在的美术能力，而不是测量他现在是否具有足够的美术水平。

特殊能力测评的方法通常是测评人根据相关岗位的具体要求临时设计的。目前在企业中常用的特殊能力测评有机械能力测评、文书能力测评、操作能力测评。由于音乐能力测评、美术能力测评等多用于未成年人，所以本书不做介绍。

## 3.4.1　机械能力测评

机械能力测评适合所有与机械操作相关的职业。与机械操作相关的职业需要被测评人具备最低限度的操作能力，此外，空间知觉、机械知识及视动协调等能力都是机械操作相关活动的重要影响因素。

对不同的机械能力，也存在着性别差异。比如，男性在空间和机械能力方面的测评得分较高，而女性在精细运动的灵活性方面的测评得分较高，这种结果也符合人们的感觉和体会。

1. 明尼苏达空间关系测评

明尼苏达空间关系测评（Minnesota Spatial Relation Test）是 20 世纪 20 年代末期由 D.G. 帕特森（D.G.Paterson）团队在明尼苏达大学编制的。同一时期编制的还有明尼苏达机械拼合测评（Minnesota Mechanical Assembly Test）和明尼苏达书面形状拼板测评（Minnesota Paper Formboard Test）。

明尼苏达空间关系测评的器材内容包括：A、B、C、D 4 块木板，每块木板上有形状不同的空缺；2 套不同形状的木块，每套木块包括若干块。在这 2 套木块中，1 套可以用来填充 A 和 B 2 块木板上的空缺，1 套可以用来填充 C 和 D 2 块木板上的空缺。

测评开始时，所有的木块随机摆放，要求被测评人用最快的速度把木块放到对应木板的空缺处，以填补空缺。一般来说，完成整个测评的时间大约为 10～20 分钟，并根据耗费时间和错误次数计分。

2. 贝内特机械理解测评

贝内特机械理解测评（Bennet Mechanical Comprehension Test，BMCT）是机械能力测评中比较著名的测评方法，它是由美国心理学家贝内特团队在 1940 年编制的。

贝内特机械理解测评在军事和民用方面都有比较广泛的应用，在第二次世界大战期间，贝内特机械理解测评被用来对飞行员进行测评。贝内特机械理解测评的题目主要围绕机械相关的知识展开，包括问答类题目和画图类题目。

## 3.4.2　文书能力测评

文书能力测评主要测量人们处理文书内容的速度和动作的敏捷性。在实际的文书工作中，员工还需要具备一定的语言能力和数学功底，因此，很多文书能力测评也包含与智力水平测评或职业能力测评类似的阅读理解或数字运算类题目。常见的文书能力测评有明尼苏达文书测评和一般文书能力测评。

1. 明尼苏达文书测评

明尼苏达文书测评（Minnesota Clerical Test）是由 D. M. 安得鲁（D. M. Andrew）和 D. G. 帕特森（D. G. Paterson）编制的，是非常著名的文书能力测评工具，也是目前世界上应用最广泛的文书能力测评工具。

明尼苏达文书测评主要测评人们的知觉速度和准确度，测评的主要内容分成 2 部分。一部分是对数字的校对，数字的位数为 3～12 位，数字被分成 2 组，要求被测评人在规定的时间内比较 2 组数字的异同；另一部分是对名字的校对，名字同样被分成 2 组，要求被测评人在规定的时间内把不同的名字找出来。

**例题**

如果以下两个数字或名字完全相同，在它们中间的横线上打"√"，如果不相同，在它们中间的横线上打"×"。

624789145＿＿＿624789245

72563489741＿＿＿72563489741

478597854147＿＿＿478597864147

唐书琪＿＿＿唐书琪

李玉琼＿＿＿李王琼

陈建英＿＿＿陈建英

参考答案：× √ × √ × √。

### 2.一般文书能力测评

一般文书能力测评主要是针对行政工作能力的测评，测评的内容包括文字录入的速度、阅读理解的速度、文字校对的速度、文字编写的速度、文件整理的速度、数字计算的速度、信息记忆的能力等。

一般文书能力测评的题目类型类似于职业能力测评中的题型。

**例题**

（浙江省公务员考试曾用题）

一艘游轮从甲港口顺水航行至乙港口需要 7 小时，从乙港口逆水航行至甲港口需要 9 小时。问如果在静水条件下，游轮从甲港口航行至乙港口需要多少小时？
（　　　）

A.7.75 小时　　　　　　　　B.7.875 小时

C.8 小时　　　　　　　　　D.8.25 小时

参考答案：B。

解析：因为有顺水航行 7 小时、逆水航行 9 小时的条件，现假设甲、乙两港口之间的距离是 63 千米，可知，顺水航行时的速度为 9 千米 / 时，逆水航行时的速度为 7 千米 / 时，正常船速应是（9+7）÷2=8 千米 / 时。因此，在静水条件下，游轮从甲港口航行至乙港口需要 63÷8=7.875 小时。

**例题**

（山东省公务员考试曾用题）

一位长者对一个青年说："批评和侮辱，就跟泥巴没什么两样。你看，我大衣上的泥点，是刚刚过马路时溅上的。当时擦一定会很糟，所以就等到泥巴干了再去处理。"但是，任何比喻都是蹩脚的，假如泥点变成了油漆，大衣变成了玻璃，再依据上面比喻中的逻辑去处理，就会适得其反。生活给我们准备了各种各样的逻辑，它们互不相同，也许还会打架，而我们奉行什么样的逻辑，完全取决于自己。

最适合做本段文字标题的是（　　　）。

A.异杂逻辑　　　　　　　　　　B.批评与侮辱

C.事物具有辩证性　　　　　　　D.生活中的逻辑不是单一的

参考答案：D。

解析：根据文中的句子"生活给我们准备了各种各样的逻辑，它们互不相同，也许还会打架"，可以得出最合适的标题是D选项。

**例题**

（山东省公务员考试曾用题）

①不论从事什么职业，处于什么岗位

②思维能力在人的成功过程中起着举足轻重的作用

③著名科学家霍金说过：有一个聪明的大脑，你会比别人更接近成功

④没有思维活动的参与，人类的任何发明创造都是根本不可能完成的

⑤都是快速走向成功的有利资本

⑥拥有较高的智商、活跃的思维

上述句子按语序排列组合，最连贯的一项是（　　　）。

A.②①⑥⑤④③　　　　　　　　B.②⑥①⑤③④

C.③②④①⑥⑤　　　　　　　　D.③④⑥①⑤②

参考答案：C。

解析：排列后的句子应符合一般说明问题的逻辑，先说引用③，再说观点②，然后说观点的反面④，最后说结论①⑥⑤。

## 3.4.3　操作能力测评

操作能力测评适合一些需要操作技能的工作岗位，比如流水线上的操作工岗位、服装厂里的缝纫工岗位等。这些工作不仅需要技巧，而且重复性很高，有些

人适合这类工作，有些人则不适合，这时就需要通过操作能力测评来选拔具有潜力的人。常用的操作能力测评有克劳福德灵活测评、珀杜插板测评、奥康纳测评、贝内特手–工具灵巧性测验。

1. 克劳福德灵活测评

克劳福德灵活测评可以分成 2 部分：第 1 部分要求被测评人用镊子将栓柱插入孔中，然后将一个环套在栓柱上；第 2 部分要求被测评人用螺丝刀将螺栓在螺母内旋紧。克劳福德灵活测评主要用来测量眼睛与手配合的准确性，适用于测评电器类岗位。

2. 珀杜插板测评

珀杜插板测评要求被测评人尽快把栓柱插入一系列的孔中，两只手分别插 30 秒，交替进行；此外，还要求被测评人用双手把栓、环和垫圈装配到孔中。珀杜插板测评主要用来检测被测评人手指的灵活性以及手指、手和手臂的大幅度动作技巧，适用于测评生产流水线上的操作类岗位。

3. 奥康纳测评

奥康纳测评要求被测评人以最快的速度用手和镊子把栓柱插入小孔中。这项测评主要检测被测评人手指动作的灵活性、协调性和工作效率。奥康纳测评比较适合用来选拔需要精细、准确操作技能的岗位的工作人员，例如电子元器件装配工和缝纫机操作工。

4. 贝内特手–工具灵巧性测验

贝内特手–工具灵巧性测验要求被测评人以最快的速度用螺丝刀和扳手把螺丝拧进孔中。这项测评主要检验被测评人使用工具的能力。贝内特手–工具灵巧性测验比较适合用来选拔需要熟练使用各类工具完成任务的操作类岗位的工作人员。


# 3.5 LASI 领导风格测评


LASI 领导风格测评（Leader Adaptability and Style Inventory），也可以叫 LSI 领导风格测评（Leadership Style & Influence）。LASI 领导风格测评主要用来测评管理者的领导风格。

## 3.5.1 LASI领导风格测评分类

人们经常会有这样的体验：当在某个管理者手下工作的时候，虽然工作强度很大，需要付出很多，身体可能很疲惫，但心里却觉得很舒适，很有满足感；但在其他管理者手下工作的时候，虽然工作强度小了很多，但是工作得很不开心，没有成就感。

为什么人们会有这样的体验呢？

那些给人们带来满足感的管理者很可能是因为他们的领导风格符合人们的期望，而且能够匹配当时的场景；那些不能给人们带来满足感的管理者很可能是因为他们的领导风格不符合人们的期望，而且他们的一些做法与当时的场景不匹配。

管理者的领导方式是有风格差异的。LASI领导风格测评根据支持程度和指导程度的不同，将管理者的行为分成命令式、教练式、支持式、授权式4种领导风格。没有哪一种领导风格是所谓正确的风格，每种风格各有其优缺点和适用性。

LASI领导风格的分类如图3-14所示。

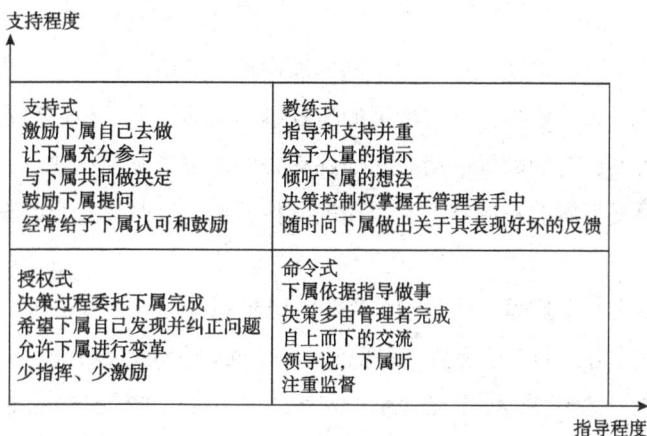

图 3-14　LASI领导风格的分类

命令式的领导风格是一种指导程度比较高，支持程度比较低的风格。这种领导风格的特点是管理者会用指导或者命令的方式给出比较直接的指令，告诉下属怎么完成工作任务、怎么达到目标。在下属完成目标的过程中，管理者可能会对其进行严格的监督和检查。

教练式的领导风格是一种指导程度比较高，支持程度也比较高的风格。这种领导风格的特点是管理者像教练一样，不仅指导下属怎么完成工作，还给予下属足够的支持。与命令式管理者不同的是，教练式的管理者会接受下属的想法，或者把自己融入下属队伍，但是在大方向上，依然是管理者决定工作任务该怎么完成、目标该怎么达到。

支持式的领导风格是一种指导程度比较低，支持程度比较高的风格。这种领导风格的特点是管理者的工作重点不是完成任务目标，而是通过表扬激励下属，通过倾听了解下属的困难，通过征求意见尊重下属的选择，总之就是给下属一定的自主权，给下属的工作提供支持。

授权式的领导风格是一种指导程度比较低，支持程度也比较低的风格。这种领导风格的特点是管理者给下属足够的信任和动力让其独立完成工作任务。当管理者和下属对工作达成共识的时候，管理者就会比较少地参与下属的工作，反而会放手让下属独立完成工作任务。

## 3.5.2 LASI 领导风格测评应用

领导风格在不同的情境下，有不同的适用性。在命令式、教练式、支持式、授权式这 4 种领导风格中，没有所谓的最好或最差的领导风格，只有在某种情况下相对适合或不适合的领导风格。它们各有各的适应情况和优缺点。成熟、优秀的管理者会根据下属的不同状况和工作的具体情境，及时调整和改变自己的领导风格。

管理学中有一个原理：情景领导理论。情景领导理论（Situational Leadership Theory，SLT）是由行为学家保罗·赫塞（Paul Hersey）和肯尼思·布兰查德（Kenneth Blanchard）在心理学家 A. 卡曼（A.Karman）于 1966 年提出的领导生命周期理论的基础上，吸取了阿吉里斯（Argyris）的成熟-不成熟理论后于 1976 年提出的。

情景领导理论是一种针对不同成熟度的下属采取不同领导风格的权变管理理论工具。

情景领导理论模型把领导行为分成了 2 个维度，一个是任务维度，一个是关系维度；把下属根据成熟度的不同，也就是工作胜任能力和工作意愿的不同，分成了 4 种类型；把领导方式也分成了 4 种类型，这 4 种领导方式分别对应着命令式、教练式、支持式、授权式这 4 种领导风格。

情景领导理论模型逻辑如图 3-15 所示。

| 关系维度 高↑ | 低任务<br>高关系 | 支持式 | 教练式 | 高任务<br>高关系 |
|---|---|---|---|---|
| 低↓ | 授权式 | 低任务<br>低关系 | 高任务<br>低关系 | 命令式 |
| 任务维度 低←→高 | 高 | 中 | 中 | 低 不成熟 |
| 成熟 | | | | |

图 3-15　情景领导理论模型逻辑图

要快速理解和应用情景领导理论，可以把管理者和下属之间的关系想象成家庭中的家长和孩子之间的关系。例如，当孩子的年龄比较小时，其没有独立生活的能力，这时，家长应当加强对孩子的看护和管理。随着孩子的成长，其思想会越来越成熟、能力会越来越强，会越来越想独立，也应当承担越来越多的责任。这时，家长要学会逐渐减少对孩子的控制。

运用情景领导理论可知，管理者对下属最有效的管理行为，是根据其成熟度来做出行为判断，这里可以将成熟度简化为工作意愿和胜任能力。

（1）当下属既没有能力，又不愿意做某项工作的时候，管理者可以为下属提供比较明确和具体的指示，这时可以采用命令式的领导风格。

（2）当下属没有能力，但是有意愿做某项工作的时候，管理者可以为下属布置更多的工作任务，来锻炼下属的能力，并且给予下属更密切的关注，让下属能够在一定程度上领会和理解管理者的意图。这时比较适合采用教练式的领导风格。

（3）当下属有能力，但是不愿意做某项工作的时候，管理者可以让下属参与工作的发起、讨论、制订、实施等过程，并且表现出对下属的信任，给予下属充分的支持。这时就是支持式的领导风格发挥作用的时候。

（4）当下属既有能力，又有意愿做某项工作的时候，管理者不需要干预太多，可以授权下属独立完成工作。管理者可以在工作过程中适时地关注下属的情况，看其需要什么。这时就非常适合授权式的领导风格。

成熟的管理者面对不同的下属、不同的情景时，会采取不同的管理方式。这是一个合格的管理者必须具备的基本素质和技能。LASI 领导风格测评不仅能够测评出管理者当前的领导风格是什么样的，还能找出当前领导风格的不足，帮助管理者查找并发现自己领导风格上的问题。

领导力既是一种艺术，也是一项技术。领导力既然是一项技术，就可以成为一种能力，是能够被锻炼和培养出来的。很多人的领导力是天生的，但这并不影响大部分人通过后天的锻炼，不断地增强自己的领导力。

企业既可以通过 LASI 领导风格测评在实施人才招聘和选拔时选拔候选人，也可以用这个工具对当前在职的所有管理者进行测评，帮助管理者查找并判断其在领导风格上的不足。此外。企业可以通过关于领导力的座谈、培训、研讨、分析，提高所有管理者的领导力。

# 第 4 章
# 笔试与面试测评

　　笔试测评是指通过纸笔作答或电子信息技术模拟纸笔作答的方式进行人才测评。面试测评是指通过面对面交谈或电子信息技术实现远程交谈的方式进行人才测评。笔试测评和面试测评都是适用范围较广、比较常见的人才测评方法。很多企业在人才招聘环节，为了选拔出合适的候选人，会采用笔试测评和面试测评相结合的人才测评方法。

# 4.1　简历筛选方法

简历筛选是笔试和面试的前一个环节，是企业招聘人才的第一个重要环节。通过简历筛选，企业可以筛掉不符合岗位要求的候选人，聚焦适合进入笔试和面试环节的候选人。有效的简历筛选能够节省企业和候选人的时间，提高人才测评的效率。

## 4.1.1　简历高效筛选两大技巧

在人才招聘环节，企业常常会遇到一下子收到简历的数量比较多，筛选所需的时间比较长的情况。这种情况经常发生在一些基层的通用岗位招聘的时候。很多企业在校园招聘的时候，比较容易收到很多简历。在这种情况下，企业需要掌握高效筛选简历的技巧。

高效筛选简历的技巧主要有以下 2 个。

1.通过规定基本信息要求，快速筛掉不适合的简历

要快速筛选简历，首先要练习快速浏览和抓取关键信息的能力。要拥有这种能力有一个前提，就是要构建好人才画像或岗位胜任力模型，确定企业需要的关键要求。一般来说，招聘人员可以先用 5 秒时间迅速地浏览候选人的个人基本信息及其与岗位之间的匹配度。

例如，企业招聘的年龄要求是 35 岁以下。因为简历数量太多、选择太多，只要是 35 岁以上的候选人，就可以统统不考虑。除了年龄，筛选条件还可以包括学历必须达到某水平、专业必须在某类别范围之内、必须做过某类型的工作、工作经验必须有几年以上等，只要是不在这个范围内的候选人的简历，都可以直接筛掉。

2.通过设定工作经历的关键词，快速筛出适合的简历

如果个人的基本信息和岗位比较匹配，那么招聘人员可以快速浏览一下部门、

岗位、经历、职责等信息，以判断其与企业要招聘的岗位之间的匹配度。在这段时间内，因为一下子要浏览的信息比较多，为了快速掌握关键信息，招聘人员可使用另一个小技巧，即搜索关键词。

根据企业要招聘的岗位的具体情况，提前设计一些关键词，这些关键词都是招聘时需要重点关注的。浏览简历时，招聘人员可以在工作经历中快速抓取这些关键词。当候选人的简历中有这些关键词时，可以快速将其简历挑选出来；当候选人的简历中没有这些关键词时，可以直接筛掉其简历。

这个方法不仅可以应用于简历比较多的情况，对一些之前没有接触过的或专业性比较强的岗位的简历筛选，也是很有效的。

**举例**

笔者曾经服务过一家碳纤维行业的企业。每年整个校园招聘季下来，仅技术岗位就能收到 3 000 多份简历。财务、人力、行政这类通用岗位收到的简历数量更多。而企业每年在校园招聘中新招聘的技术人才名额只有 30 人左右。也就是说，企业收到的简历数量和录取数量之间的比例约为 100 ：1。

这时，招聘人员在筛选简历时，脑中会有几个关键词，例如对技术岗位，碳纤维、高分子复合材料、环氧树脂等都属于这类关键词。因为招聘人员本身不懂技术，但把校园招聘过程中收到的所有应聘技术岗位的简历送给技术部门筛选也不现实。

所以招聘人员在和技术部门沟通以后，确定了针对企业技术岗位的 $N$ 个关键词。只要在简历中发现了这些关键词，就可以快速将其筛选出来。为什么是 $N$ 个关键词呢？因为随着企业技术的发展、岗位需求的变化，这些关键词可以根据需要随时更新和变化。

## 4.1.2 个人信息分析三大维度

招聘人员在筛选简历的时候，最先看到的信息往往是候选人的个人信息。在分析候选人的个人信息的时候，招聘人员要特别注意 3 个维度，如图 4-1 所示。

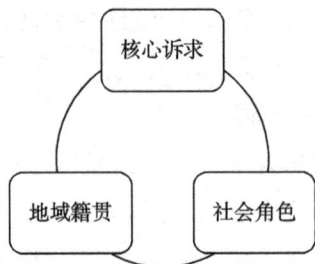

图 4-1　个人信息分析三大维度

1. 核心诉求

通过浏览候选人简历中的个人信息，招聘人员可以快速判断候选人的性别、年龄、身高、体重、籍贯、家庭住址等信息与企业要招聘岗位的匹配度。如果这些基本条件都不符合，那么招聘人员可以迅速将候选人的简历筛掉。

但是，如果招聘岗位对候选人的基本条件要求并不严格，或者当前手中的简历数量比较少时，招聘人员可以视情况适当放宽条件。而要把握放宽条件的尺度，就要了解这个岗位对人才的核心诉求。

例如，某企业想要招聘财务岗位的人才，企业的期望是招聘一名男性，年龄在 30 岁以下，需要具备财务相关的岗位知识和一定的财务工作经验。设置这一岗位要求的主要目的是适应出差的要求。也就是说，这个岗位的核心诉求是能够出差的人才，但目前企业里没有能适应出差要求的人才。

这时，有位候选人是一名女性，年龄为 35 岁，通过简历得知她的工作能力比较强，工作经验也很丰富，她简历上的自我评价写着能够适应企业出差的要求。

在这种情况下，虽然这位候选人的一些情况和这个岗位的要求不符，但是企业应当首先考虑这个候选人可以满足该岗位的核心诉求，而不是死板教条地套用岗位要求将其排除在外。招聘人员可以考虑把她的简历筛选出来，并且至少给她一个电话面试的机会。

2. 社会角色

在个人信息部分，招聘人员可以把候选人的性别和年龄放在一起看。因为不同年龄段、不同性别的候选人，有着不同的社会角色、不同的心态和不同的需求。招聘人员要考虑候选人在这些方面与企业的文化、发展阶段以及岗位的要求是否匹配。

如果只考虑年龄，一般来说，人们在 28 岁以前处于职业的寻觅期。在这个时期，人们可能并不知道自己有什么职业诉求，也不知道自己适合从事什么职业。所以这个时期的人一般职业并不稳定，可能会在几年内换好几份工作。

28～35 岁是个人的定位和发展时期。在这个时期，人们一般已经知道自己大概能做什么、擅长做什么了，基本不会主动随意更换职业方向，但对发挥自己职业能力的平台可能还会有所选择。

在 35～45 岁，如果不创业，一般人们的职业方向就已经比较稳定了。如果不是工作得实在不开心或者追求职业上更好的发展，一般人不会随便换公司。

在 45 岁之后到退休之前，基本上人们在职业上会十分稳定。

例如，某企业是一家汽车销售公司，现要招聘销售岗位的人才。这时候，这家企业收到了两份简历。一份来自一个 22 岁的男性，是大学刚毕业的应届生；另一份来自一个 33 岁的男性，已成家，有一个 3 岁的孩子，曾经在 2 家企业的销售岗位工作过，有 10 年的工作经验，但都不是汽车销售。

面对这样两份简历，这家企业选择哪一个候选人比较好呢？如果不考虑其他因素，单从简历上看，这个 33 岁的男性也许更适合这个岗位。因为通常当一个男性成家，尤其是有了孩子以后，他的生活压力会变大，他会为了自己的家庭而努力工作。处在这个年龄段的男性，有一定的生活经验和阅历，人也开始变得成熟稳重了。

可以想象，客户在买车时，与一个 22 岁的男性聊天和与一个 33 岁的男性聊天，两者的感觉是完全不同的。而且这个 33 岁的候选人，在其他企业做过 10 年的销售工作，他对销售的方式、客户的感知是相对比较成熟的。

例如，有一家互联网创业企业，企业中员工的平均年龄是 25 岁。当前企业中年龄最大的人是这家企业的创始人，34 岁。这家企业要招聘一个普通的运营岗位的人才，现在收到了两份简历。

一份简历来自一个大学刚毕业的应届生，男性，22 岁；另一份简历来自一个在其他传统行业做过运营工作、有 15 年经验、37 岁的女性，但是传统行业和这家互联网创业企业有着完全不同的运营模式。

对这两个候选人，选哪一个比较好呢？假如不考虑其他因素，单从简历上看，这个应届毕业生也许更适合该岗位。因为就一家互联网创业企业来说，37 岁这一年龄有些偏大，她之前的工作经验很可能会让她适应不了互联网创业企业的特点。

### 3. 地域籍贯

招聘人员在筛选简历的时候，候选人的籍贯和居住地同样是应当纳入考虑范围的重要因素。很多应届毕业生在毕业后找工作的时候，一股脑儿地涌向北京、上海、广州或深圳。结果工作没几年，他们就发现自己和这些城市格格不入或者根本生存不下去，其中很大一部分人就会跑回自己老家或其他二、三线城市发展。

一般来说，选择籍贯和居住地都在本城市的候选人对企业来说是地域上最合适的。因为这类人才具备职业上潜在的稳定性，而且这类候选人对企业所在城市的生活状况、生活方式、思想观念和行为习惯相对比较熟悉，能够减少适应的时间和成本。

有的人刚到北京或上海的时候，会觉得北京或上海的生活节奏太快了：地铁站里面的行人总是行色匆匆，走路很快；工作中遇到的人说话很快，他们可能也会觉得不适应。有句话叫"觉得自己和这个城市格格不入"，说的就是这种情况。但从小就生活在这个城市的人，就很少有这种感觉。

如果候选人中籍贯和居住地在本城市的比较少，那么可以选择籍贯和居住地与工作地点比较接近的。例如，本省内的其他城市，与本城市之间的交通联系比较方便的其他城市，或者使用公共交通工具能够保证在 3 小时内到达的地点等都可以优先选择。

如果要招聘中高层管理者，或一些比较难招聘的、有特殊需求的其他岗位的人才，因为这类人才比较稀缺，企业一般不仅不需要在地域上对人才有过多要求，而且可能要考虑帮助这类人才解决其在工作地点的生活问题。

## 4.1.3　工作经历分析三大维度

对简历中工作经历的分析，需要注意 3 个维度，如图 4-2 所示。

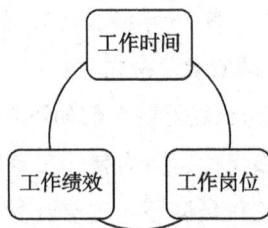

图 4-2　工作经历分析三大维度

1. 工作时间

招聘人员在筛选简历的时候，要注意候选人每段工作经历的时间长短、工作经历之间的衔接情况，是否存在频繁跳槽、频繁转换岗位的情况。一般，工作年限可以根据企业招聘的岗位设定比较具体的要求。

如果企业招聘的是普通专员岗位，可以要求候选人具备1～3年的工作经验。

如果企业招聘的是基层管理岗位，可以要求候选人具备相关管理岗位3年以上的工作经验。

如果企业招聘的是中层管理岗位，可以要求候选人具备相关管理岗位5～8年的工作经验。

如果企业招聘的是高层管理岗位，可以要求候选人具备相关管理岗位10年以上的工作经验。

某些自带简历模板的招聘网站上的工作时间常常是一个范围，比如5年以上、8年以上、10年以上这样的约数。这时，招聘人员要注意看清楚确切的数字是多少。

有时，一些应届生或工作不久的候选人，因为知道企业喜欢录用有工作经验的人，所以会把实习的时间当作工作时间并将其体现在简历上。招聘人员在筛选简历的时候也应当注意这种情况。

对候选人确切的工作时间，一般可以根据其出生年月和最后毕业的年份进行验证。对于换工作过于频繁的候选人，招聘人员要特别注意。有的候选人为了避免企业发现自己频繁换工作，可能会隐去自己某段时间的工作经历，这时招聘人员要注意面试以后对其进行情况核查、验证或背景调查。

2. 工作岗位

招聘人员要关注候选人原来的工作岗位和招聘岗位是否存在一定的相关性。需要注意，并不一定岗位名称相同，职责、工作内容就相同；也不一定岗位名称不同，职责、工作内容就不同。

例如，某韩国企业中的"社长"岗位，实际相当于"总裁"或者"CEO"；而有些规模较大的民营企业，因岗位名称设置的习惯，"经理"已经是该企业的最高职务。相比于工作岗位的名称，招聘人员需要重点关注的是实际的工作内容。

在工作内容方面，招聘人员要注意关注以下5个关键点。

（1）候选人原就职企业的所在行业、规模、性质与招聘岗位的相关性。

（2）候选人原工作岗位的职责与招聘岗位的相关性。

（3）候选人原工作岗位的上下级关系、汇报链与招聘岗位的相关性。

（4）候选人原工作岗位的管理幅度、管理的员工数量与招聘岗位的相关性。

（5）候选人原工作内容的复杂程度与招聘岗位的相关性。

3. 工作绩效

招聘人员要关注候选人在原工作岗位上做出过哪些成绩。曾经做出的成绩代表着未来可能创造绩效的能力。很多候选人在简历中只写经历，不写成绩，或者自己从没有想过，也无法总结出工作成绩。这往往是因为候选人并不理解自己所做工作对企业的核心意义是什么。

招聘人员可以优先面试那些将工作成绩写得比较清楚的候选人。如果有工作成绩比较好的，招聘人员可以在面试的时候追问。招聘人员重点关注的工作成绩最好是那些能够用数字量化的内容，而不要被"取得了很好的效果""业务增长速度快""用户数量大幅增长"等未用数字量化的描述性语言所迷惑。

## 4.1.4 主观信息分析三大维度

简历中的主观信息就是候选人的个人想法。候选人通常会在简历中体现个人想法，这些个人想法是招聘人员需要关注的。招聘人员要特别注意对简历中的三大主观信息进行分析，如图4-3所示。

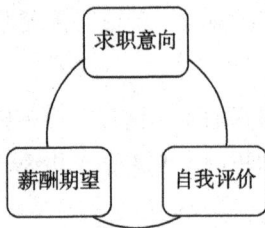

图4-3 主观信息分析三大维度

1. 求职意向

简历中的求职意向对企业来说是最重要的，但是这一项很容易被招聘人员忽略。为什么会被忽略呢？因为求职意向这一项有的简历上会写，有的简历上不会写。对那些没有写求职意向的简历，招聘人员常常默认候选人没有特殊要求；但对那些写了求职意向的简历，招聘人员应当默认候选人有具体的求职要求。

这时，招聘人员一定要尊重并且仔细审视这些候选人的具体要求。如果企业招聘的岗位与候选人的个人意向明显不符，那么招聘人员就要考虑有没有必要与该候选人取得联络。例如，候选人在简历上可能会写期望全职或兼职、期望工作地点在哪个城市、期望从事的岗位的职能等。

### 举例

笔者有一次在天津市授课，课间交流的时候，听一家企业的人力资源总监说起其领导的一些不专业的行为。

这家企业是一家传统的生产型企业。企业要招聘人力资源经理，有一个候选人比较优秀，这个总监和领导面试完之后，都觉得这个候选人很适合本企业。于是这位候选人通过了面试，来到了这家企业上班。

可是这个候选人上班没多久，企业领导觉得他工作得比较出色，而且其性格也非常适合生产管理相关的岗位，当时企业正好缺少生产管理相关的人才，就和这个候选人商量能不能调到生产管理岗位上。这个候选人是不愿意的，但迫于领导的压力，只能硬着头皮说去试试。

调到生产管理岗位之后，他发现生产管理岗位确实不适合自己。于是，他几次找到领导来谈这件事。而领导的观点是他刚开始接触，时间短，不适应，时间长了以后，就会适应生产管理岗位了。结果他工作了没多久，觉得实在不开心，就选择离开了。

这个人力资源总监说类似的事已经发生了好多次了。候选人有自己的职业规划，想在人力资源管理方面有所成长。可是企业领导却忽略这些候选人本身的求职意向，一意孤行地把他们安排到并不适合他们的工作岗位上。这种情况必然会导致人才离职。

这个领导的想法是生产管理岗位缺少人才，招聘相对比较困难，而人力资源管理岗位招聘相对比较容易，就用人力资源管理岗位的人才填补生产管理岗位的人才空缺，结果却导致人力资源管理岗位持续得不到满足，生产管理岗位也持续得不到满足。

#### 2. 自我评价

虽然简历中的自我评价大多是比较主观的，内容大多是有利于候选人的正面评价，但是招聘人员也可以根据这些内容大体判断出候选人可能具有的优势。这项内容其实相当于候选人回答"你如何评价自己"的问题。

招聘人员可以通过候选人在自我评价部分的条理性、逻辑性，判断候选人思维的缜密性和严谨性。通过这项内容，招聘人员可以了解候选人认为自己最突出的能力是什么，认为自己最重要的工作经历是什么，或者认为自己哪方面的性格最适合这个工作岗位，以及候选人对自己的定位，包括目前的角色定位以及未来期望的角色定位。

这里需要注意，候选人的自我评价仅供招聘人员参考，而不适合作为招聘人员做判断的唯一依据。对候选人的自我评价中有疑问的内容，招聘人员应当在面试中进一步与候选人核实。

3. 薪酬期望

一般来说，候选人的薪酬期望与招聘岗位的薪酬标准之间的差异不应过大。候选人期望的薪酬过高或过低都不合适。如果候选人期望的薪酬比岗位薪酬水平高 50% 以上，而且候选人与岗位的匹配度不高，那么招聘人员可以果断筛掉这份简历。

从某种意义上说，薪酬水平是社会价值的一种体现。

如果候选人期望的薪酬比企业岗位的薪酬水平低很多，招聘人员也不必高兴，最好弄清楚其中的原因。因为一般来说，到一定的年龄、一定的职位后，薪酬应该达到一定的水平。

出现这种情况可能是因为候选人原就职企业所在行业整体的薪酬水平比较低，例如金融行业的薪酬水平整体比较高，零售行业的薪酬水平可能整体比较低；也可能是因为候选人并没有达到与岗位要求匹配的薪酬水平。这时招聘人员可以通过浏览候选人的工作经历，来判断其和企业哪一级岗位的情况比较接近。

## 4.1.5 简历筛选三大注意事项

简历筛选的过程中，有 3 个常见问题。

1. 筛选简历需要花费的时间

筛选一份简历，平均花费多长时间比较合适呢？这个问题其实没有标准答案。有人说，不管招聘什么岗位的人才，都要在 10 秒内看完一份简历。对基层岗位的简历筛选来说，这个时间也许是合适的。但是对比较重要的中高层管理岗位而言，如果用这么短的时间筛选简历，就很可能因为很多细节没有被注意到而浪费彼此的时间。

根据招聘岗位的重要性以及简历数量的不同，招聘人员筛选一份简历的参考时间是 10 秒至 3 分钟不等。待招聘的岗位类别与筛选简历所需时间的对应关系如表 4-1 所示。

表 4-1　待招聘的岗位类别与筛选简历所需时间的对应关系

| 岗位类别 | 筛选简历所需时间（参考） |
| --- | --- |
| 基层岗位 | 10～30 秒 |
| 基层管理岗位 | 30 秒～1 分钟 |
| 中层管理岗位 | 1 分钟～2 分钟 |
| 高层管理岗位 | 2 分钟～3 分钟 |

上表中的时间仅供参考，筛选简历所需的时间没有标准答案。

2. 过分相信有大企业工作经历的候选人

很多招聘人员过分相信有大企业工作经历的候选人，认为其在大企业的工作经历、接触的人员的层次和小企业不一样，所以他们可能会有很强的能力。实际上，很多有过大企业工作经验的人并不适合中小企业，所以招聘人员最好在简历筛选时一视同仁。

很多中小企业的领导专门从大企业里找"高手"，希望这些高手来了本企业以后能够力挽狂澜，结果却发现高手来了以后，要么不适应本企业的环境，要么根本发挥不出作用。这往往是因为大企业内部的制度和流程是非常规范的，而且岗位之间的分工是非常细致明确的，而小企业则不然。

大企业里的人才就好像一台大型精密机器中的齿轮，每一个齿轮的职责就是精准转动。在这样的环境下，人才能力的培养往往是单一的，而且人才在工作中的创意和激情往往是有所消磨的。这对很多中小企业来说，其实并不适合。

所以招聘人员在分析候选人的工作背景的时候，要多关注候选人过去的具体工作职责和工作内容，不要因为候选人有大企业工作经历而产生晕轮效应（因某个方面好而误判全盘都好）。

3. 过分排斥频繁换工作的候选人

很多人认为，短时间内频繁更换工作的候选人不能要。其实不一定，招聘人员需要注意候选人换工作的原因。如果候选人曾经有过时间比较长的工作经历，而且换工作的时间比较集中，其换工作则可能是因为职业上的不适应。在这种情况下，这类候选人是可以考虑的。

其实只要不是过于频繁地换工作，在有些情况下短时间内换工作的次数比较多不一定是坏事。例如，有个候选人第 1 份工作做了 7 年，第 2 份工作、第 3 份工作和第 4 份工作都是在 1 年内完成了入职和离职，现在正在找第 5 份工作。

对这种候选人，招聘人员不一定要迅速把这份简历筛掉。很多人在跳槽之后会不适应，有可能会在一段时间内频繁地换工作。这其中的一个重要原因是他们对自己的职业定位不准确，在发现自己不适合某个岗位之后不得不跳槽。

遇到这种情况时，招聘人员可以给候选人一个解释的机会。如果候选人是这种情况，而且对自己的职业和企业的分析比较合理，那么招聘人员不必对这类多次跳槽的候选人抱有成见。候选人通过一段时间的职业摸索之后，很可能对自己的职业定位和对企业的认识已经逐渐明确，因此很可能会安心地开始一段新的职业之路。

在有些情况下，企业遇到这样的候选人反而是幸运的。当企业给这样的候选人一个机会时，这类候选人反而可能是较稳定的。当然，这里的前提是这个候选人有过一段时间比较长的工作经历。如果候选人自始至终都是几个月就换一份工作，从没有长久地做过一份工作，那么招聘人员当然可以不选择这类候选人。

# 4.2　笔试测评题型设计

笔试测评可以有效地考查被测评人的基本知识、专业知识、管理知识、综合分析能力以及文字表达能力等。不同的笔试测评考查的侧重点不同，试题内容也各不相同。

笔试测评常用于企业的人才招聘选拔和人才评价，通过特定的笔试测评可以快速了解被测评人的基本品质、知识掌握情况、素质能力等。笔试测评的成本较低，但是企业实施笔试测评时要注意尽可能选择企业独有的笔试测评题，同时要关注实施笔试测评的成本。

笔试测评题型的主要形式有 7 种，分别是选择题、判断题、填空题、计算题、简答题、论述题、分析题，每种题型的设计都有不同的能力考查目的。比如，论述题要求被测评人通过一定数量的文字来表达自己对某一问题的看法，回答这类题目时被测评人将会运用其专业知识、创新能力、知识整合能力等。

根据笔试测评的主客观程度，笔试测评题可以分为客观笔试测评题和主观笔试测评题。

## 4.2.1 客观笔试测评题

客观笔试测评题指的是有评分标准、有标准答案的测评题目，它避免了主观因素的影响，可以客观考查被测评人的记忆能力、学习能力等。

客观笔试测评题的测评结果分析比较便捷，有助于提高测评人的测评效率。客观笔试测评题的知识覆盖面往往比较广，测评人在进行评分时，可以避免主观因素的干扰。大型的笔试测评已经开始采用机器阅卷，从而提高阅卷的效率和准确度。

客观笔试测评题多以选择题、判断题、填空题、计算题的形式出现。

1.选择题

选择题由题干和备选项两部分组成。题干通过陈述或疑问的方式说明情况，备选项用来供被测评人做出选择。备选项中包含标准答案，即正确项，标准答案之外的选项为干扰项。测评人在设计选择题时，要确保通过题干可以推理出备选项。

选择题的类型包括以下3种。

（1）单项选择题：标准答案仅1项的选择题。

（2）多项选择题：标准答案有多项的选择题。

（3）不定项选择题：标准答案数量不定（1项或多项）的选择题。

例题

（1）（多选）为公司创造价值，主要可以体现在哪些方面？（ ABCD ）

A.效益 　　　　B.效率 　　　　C.成本 　　　　D.风险

（2）（多选）要围绕价值采取行动，有哪些维度需要关注？（ ABCD ）

A.目标 　　　　B.任务 　　　　C.资源 　　　　D.基础

（3）（单选）下列哪种方法不属于岗位工作量的分析方法？（　C　）

A. 观察分析法　　　　　　　　　B. 岗位访谈法

C. 比较分析法　　　　　　　　　D. 工作实践法

（4）（多选）在运用岗位访谈法进行岗位工作量分析的时候，应尽量避免什么问题形式？（　ABCD　）

A. 诱导性问题　　　　　　　　　B. 连珠炮问题

C. 偏见式陈述　　　　　　　　　D. 多选式问题

（5）（多选）下列哪种方法不属于岗位价值评估方法？（　AB　）

A. 岗位模拟法　　　　　　　　　B. 岗位评选法

C. 因素比较法　　　　　　　　　D. 要素记点法

**2. 判断题**

判断题是一种要求被测评人判断某种说法对与错的题目。判断题的题干包含一段情况描述，这段情况描述具备正确或错误的属性，被测评人根据题干中的描述做出判断，得出正确或错误的结论。测评人在设计判断题时，要注意所有题目都应是非明确，不应有模棱两可的题目。

**例题**

（1）对比分析法中的时间对比，常见的有同比分析和环比分析。（　√　）

（2）薪酬水平低，招聘满足率低，薪酬水平和招聘满足率呈现因果关系。（　×　）

（3）在制定目标的时候，越远期的目标应当越关注具体的微观事项。（　×　）

（4）通过问卷调查实施岗位工作量分析最简单，所以没必要实地考察岗位情况。（　×　）

（5）通过工作实践法实施岗位分析的缺点是应用范围比较窄、门槛高、成本高。（　√　）

**3. 填空题**

填空题是通过给出的已知条件，要求被测评人在空格（横线）中填入答案的题目。测评人在设计填空题时，要注意给出的已知条件要足够清晰，能够推理出标准答案。

**例题**

（1）人力成本费用率 = 人力成本 ÷ 销售收入 ×100% 。

（2）盈亏平衡点的销售收入 = 固定成本＋变动成本 。

（3）薪酬的外部偏离度可以用来判断薪酬的 外部竞争性 。

（4）百分位法中的 75 分位值，表示 有75%的数值小于此数值 ，同时也表示 有25%的数值大于此数值 。

（5）某公司关于发放年终奖的规定是员工每年的最低出勤天数为 220 天。员工实际出勤超过该天数的，发放全额年终奖；不足该天数的，按比例折算。张三该年度的实际出勤天数为 100 天，根据绩效计算出员工应获得的全额年终奖为 10 万元。张三该年度应得的年终奖约为 45454.5 元。

4. 计算题

计算题是指通过给定的前提和数据条件，计算某个问题，从而得出最终结果。测评人在设计计算题时，要注意给出的前提和数据条件能够计算出标准答案。

**例题**

（1）某公司在 3 月 31 日共有员工 500 人，该公司 3 月共离职 25 人，那么该公司 3 月的离职率是多少？（保留小数点后 2 位）

参考答案：该公司 3 月的离职为 $25 \div (500+25) \approx 4.76\%$。

（2）某公司 20×1 年 11 月的实发工资金额为 953505 元，20×2 年 11 月的实发工资金额为 1203761 元，20×2 年 10 月的实发工资金额为 1180276 元。计算该公司 20×2 年 11 月的实发工资的环比情况和同比情况。（保留百分比小数点后 2 位）

参考答案：

20×2 年 11 月实发工资环比增加 $(1203761-1180276) \div 1180276 \times 100\% \approx 1.99\%$。

20×2 年 11 月实发工资同比增加 $(1203761-953505) \div 953505 \times 100\% \approx 26.25\%$。

## 4.2.2 主观笔试测评题

主观笔试测评题主要考查被测评人综合运用某个知识点或多个知识点的能力。这类题型可以使测评人更加全面地了解被测评人对某类专业知识的理解和掌握程度，同时能够考查被测评人的记忆能力、文字表达能力以及辩证能力等。

主观笔试测评题多以简答题、论述题和分析题的形式出现。

**1. 简答题**

简答题通过提出问题并要求被测评人回答的方式，来考查被测评人对问题所涉及的知识的掌握情况。简答题的题干通常包括内容限定部分、中心思想部分、回答提示部分和要求作答部分。

内容限定部分是对问题所涉及的时间、空间、情境等的限定。

中心思想部分是对问题所涉及的观点、对象、事件、人物等的限定。

回答提示部分是对问题的回答方式、角度、知识范围等的限定。

要求作答部分是对问题的数量、类别、内容等的限定。

**例题**

（1）请简述在进行人力资源的数据分析时，可以从哪些角度分析公司员工的离职情况。

参考答案：可以从离职人员的招聘来源、离职人员的离职原因、离职人员的在职时间、离职人员的行业属性、离职人员的岗位类别、离职人员的职务类别、离职人员的身份属性、离职人员的年龄属性、离职人员的学历属性等角度分析公司员工的离职情况。

（2）请简述在进行人力资源的数据分析时，可以从哪些角度分析公司的薪酬使用情况。

参考答案：可以从集中趋势、离散情况、薪酬频率、外部偏离度、内部偏离度、每月薪酬发放情况、每月五险一金发放情况、人均工资增长情况、人工费用情况、人工费用比率情况、劳动效率等角度分析公司的薪酬使用情况。

**2. 论述题**

论述题要求被测评人对某个话题、现象、观念等进行论述。

论述题和简答题的不同在于以下 3 个方面。

（1）论述题要有一定的理论深度，要用理论联系实际来阐述问题。

（2）论述题可以在题目要求的基础上进行更进一步的分析和扩展。

（3）论述题可以有举例说明或概括的内容，也可以适度表达个人观点。

**例题**

请论述你对人力资源和人力资本的理解。

参考答案：人力资本＝人力资源＋对人力资源的开发利用。人力资源是大家的，而人力资本是自己的。

当人力作为一种资源而存在的时候，它的属性是不以人的意志为转移的。比如石油、天然气、金属、煤炭等自然资源，它们就在那里，是客观存在的。那么，这些自然资源如何转化为资本呢？两个字——开发！要把人力资源转化为人力资本，同样需要开发。

著名的管理学家彼得·德鲁克说："手工工作者是一种资源成本，而知识工作者则是一种资本，这种资本就是通常所说的人力资本。"员工所具备的知识与技能能够提高生产力，是一种资本，因此美国经济学家西奥多·舒尔茨将其称为人力资本。

从组织层面来看，人们常提到的人力资源通常是指组织的规模和员工的数量，实际代表着人力资源的"量"；人力资本是组织内所有成员的技能和经验的总和，代表着人力资源的"质"。

### 3. 分析题

分析题要求被测评人根据给定的材料背景，针对材料提出的问题进行分析。与简答题和论述题不同的是，分析题通常场景更加明确，问题更加精准。分析题并不要求被测评人表达个人的观点或给出某种既定的答案，而强调根据材料内容和基础知识，按照题目的具体情况和要求作答。

**例题**

（企业人力资源管理师一级考试曾用题）

Y 公司为其新开发的 A 产品专门成立了 A 产品事业部，负责 A 产品的研发和销售工作。A 产品是一种全新概念的产品，市场发展前景良好，市场上暂时没有类似的产品能与其相比。公司对该部门的要求是尽一切可能占领市场，加大对研发的投入，保持技术的领先性，树立品牌的形象，而且最近两年对其利润率的要求不高。

Y 公司为该部门设计了今年部门的平衡计分卡，相关内容如表 4-2 所示。

表 4-2　A 产品事业部平衡计分卡的指标表

| 指标类别 | 关键业绩指标项目 |
| --- | --- |
| 财务指标 | 1.A 产品销售收入成长率<br>2.A 产品研发成本与竞争者比较<br>3.A 产品利润率 |
| 客户指标 | 1.A 产品目标客户增长率<br>2.A 产品目标客户满意度<br>3.A 产品价格与竞争者比较 |
| 内部流程指标 | 1.A 产品系列新品的推出速度<br>2.A 产品原材料的损耗<br>3.A 产品的单位成本 |
| 学习与成长指标 | 1. 本部门员工满意度<br>2. 本部门员工流动率 |

该部门为了避免销售人员的无序竞争，每个细分地区只有一个销售人员负责，并按月向销售人员发放奖金，发放规则如表 4-3 所示。

表 4-3　A 产品事业部销售人员奖金发放对应表

| 完成销售收入计划额度的比例 | 对应奖金比例 |
| --- | --- |
| 90% 以下 | 无奖金 |
| 90%～99% | 60% |
| 100%～109% | 100% |
| 110%～119% | 120% |
| 120% 及以上 | 140%（封顶奖金） |

（1）请评价该部门平衡计分卡关键业绩指标的设置情况。

参考答案：该部门平衡计分卡的财务指标基本能够满足公司的要求。

客户指标中"A 产品价格与竞争者比较"不属于客户指标。

内部流程指标中的"A 产品原材料的损耗"和"A 产品的单位成本"不属于内部流程指标。

学习与成长指标基本能够满足公司的要求。

（2）A 产品事业部奖金发放方式的优势是什么？

参考答案：

①销售完成情况和奖金之间的联系能够量化，比较清晰、容易理解，而且相对合理，可以让销售人员清楚业绩和奖金之间的关系。

②将完成销售收入计划额度的 90% 以下设置为无奖金能够促使销售人员完成销售计划，增加工作的挑战性，使初级销售人员努力完成任务，并向更高目标努力。

③不同销售计划完成比例对应的奖金比例存在较大差异，能够起到激励的作用，促使销售人员主动采取行动。

# 4.3　面试测评类型

面试测评是通过要求候选人描述其生活和工作经历，来了解候选人的基本素质、知识和能力特征的方法。

面试测评按照标准化和结构化程度的不同，可以分为结构化面试、半结构化面试和非结构化面试 3 种。结构化面试的标准化程度最高，非结构化面试的灵活度最高。

面试测评按照一场面试中候选人数量的不同，可以分为单人面试和集体面试。

面试测评按照媒介形式的不同，可以分为电话面试、视频面试和现场面试。

## 4.3.1　结构化面试设计

结构化面试中的面试题、评分方法、评分标准等事项都是标准化的，面试官应当按照标准和流程的规定逐项实施面试，不能随意改动。这类面试一般来说结构比较严谨、层次性强，整个面试过程的标准化程度相对较高。

有人认为结构化面试就是整场面试全都从一个问题库中挑问题问，不能随便乱问；有人认为只要问每个候选人一样的问题，就叫结构化面试。这些观点都是对结构化面试的误解。真正的结构化面试，不仅和问题有关，还和三大要素相关，如图 4-4 所示。

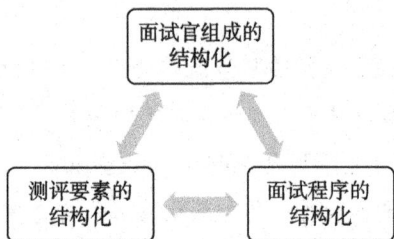

图 4-4　结构化面试三大要素

**1. 面试官组成的结构化**

为了保证面试测评的准确性，结构化面试从面试官的选择开始就要实现结构化。即使有人认为自己看问题很客观，但因为每个人受专业、学识、年龄等因素的影响，就算态度上再客观，认知上也不可能面面俱到。所以面试官队伍的组成，要具有一定的互补性。

在结构化面试中，面试官的工作性质、年龄层次、性别、专业特点等应当具备一定的结构特点，不应偏重于某一个方面。面试官的数量一般为奇数，根据面试规模的不同，多数情况下为 3 ～ 11 人。

**2. 面试程序的结构化**

结构化面试通常应该有一套比较标准的面试流程。例如，有的结构化面试规定先笔试，再面试，笔试超过 80 分才有资格参加面试；面试又分为初试和复试，初试由什么人做面试官、面试什么内容、面试多长时间，复试由什么人做面试官、面试什么内容、面试多长时间都有一定的规定；面试通过后，在上岗之前，候选人还要参加体检。

**3. 测评要素的结构化**

测评要素可以理解为岗位胜任力模型中的要求，或者人才画像、岗位任职资格。面试官需要提前了解对某个岗位，企业需要什么样的候选人。这里所说的需要什么样的候选人，可以按照素质、知识、能力、经验等维度对其进行维度化划分。

面试过程中候选人的测评要素应当遵循一定的结构，包括候选人的仪容仪表、语言表达能力、分析能力、沟通能力等。每个测评项目的设置都有一定的目的性和考查重点。面试中对候选人所有的测评项目的评分应当遵循一定的标准。

设计结构化（半结构化）面试的时候，可以参考 3 个步骤，如图 4-5 所示。

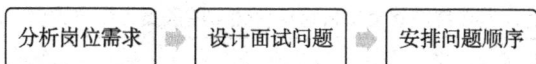

| 分析岗位需求 ⇒ 设计面试问题 ⇒ 安排问题顺序 |

图 4-5　设计结构化（半结构化）面试的三大步骤

### 1. 分析岗位需求

一般可以通过岗位分析得出岗位胜任力模型，从而重点分析岗位的素质需求、知识需求、能力需求和经验需求。根据这些需求项目，企业设置招聘选拔过程中的关键项目，并分配项目的权重，再将其用于实际面试。

### 2. 设计面试问题

根据面试测评的关键项目，企业要设置面试问题，这些问题要指向面试测评的关键项目。通过候选人对问题的回答，面试官能够了解候选人在测评项目上的适合程度。此外，企业要根据各种答案出现的可能性，设置相应的评断标准或具体分数。

### 3. 安排问题顺序

面试问题设计完成后，面试问题的排序同样重要。一般面试问题顺序设置的原则是循序渐进、先易后难。企业应先从候选人能够预料到的问题出发，让他适应面试的节奏，打开思路，快速进入角色；同时要注意主要面试官的设置和面试问题顺序设置之间的匹配性，让合适的面试官问合适的问题。

## 4.3.2　结构化面试应用

某大型零售连锁上市公司，其主营业务为综合超市。该公司招聘综合超市基层员工时采用的是结构化面试的方法。

该公司在招聘基层员工的时候分为初试和复试，初试由人力资源部门来面试，复试由用人部门来面试。初试采用的是结构化面试，由 3 名面试官同时面试候选人。这 3 名面试官包括 1 名招聘经理、2 名招聘专员。每个候选人的面试时间是 10 分钟。

这家公司根据基层员工岗位胜任力模型的分析，确定要测评的维度是顾客导向、沟通能力、执行力、公司认知和诚信自律这 5 个维度。面试官在招聘基层员工时，除了要考虑候选人的年龄、性别、外形、基本的语言表达能力之外，还将按照表 4-4 中的测评维度打分。

表 4-4　某大型零售连锁上市公司综合超市基层员工测评维度和面试问题

| 测评维度 | 权重 | 测评目的 | 面试问题 | 评分等级 | | 测评分值 | 折算倍数 |
|---|---|---|---|---|---|---|---|
| 顾客导向 | 25% | 考查候选人能否做到以顾客为中心，很好地服务顾客 | 假如并不是你的错，但是顾客非要你道歉，你会怎么办？ | 杰出 | 向顾客道歉，体现出良好的顾客意识、大局观 | 5 | 4 |
| | | | | 优秀 | 先道歉，再说明道理 | 4 | |
| | | | | 合格 | 纠结于到底是谁的错，在无奈之下道歉 | 3 | |
| | | | | 不合格 | 拒不道歉 | 1 | |
| 沟通能力 | 10% | 考查候选人是否具备与领导、同事、顾客进行良好沟通的能力 | 在工作中，你和主管意见不一致时，你会如何解决？ | 杰出 | 具有较强的沟通意识并能通过有效的沟通达成一致 | 5 | 3 |
| | | | | 优秀 | 采取有效的沟通方式，意在达成共识 | 4 | |
| | | | | 合格 | 沟通，但是仍然固执己见 | 3 | |
| | | | | 不合格 | 不沟通，坚持自己的意见 | 1 | |
| 执行力 | 25% | 考查候选人能否积极完成工作任务、履行工作职责 | 假设今天是你爱人的生日，家人打电话催你早点回去庆祝，可是工作还没有完成，你会怎么做？ | 杰出 | 坚守自己的岗位，集中精力提高工作效率，尽早完成工作，回家庆祝 | 5 | 5 |
| | | | | 优秀 | 与家人沟通，留下来完成自己的工作 | 4 | |
| | | | | 合格 | 与要好的同事协商，让其帮助自己完成工作 | 3 | |
| | | | | 不合格 | 明天再工作，直接回家 | 1 | |
| 公司认知 | 15% | 考查候选人对行业性质、公司文化是否认同 | 对零售行业来说，周末、节假日是销售高峰期，一般无法安排休班，但会安排平时倒休，你能否接受？ | 杰出 | 明确表示能够认同零售行业的特殊性 | 5 | 3 |
| | | | | 优秀 | 能够理解零售行业的工作性质，并表示可以接受 | 4 | |
| | | | | 合格 | 有犹豫，能够勉强接受 | 3 | |
| | | | | 不合格 | 毫不犹豫表示不能接受 | 1 | |

| 测评维度 | 权重 | 测评目的 | 面试问题 | 评分等级 | | 测评分值 | 折算倍数 |
|---|---|---|---|---|---|---|---|
| 诚信自律 | 25% | 考查候选人的道德品质及职业操守 | 假如你看到和自己要好的同事下班时将自己买的商品打折处理，你会怎么办？ | 杰出 | 敢于向店长报告此类问题，不营私舞弊 | 5 | 5 |
| | | | | 优秀 | 向同事讲清利害关系，维护公司的规章制度 | 4 | |
| | | | | 合格 | 上前制止，劝其打消该念头 | 3 | |
| | | | | 不合格 | 多一事不如少一事，不理睬，装作没看见 | 1 | |
| 备注：70分以下不录用，70分以上可录用 | | | | | | | |

因为篇幅有限，表4-4仅作为案例，表中的面试问题仅展示了一部分，在实际应用时，面试问题采用的是试题库的形式。根据岗位胜任力模型的特点，每个测评维度应设置5个以上可供选择的面试问题。

## 4.3.3　半结构化面试应用

半结构化面试是在结构化面试的基础上进行的，这种形式介于结构化面试和非结构化面试之间，有标准的成分，也有灵活的成分。半结构化面试结合了结构化面试和非结构化面试的优点，避免了单一方法的不足。

通过半结构化面试，面试官可以与候选人保持双向的沟通，可以获得更完整、更深入的信息。通过指定问题与自由追问相结合的方式，面试的形式既规范又灵活，有利于候选人充分展示自己，也有助于面试官深入考查候选人的素质情况。

以4.3.2小节中的大型零售连锁上市公司为例，该公司招聘综合超市店长时，采取的是半结构化面试的方式。对店长候选人的面试，该公司设置的面试时间是30～60分钟。与招聘基层员工不同的是，店长属于中基层管理岗位，肩负着管理员工的职责，其工作具有一定的灵活性。所以对店长岗位的招聘，公司采取的是兼顾标准化和灵活性的半结构化面试。

该公司对店长岗位的半结构化面试评估维度和面试话术如表4-5所示。

表 4-5　某大型零售连锁上市公司综合超市店长岗位面试评估维度和面试话术

| 评价要素 | 权重 | 对应问题 | 其他问题 | 评价要点 |
|---|---|---|---|---|
| 沟通协调能力 | 15% | 请简单地做一下自我介绍<br>之前你在自己的工作岗位上都取得了哪些令你自豪的业绩？ | 针对候选人的工作经历灵活提问，提问过程坚持 STAR 原则（事件发生的情景、当时的想法、采取的措施、影响、结果等） | 礼貌、表达流利、沟通能力、有目光交流、反应迅速、论点有说服力等 |
| 销售能力 | 10% | 在搬运货架的过程中，货架上的一颗钉子把一位顾客刚买的价格不菲的裤子给刮破了，你作为店长应该怎么办？ | | 之前的工作业绩、销售基本知识、顾客导向等 |
| 组织领导力 | 15% | 你在以往的工作中是如何约束下属的，是如何调动他们的积极性的？ | | 激励他人、合理分配目标、跟踪进度、影响他人等 |
| 执行力 | 10% | 举个例子说明一下你曾经做过的一个成功的计划及其实施过程 | | 任务分配合理、遵守公司的规章制度、工作效率高等 |
| 团队建设与凝聚力 | 15% | 刚到一家新店时，店里的员工不服你，作为店长你会怎么办？ | | 团队合作、同事关系和谐、公平、激励等 |
| 培训与发展能力 | 10% | 你认为上司应该通过什么方式帮助下属成长？ | | 给别人指导、适度授权、鼓励他人等 |
| 诚信自律 | 5% | 你认为现代社会中一个人最重要的品质是什么？为什么？ | | 诚实、严格要求自己等 |
| 责任感 | 5% | 当你完成不了工作任务时，你会如何处理？ | | 敢于承担、负责到底、协助他人等 |
| 专业知识 | 10% | 笔试 | | |
| 数据分析能力 | 5% | | | |

　　表 4-5 中的内容仅为案例，表格中的问题只展示了一部分，实际应用时的面试问题采用的是试题库的形式。在表 4-5 中，店长岗位面试测评的评价要素主要包括沟通协调能力、销售能力、组织领导力、执行力、团队建设与凝聚力、培训与发展能力、诚信自律和责任感。另外，专业知识和数据分析能力，通过笔试测评的方式来考查。

　　面试官在实施半结构化面试的时候要注意，面试问题虽然可以有一定的灵活性，但是这不代表面试官可以漫无目的地随意提问。不论面试官延伸出什么问题，最终都要保证企业的用人标准得到贯彻落实。

为了保证面试的公平性，面试官在围绕岗位需要的能力标准进行延伸提问的时候，不能对某一个候选人提出特别多延伸问题，而对另一个候选人完全不提延伸问题。面试官要保证所有的候选人得到同等水平的考查。

为防止这种不公平的情况出现，一般来说，半结构化面试也可以规定延伸问题的数量范围。例如，某个岗位的半结构化面试操作指南规定，在一次面试中，对候选人提出的延伸问题不能超过 3 个。

## 4.3.4　非结构化面试应用

非结构化面试就是在面试之前不会对面试官、面试流程和面试过程做具体的结构化规定的面试方式。对一些需求人数比较少、临时增加的岗位，或者很多中小企业，可以采取非结构化面试的方式。

在非结构化面试过程中，可以用到 6 类比较经典的问题，分别是导入类问题、动机类问题、行为类问题、应变类问题、压力类问题和情境类问题。

（1）通过导入类问题，面试官能够把候选人带入面试的环境，让双方进入状态，同时了解候选人的基本情况。

（2）通过动机类问题，面试官能够了解候选人选择企业或岗位的目的和意愿，判断候选人的动机导向、职业方向和职业价值观，同时可以了解候选人的职业稳定性。

（3）通过行为类问题，面试官能够了解候选人过去的工作表现，评价候选人的行为特质、工作能力水平，以及分析问题、处理问题的综合能力，从而判断候选人和岗位之间的匹配度。

（4）通过应变类问题，面试官能够了解候选人的反应速度，以及面对各类状况的应变能力。

（5）通过压力类问题，面试官能够了解候选人在压力环境下的表现，从而评价候选人的沟通能力和抗压能力。

（6）通过情境类问题，面试官能够给候选人创造一个虚拟的环境，并观察候选人在这个环境中的行为，从而判断候选人在实际工作中可能会出现的行为。

在通用的非结构化面试过程中，面试官可以按照这 6 类问题的逻辑顺序来提问，也可以根据面试岗位的特点和候选人的情况，对这 6 类问题进行组合应用。

注意，这 6 类比较经典的问题并不是非结构化面试专有的问题，在所有类型的面试测评中，都可以应用这 6 类问题。本章会分别介绍这 6 类问题包含的具体内容和应用时的注意事项。

## 4.3.5 单人 / 集体面试应用

单人面试和集体面试的概念与面试官的数量无关，而与一场面试中候选人的数量有关。集体面试也叫多人面试或群体面试，是相对于单人面试而言的。单人面试指的是一场面试中的候选人只有一人的面试形式；集体面试指的是一场面试中的候选人有多人的面试形式。

单人面试适用于候选人的人数比较少、经过初步筛选后的候选人与岗位比较符合、待招聘岗位的价值相对比较高等情况。集体面试适用于候选人的人数比较多且未经过初步筛选、待招聘岗位的价值相对比较低等情况。单人面试和集体面试各有优缺点。

单人面试更注重找到更适合岗位的候选人。集体面试更注重对候选人之间的比较，从而找到更优秀的候选人。

相较于集体面试，单人面试的优点主要是能够对不同候选人进行更深刻的了解。单人面试可能存在的缺点是耗时较长、面试的效率不高，如果短时间内面试很多人，面试官容易忘记之前面试的候选人的基本情况。

相较于单人面试，集体面试的优点包括以下两点。

（1）面试的效率比较高。面试同样数量的候选人，集体面试花费的时间往往更短，能够帮助面试官在更短的时间内快速筛选出合适的候选人。

（2）能够更直观地进行比较。集体面试能够把不同的候选人安放在同一时间和空间进行面试，由于候选人的表现不同，面试官可以更直观地对他们进行比较。

集体面试可能存在的缺点是比较判断的环节有时会有失偏颇。例如集体面试中的抢答类问题，思维敏捷的候选人往往比心思缜密的候选人更有优势，如果岗位更适合思维敏捷的候选人，则这类问题有利于选拔；如果岗位更适合心思缜密的候选人，则这类问题不利于选拔。

## 4.3.6 电话面试应用

电话面试指的是面试官和候选人以电话为媒介进行测评筛选或交流沟通。通常情况下，面试官和候选人的第一次面试可以采取电话面试的形式。面试官在电话面试后如果认为候选人合格的，可再进行进一步的面试。

电话面试是一种以媒介形式划分的面试类型，如果按照标准化和结构化程度来划分，电话面试也可分为结构化面试、半结构化面试或非结构化面试。一般来说，面试官在对候选人进行电话面试时，可以询问以下几个方面的问题。

（1）自我介绍。面试官可以请候选人简单介绍个人情况。以自我介绍开场，可使双方相互熟悉。面试官可以借此判断候选人的简历信息与个人描述是否一致，从而大体了解候选人的基本情况。

（2）询问和确认候选人各阶段的工作经历、工作职务以及工作职责。面试官可以针对候选人简历上写的学习背景和工作内容与其进行交流。这里要有工作时间长短和专业深度的匹配，比如，面试官可能发现候选人的工作时间其实很短，但其在简历上表现出来的专业深度很深，这是为什么？这种情况面试官在电话面试时可以确认一下。

（3）询问目前或上一份工作的主要内容、绩效以及涉及的主要技能。这里要注意，面试官应当要求候选人提供能体现其在曾经的工作中做出的业绩或工作责任和工作复杂程度的确切数字。例如，候选人管理了多少员工、管理了多少预算、销售的目标以及实际销售目标的达成情况。

（4）询问候选人每个阶段离职的具体原因。判断候选人曾经的离职是因为个人没有确定自己的职业发展方向，是因为对现在的薪酬不满，是因为工作时不开心，还是有其他什么原因。初步明确候选人离职的原因能够提前了解候选人入职后的稳定性。

（5）了解候选人求职的动机，询问候选人目前的薪酬情况以及能够接受的薪酬。如果候选人能接受的薪酬比岗位能够提供的最高薪酬高出 50% 以上，而企业又不支持弹性薪酬，那么这类候选人可以不考虑。即使这类候选人非常适合岗位，薪酬谈判的环节也会进行得比较艰难。

（6）询问在简历筛选的过程中发现的各个疑点。面试官在简历筛选过程中发现的所有疑点和信息不清之处，都可以在电话面试的时候先行确认，以免进一步面试时发现候选人在某些方面不适合，从而浪费双方的时间。

电话面试的质量不仅决定了面试官对候选人各方面情况进行考察后所获得信息的完整性，还决定了候选人与企业之间进一步交流沟通的可能性，以及候选人最终入职的可能性。面试官在进行电话面试的时候，需要注意以下事项。

（1）做好沟通过程的笔记。虽然电话面试并不是正式的面试，但面试官还是应当重视，必须做好记录。有时候电话面试的记录，可以为正式面试提供一定的参考。

（2）电话面试不同于现场的面试。在现场面试的时候，面试官可能担心候选人在等待的时候会相互交流，影响面试的公平性；但电话面试时这种情况很难出现。所以为了公平对待所有候选人，面试官可以对所有候选人问相同的问题、采用相同的询问方式、相同的提问顺序。

（3）面试官在电话面试的过程中与候选人谈话时要用心和专心，全面掌握候选人的基本信息。面试官要注意分析候选人的回答是否与简历存在相互矛盾的地方，还要注意候选人的回答是否存在不符合逻辑的地方，以备进一步提问。

（4）面试官在电话中不要做任何不确定的承诺。例如，承诺候选人如果入职，可能在 2 年之内得到晋升或每年薪酬都会增长 10% 以上。候选人可能因为这类承诺而对企业产生好感，可是当候选人真正入职后发现这些承诺其实都无法兑现的时候，他很可能愤然离职，同时会对企业造成非常不良的影响。

（5）与现场面试一样，电话面试的过程中应该尽量让候选人表达，而不是让候选人一直听面试官表达。电话面试的主要目的是获取信息，次要目的才是传递信息。

如果电话面试之后，面试官觉得候选人并不符合岗位的要求，可以将其直接淘汰，不需要邀约其参加现场面试。如果面试官觉得候选人基本符合岗位的要求，可以在电话中对候选人进行初步的肯定，增强候选人来面试的信心，同时向其正式发出现场面试的邀约。

与候选人沟通并确认好现场面试邀约后，面试官可以把现场面试的具体时间、需要候选人准备的具体事项以及面试地点的具体地址和乘车路线、停车位置等信息发到候选人的手机上或邮箱中，同时附上企业名称、联系人电话等其他信息。

发给候选人的邮件应包括企业的大致情况、待招聘岗位的名称及相关情况，并留下电话号码，便于候选人若有不明之处可电话咨询。如果有一封正式的邀约面试的信函，候选人会感受到企业的正规和自己被重视，也便于其忘记关键信息后进行查阅。

## 4.3.7 视频面试应用

视频面试指的是以网络视频信息技术为媒介进行面试测评筛选的过程。相对于电话面试，视频面试的优点是面试官能够在面试过程中见到候选人的样貌和神态，能够实现接近现场的面对面交流的效果。

视频面试同样是一种以媒介形式划分的面试类型，如果按照标准化和结构化程度来划分，视频面试也可以分为结构化面试、半结构化面试和非结构化面试的形式。

目前市面上支持视频面试的软件非常多，例如微信、QQ 等主流社交软件以及一些主流直播软件都可以实现视频面试的功能。实际上，只要是能实现视频通话功能的常用软件，都可以作为视频面试的载体。很多大众软件都开通了视频会议的功能，它们也可以作为视频面试的软件载体。

运用主流软件实施视频面试的优点是软件比较大众化，其操作方式对候选人来说比较便捷，候选人很快就能够掌握视频面试的操作方法；缺点是主流软件的主要功能是日常聊天，商务保密性相较于专业视频会议软件较差，而且一些主流软件有"美颜"功能，有时无法真实地显示候选人的样貌。

出于安全保密的考虑，企业也可以采用一些商务专用的视频会议软件来实施视频面试。相较于主流软件，专用软件的优点是商务保密性较好，能够比较真实地显示候选人的形象；缺点是候选人可能没接触过这类软件，在视频面试之前需要先让候选人掌握软件的操作方法。

面试官在实施视频面试时，需要注意以下事项。

**1.确保优良的网络环境**

视频面试传输的是视频画面，因此对网络环境（带宽）有一定的要求。如果网络环境较差，视频面试过程的连贯性可能会受到影响。这里优良的网络环境不仅指企业的网络环境，还包括候选人的网络环境。

双方的网络环境都达标是保证视频面试顺利实施的必要条件。面试官一方面要注意调试好企业的网络环境，另一方面要提前把视频面试需要的网络环境条件告知候选人，以便候选人在视频面试开始前准备好需要的网络环境。

**2.确保清晰的视频设备**

除了网络环境，视频面试对设备还有一定的要求。企业应当选择像素较高的视频设备，同时应当对候选人的视频传输设备提出一定的要求。不论候选人通过手机还是计算机实施视频面试，视频设备的像素都应达到一定的要求。

对候选人的视频面试设备，企业应当根据当前大多数人持有的电子产品的平均技术条件提出要求。如果对视频面试设备的要求过高，可能会劝退很多候选人，不利于面试的顺利开展，招聘满足率也会过低。如果对视频面试设备的要求过低或者无要求，可能会降低视频面试质量。面试官要平衡好这两者。

实施视频面试的时候需注意，有的电子设备之间有电信号干扰，从而产生杂音和信号传输问题。面试官在进行视频面试之前要调试好视频面试设备，在视频面试过程中要注意将可能存在电信号干扰的电子设备分开。

3. 确保合适的面试环境

面试官要选择合适的环境来进行视频面试，视频面试的环境应当安静，周围不应有装修施工、团体活动或临街噪声等声音干扰。同时，面试官要注意提前告知候选人，让候选人按照同样的标准选择视频面试的环境。

面试官要注意视频面试的背景环境，背景环境中最好有明显的标识、符号、色彩、LOGO 等能够体现企业文化与外部认知的内容。如果没有这类背景环境，则宜选择优雅、朴素、大方、平和的办公环境或白墙。注意背景环境中不要出现脏、乱、差的画面。

# 4.4　导入类问题

导入类问题有两大作用。第一大作用是暖场，面试官可以通过导入类问题为面试营造一个良好的氛围。通过问候选人一些简单的问题，面试官可以逐渐切入面试话题，获取候选人的基本信息。第二大作用是发现候选人的个性特征。有时候，通过导入类问题，面试官能在一定程度上了解候选人的世界观、人生观和价值观。

## 4.4.1　导入类问题内容

常见的导入类问题包括以下内容。

1. 请你简单介绍一下自己

此类问题为自我介绍类问题，有利于面试的破冰，有时候为了表示礼貌，面试官也可以先进行自我介绍，然后再要求候选人做自我介绍。

相关问题如下。

（1）你的爱人 / 父亲 / 母亲 / 朋友 / 同学如何形容你？

（2）如果要找出 1/2/3 个关键词来描述自己，你会选择什么关键词？为什么？

（3）你认为自己的加入能够给公司带来的最大价值是什么？

（4）你认为自己适合这个岗位吗？你为什么会这么想呢？

（5）你觉得自己和别人相比，有哪些不同之处 / 过人之处？

2. 请你具体介绍一下自己的工作经历 / 所学专业

此类问题属于对自我介绍内容的进一步追问，可获得关于自我介绍内容的详细信息。如果候选人的自我介绍中的工作经历 / 所学专业已经介绍得比较全面，面试官可以不问这类问题。这类问题是为了判断候选人的工作经历 / 所学专业和岗位的匹配程度。

相关问题如下。

（1）你都参加过哪些课外活动？参与过哪些社团活动？做过哪些兼职？参加过哪些比赛？参加过哪些社会实践？你在大学生活中都学到了什么？（适用于应届毕业生）

（2）你当初为什么选择这个专业？在学习这个专业的过程中，你最喜欢 / 讨厌的课程是什么？你成绩最好 / 最差的课程是什么？

（3）请你详细说明你最近 1/2/3 份工作的主要内容？你的工作成果如何？你的上级 / 下级 / 同事都是谁？你和他们的关系如何？他们对你的工作成果有怎样的评价？

（4）你在工作中遇到的最优秀 / 最差劲的上级 / 下级 / 同事是谁？他 / 她做了什么，让你认为他 / 她是最优秀 / 最差劲的？

（5）你平时在工作中是如何做团队管理的？你是如何管好员工的？你是如何让员工服从你的管理的？（适用于管理岗位面试）

3. 你的优点 / 缺点 / 特长 / 喜好是什么

通过了解候选人的优点 / 缺点 / 特长 / 喜好，面试官能够总结出候选人的基本特征，从而判断其与岗位的匹配程度。

相关问题如下。

（1）如果你有一个改变性格的机会，你会最先改变自己哪方面的性格？

（2）如果给自己的性格打分，你会打多少分？为什么？

（3）你认为自己拥有什么样的个性特征？有哪些事件可以说明？

（4）你认为什么样的自己才是最好/最差的自己？为什么？你做了什么让自己成为最好的自己？你做了什么让自己避免成为最差的自己？

（5）你最喜欢/最不喜欢和什么样的人打交道？最喜欢/最不喜欢他们的哪一点？请举例说明。

4. 请你说一下自己对公司/岗位的理解

通过了解候选人对公司/岗位的理解程度，面试官能够了解候选人为面试提前做了多少功课，也能够判断候选人在面试成功后实际开展岗位工作的顺利程度。

相关问题如下。

（1）你觉得我们公司最大的竞争对手是谁？我们公司的产品存在哪些优势/缺陷？我们公司的产品应该如何改进？

（2）请你描述一下这个岗位能够为公司创造哪些价值？应该如何创造这些价值？你觉得这个岗位的工作职责和工作内容有哪些？

（3）如果你应聘成功，你会如何开展工作？你会最先做的1/2/3件事是什么？

（4）如果你从事这个岗位的工作，你能够做出哪些别人做不出的贡献呢？

（5）你认为这个岗位需要什么样的素质/知识/能力/经验？你觉得自己在哪些方面和这个岗位是匹配的/不匹配的？

5. 请你说一下你对××的看法

通过此类问题，面试官能够在一定程度上了解候选人的世界观、人生观和价值观。这里的××可以指代任何事件、观点、思想、人物、现象等。

相关问题如下。

（1）你如何看待众多产业的新旧动能转换？

（2）你如何看待"超级英雄拯救世界"和"团队协作完成任务"这两种观点？

（3）你如何看待"懂了这么多道理，却依然过不好这一生"这种思想？

（4）你如何看待乔布斯（苹果公司联合创始人）这个人？

（5）你如何看待互联网上很多人不了解事件真相就随意发表个人观点的现象？

## 4.4.2　导入类问题实施

面试官在实施导入类问题提问的时候，要注意营造良好的面试氛围并把握面试的节奏，要把面试的重心放在沟通破冰和对候选人基本情况的掌握上。

面试其实是一个双向选择的过程，并不是企业单向选择候选人，候选人也在选择企业。面试中的第一印象非常重要，导入类问题不仅是面试官面试候选人的开始，也是候选人"面试"面试官（企业）的开始。

面试官在面试候选人、提出导入类问题时，要注意基本的商务礼仪。提问的语音和语调要平和，声音要洪亮，问题要清楚，问题中不要掺杂任何个人主观情绪。

刚毕业时，笔者曾面试过国内一家非常著名的公司。面试的时候，笔者表现得很友善，也很谦卑，不过那位面试官不论是表情、语气，还是神态都非常不客气，给人的印象非常差。

听说这家公司的工作压力挺大的，因为笔者当时的社会阅历和工作经验比较少，以为这类大公司的面试风格就是这样的。可能因为在这家公司工作的压力比较大，所以面试官故意采取这种方式来面试。

后来，笔者接触的公司多了、经验多了，才发现根本不是这样的。面试中确实可以加入压力类问题，面试官可以通过问题给候选人一些压力，从而达到面试测评的目的，但这类问题并不是从头到尾都让候选人感受不到基本的尊重。

即使是谷歌、微软和苹果这种跨国大公司，其面试官也会遵循基本的面试规则，展现基本的面试礼仪。而且越是这些跨国大公司的面试官，其素质越高，因为这些面试官代表着公司的形象。候选人对面试官的第一印象直接决定了候选人对公司的印象。

回想起来，当时那个面试官的状态，其实是一种非常情绪化、不专业的表现。就算这家公司在国内同行业中数一数二，但因为那位面试官，笔者对那家公司整体的印象已经比较负面。面试官代表着公司的形象，面试官的态度、行为和素质直接影响着候选人对公司的判断。

面试官在面试中的权力并没有大到可以不顾人与人之间最基本的尊重和礼仪。就算面试官和候选人的整场面试交流只有 3 分钟，也可以很优雅地开始、进行和结束，也可以让候选人感受到面试官的善意。

# 4.5  动机类问题

动机类问题用于了解候选人的职业价值观、职业性格特质、职业发展规划等方面的问题。提出这类问题的主要目的是判断候选人的职业价值观、职业性格特质、职业目标和规划与岗位是否匹配，与企业文化是否匹配；企业能给员工提供的职业发展是否与员工的期望匹配。通过动机类问题，面试官能够从侧面判断候选人入职后的职业稳定性。

## 4.5.1  动机类问题内容

常见的动机类问题包括以下内容。

1. 你最喜欢 / 最讨厌的职业是什么？为什么？

提出此类问题的目的在于了解候选人内心对职业的期望。如果当前岗位与候选人内心期望从事的岗位相匹配，则候选人的工作动机会更强。

相关问题如下。

（1）你更喜欢和人打交道还是和物品打交道？为什么？

（2）你认为什么是成功 / 失败的职业？对你来说，达到什么状态，代表着自己职业上的成功 / 失败？

（3）你为什么会选择这个岗位？为什么不选择 ×× 岗位呢？

（4）你当初是出于什么想法，选择从事这个职业的？/ 你当初为什么要选择这样一份职业？

（5）你为什么选择一份和自己的专业不相关的职业呢？你为什么选择一份和自己之前的职业不相关的职业呢？（适用于候选人曾经的专业 / 职业与当前职业不符的情况）

2. 你为什么要离开之前的公司 / 岗位？

提出此类问题的目的在于了解候选人离职的原因，从而判断出候选人入职后的职业稳定性。如果候选人离职的原因当前岗位也存在，那么候选人入职后的稳定性可能会比较差。询问这类问题的时候要注意找到候选人离职背后的真实原因。

相关问题如下。

（1）你觉得上一家公司的企业文化/同事关系如何？

（2）你和上级/同事之间出现过的最严重的分歧是什么？当时具体是什么情况？

（3）你周围最难沟通的同事是谁？你为什么觉得难沟通？有哪些具体事件？

（4）你适应自己之前的岗位吗？具体在哪方面适应/不适应？

（5）如果让你重新选择之前的职业经历，你希望是什么样子？为什么？

3. 在未来的 3/5/10 年中，你准备做什么？你想成为谁？

提出此类问题的目的在于了解候选人内心对自己的定位和理想。人都有为理想而行动的动机，候选人对自己的定位和理想决定了候选人可能的职业方向。

相关问题如下。

（1）你在职业发展方面最看重的是什么？你为什么最看重这个？

（2）你有没有想象过 3/5/10 年后，你会变成什么样子？

（3）你现在/最初的职业梦想是什么？为什么？

（4）你在职业/事业上最崇拜的人是谁？最崇拜他/她哪一点？

（5）你认为谁是你见过的职业/事业上最成功的案例？为什么？

4. 你如何看待创业问题？你为什么没有选择创业？

提出此类问题的目的在于了解候选人对职业和事业的思考，得知候选人未来创业的可能性。如果候选人未来希望创业并不一定是坏事，对某些创新类岗位来说，候选人在创业之后也许能和企业继续保持合作关系，只要企业没有实质性的损失，面试时可以接受候选人有创业的想法。

这类问题也可以做进一步延伸，询问候选人对金钱的思考与渴望程度，以及对职业收入的想法。通过了解候选人对金钱的态度，面试官可以判断候选人为了金钱而付出努力的动机是否强烈。对于销售类岗位，这类问题尤其适合。

相关问题如下。

（1）你如何看待那些学历不高却事业有成的人？

（2）你对于金钱的态度是什么？

（3）这份职业的收入并不高，你如何看待这种情况？

（4）你有没有想过自己可以实现财务自由？你觉得通过什么方式可以实现财务自由？

（5）当你参加同学聚会，发现大多数同学的收入都比自己高时，你会怎么想？你会采取什么行动？

## 4.5.2 动机类问题实施

面试官在问动机类问题时要注意，并不是候选人关于个人发展或职业规划的愿景越远大、越宏伟越好，而应当根据招聘岗位的需求来判断候选人与岗位的匹配度。有的岗位需要候选人有远大的目标和规划，有的岗位并不需要，甚至有远大的目标和规划的候选人可能并不合适。

**举例**

某公司规模较小，要招聘一个行政文员。这个岗位要做的其实就是收发文件、端茶倒水、文件整理等非常简单、基础的事务性工作。公司当前的人力资源管理水平较低，没有完整的、系统的员工的职位晋升和发展通道，所以这个岗位的人才可能并没有职业发展的机会。

这时，来应聘的人里有一位名校的研究生，他对自己的职业发展有一个很明确的规划，期望未来能有比较好的发展。另一位是专科毕业的学生，工作时断时续，职业发展中有照顾家庭的空档期，已经生完二胎，一个孩子5岁，另一个孩子2岁。她对自己的职业发展没有过多要求，只想找个地方安稳上班，五险一金等福利齐全、工作有双休日、每天能正常上下班、按时回家做饭并照顾孩子即可。

如果抛开企业的背景，一般人才选拔都应该选择优秀的人，因为优秀的人有主动工作的动机和动力。可是在这个具体的例子中，面试官则应当选后面这位相对"不优秀"的人，因为她比前一位候选人更适合这个相对而言没有太大发展前景的岗位。这个岗位对人才的要求就是稳当、踏实。这时有职业规划、抱负远大的人才反而不适合这个岗位。

**举例**

校招一般从每年9月开始，如果到次年的6月或7月，应届生还没找到工作一般都是有原因的。这个时候面试官可以问应届生为什么一直没有找到工作。有的同学会回答说因为考研，成绩出来以后，发现自己没考上，所以才开始找工作。

面对这种情况，面试官要注意进一步问他是否还准备考研。如果候选人明确表示自己还要准备考研或者表达出对考研存在明显的兴趣，则面试官应该注意考虑是否需要录用这类候选人。

即使候选人说自己不准备考研，面试官也要与候选人确认，为什么候选人当初选择了考研，现在又不准备考研了。如果候选人的回答没有说服力，那么面试官还是应该默认候选人仍存在考研的想法。

当然，这里并不是说想考研的应届生企业都不应该录取。很多企业为了提升员工的能力，会鼓励应届生入职之后在岗继续学习，甚至会制定很多相关的激励政策。如果企业恰好是这种情况，那么就可以录用这类人才。但有的企业不能支持员工在在职期间继续学习，这时企业就应认真考虑如何选择。

# 4.6 行为类问题

行为类问题通过对候选人的知识、素质、能力或经验进行挖掘，了解候选人与岗位的匹配程度。面试官通过候选人学习过的知识和技能、做出的工作成果、有过的工作经验，判断候选人未来可能具备的工作能力以及未来可能产生的工作成果。

## 4.6.1 行为类问题内容

常见的行为类问题包括以下内容。

1. 你最大的成就 / 失败是什么？请说明具体情况

提出此类问题的目的在于了解候选人在职业生涯中出现过的比较极端的情况，根据候选人在这些比较极端的情况下的表现，判断候选人在未来的工作中可能出现的行为表现。

相关问题如下。

（1）你最成功 / 最失败的项目是什么？原因是什么？

（2）你人生中做过的最有意义的一件事是什么？为什么？

（3）你曾经做过什么让你印象最深刻的事情？为什么？

（4）你曾经做过的最让别人讨厌的事情是什么？别人为什么讨厌？你后来又做了什么？

（5）你犯过最大的错误是什么？当时具体是什么情况？面对这个错误，你采取了什么措施避免类似错误再次发生？

2. 请谈一下你最近一次的××经历

提出此类问题的目的在于了解候选人的做事风格和方法，根据候选人曾经做事的方法，判断候选人的工作能力。在问这类问题的时候，面试官可以选择相对负面的情况提问，判断候选人出现负面情况的原因及其应对措施。

相关问题如下。

（1）请谈一下你最近一次的工作出现失误的经历。面对这次失误，你后续都做了什么？

（2）请谈一下你最近一次的创新经历。这项创新给公司创造了哪些价值？

（3）请谈一下你最近一次的成功经历。你做对了什么？你后续又做了什么？

（4）请谈一下你最近一次没有达成目标的经历。你后续做了什么？

（5）请谈一下你最近一次"看走眼"的经历。你后续是如何做的？（适用于管理岗位或负责招聘面试工作的岗位）

3. 面对多项复杂的工作任务，你如何安排工作？

提出此类问题的目的在于了解候选人的工作技巧，根据候选人在复杂环境下的工作表现，判断候选人完成有挑战性的工作的能力。这类问题也可以进一步延伸到与岗位的实际工作内容相关的更多具体的工作技巧上。这类问题往往会和实际环境相结合，可以通过描述具体的场景，让问题内容更加具体，并要求候选人做出更加具体的回答。

相关问题如下。

（1）你在做出重大决策之前，都是如何做的？请举例说明。

（2）面对工作中的双重领导给你安排了方向相反的任务这种情况，你会如何应对？

（3）如果上级给你安排的工作量已经超出了你能承受的范围，你会怎么办？

（4）你认为什么样的团队文化是健康的，你会为此做什么？

（5）你平时都通过哪些方式激励下属？（适用于管理岗位）

4. 你和上级／同事／下级之间发生的最激烈的争吵／冲突是什么？

提出此类问题的目的在于了解候选人在曾经的工作中的人际关系处理能力，尤其是判断候选人如何对待和处理冲突。称心如意的正常状况绝大多数人都能适应，很难看出候选人之间的差异，对异常状况的处理反而能够看出候选人之间的能力差距。

相关问题如下。

（1）你如何与最不喜欢的上级／同事相处？

（2）对那种为了达成个人目标而不惜损害他人利益的同事，你是如何与他们相处的？

（3）如果你周围的同事传你的闲话，你会怎么做？

（4）如果你发现有同事向领导打你的小报告，你会怎么做？

（5）如果你的下级不服从你的管理，你会怎么做？（适用于管理岗位）

5. 你对××知识的掌握情况如何？请举例说明

提出此类问题的目的在于了解候选人对某些知识的掌握情况，便于面试官判断候选人的知识储备量，以及由知识转化而来的能力是否达到岗位要求。这里的××知识可以是任何与岗位相关的知识。

相关问题如下。

（1）你觉得自己当前最需要学习的知识是什么？为什么？

（2）你曾经学习过哪些方面的知识？你为什么学这些知识？今后有哪些学习计划？

（3）你觉得自己当前的能力缺陷是什么？请举出具体例子。你准备如何弥补这些能力缺陷？

（4）你的上级一般在哪些方面对你不满意？请举出具体例子。

（5）你认为解雇员工需要哪些条件？（适用于管理岗位）

6. 你做过××工作吗？你具体是怎么做的？

提出此类问题的目的在于了解候选人与该岗位相关的能力，这里的××工作应与岗位的实际工作相关。

相关问题如下。

（1）你做过经销商的开发吗？你具体是怎么做的？（适用于销售经理岗位）

（2）你做过供应商管理吗？你具体是怎么做的？（适用于采购经理岗位）

（3）你做过哪些活动策划？你具体是怎么做的？（适用于企划经理岗位）

（4）你做过人力资源数据分析吗？你具体是怎么做的（适用于人力资源经理岗位）

（5）你做过公司预算管理吗？你具体是怎么做的？（适用于财务经理岗位）

## 4.6.2　行为类问题实施

行为类问题通过询问候选人过去的行为，强调挖掘候选人行为背后的具体细节，能够在一定程度上防止候选人编故事。

行为类问题比较客观，容易记录，过程中不容易涉及对个人价值观的判断，面试记录可以为没有参加面试的管理层提供参考。

通过候选人过去的行为判断其未来行为的方法相对客观，因为人的行为和思维通常并不容易变化。

面试官在实施行为类问题提问的时候，要注意以下3个原则。

1. 客观原则

行为类问题的落脚点要放在候选人曾经的行为，而不是个人的感觉、情绪、判断或者意见上。在候选人描述其行为的过程中，面试官要避免在主观上做出价值判断。

2. 多听少说原则

面试的过程是候选人表达和展示的过程，面试官应当想办法让候选人在问题下尽情发挥，而不是让候选人听自己滔滔不绝。一般来说，一场面试结束，候选人的表达时间应占80%以上，面试官的表达时间应控制在20%以内。

3. 开放式问题原则

面试官应该多问开放式问题，少问封闭式问题。

所谓开放式问题，就是为什么或是什么的问题。

举例

请你描述一下这个工作的具体内容。

请你介绍一下你认为自己最成功的一个项目。

你最大的优点或者缺点是什么？你为什么认为这对你来说是个优点或者缺点？

所谓封闭式问题，就是对不对、好不好、行不行之类的有两项选择或多项选择的问题。

**举例**

你觉得自己符合这个岗位的要求吗？

你觉得自己的沟通能力强吗？

你具备一定的写作能力吗？

如果在面试时只问封闭式问题，就可能出现以下情景。

笔者第一次和一位业务部门的主管一起面试，这位主管问候选人的第一个问题是："你觉得你的能力能胜任我们的岗位吗？"

对方的回答就一个字："能！"

笔者没想到这位主管会这么问，赶紧把话题转过来，问了很多比较专业的开放式问题，以免让这位候选人觉得我们的面试水平太低。

封闭式问题在行为类问题中基本是无效问题。比如，你有没有能力，能不能胜任或对这方面工作有没有经验，问这类问题得到的一般都会是肯定的回答。没有哪个候选人会傻到被问到这种问题的时候，会回答没有能力、不能胜任或者没有经验。

不过，封闭式问题也并不是绝对不能应用的，在有些情况下，面试官可以有目的地应用封闭式问题，常见的有以下两种情况。

（1）如果封闭式问题的后续有问题的组合，不是单一的封闭式问题，而且后续的相关问题组合基本都是开放式问题，那么是可以应用封闭式问题的。

**举例**

问：这方面工作你有经验吗？

如果对方说有。

问：好，那么接下来，请你说一下你以前是怎么做的。

（2）除了行为类问题，封闭式问题在其他问题类型中是可以应用的。

你觉得自己是个内向的人还是外向的人？

你更喜欢读纸质书还是电子书？

你更喜欢多人集体运动项目还是个人运动项目？

# 4.7 应变类问题

应变类问题是一些需要临场发挥的问题或者有一定难度的两难问题。提出这类问题是为了考察候选人的智商、情商、反应速度、应变能力、逻辑思维能力、分析能力、想象力以及解决棘手问题的能力。应变类问题有时候会以智力类问题的形式出现。很多著名公司都偏向于在面试中设置应变类问题。

## 4.7.1 应变类问题内容

常见的应变类问题包括以下内容。

1. 请你试着把桌子上的这瓶水卖给我

临场发挥类问题，用来考查候选人的反应速度、应变能力或情商。这类问题要求候选人在短时间内，针对比较困难的问题想出一个解决方案。通过比较不同候选人对这类问题的回答，面试官能够辨别出他们的应变能力孰强孰弱。

相关问题如下。

（1）给你 5 分钟的时间，说服我录用你。

（2）我（面试官）是一个单身男性，请你向我推销高跟鞋。

（3）如果要你把一把梳子卖给一个光头，你准备怎么做？

（4）假如有一座岛与世隔绝，这座岛上的人都不习惯穿鞋，你会怎么把鞋卖给这座岛上的人？

（5）请你评价一下你左边的候选人。（适用于集体面试）

2. 有一个长方形蛋糕，切掉了其中的一块（大小和位置随意的一块），在只切一刀的情况下，如何保证将剩余的蛋糕切成大小相等的两块？

智力类问题，用来考查候选人的智商、逻辑推理能力和解决智力类难题的能力。这类问题也可以在笔试环节设置。

相关问题如下。

（1）你觉得井盖为什么是圆的？

（2）中国有多少辆汽车？

（3）烧一根不均匀的绳要用一个小时，如何用它来判断已过半个小时？

（4）有 8 个球，其中有 1 个球的质量较轻，其他球的质量相同，如果只称 2 次，如何知道质量较轻的球是哪一个？

（5）为什么镜子中的影像是左右颠倒而不是上下颠倒的？

3. 如果你的妈妈和老婆同时掉进河里，你会先救谁？

两难类的问题，通常没有标准答案，主要是为了看候选人是否能够逻辑清晰、自圆其说。提出这类问题的主要目的是考查候选人思维的逻辑性、缜密性以及面对难题时表现出来的应变能力。有时通过候选人对这类问题的回答，面试官能够看出候选人的世界观、人生观、价值观和道德认知。

相关问题如下。

（1）假设你是一个医生，送来 3 个病危的病人，你的时间只够救活一个人。在这 3 个病人中，一个是为人类做出过贡献的物理学家，一个是创造了"商业帝国"的企业家，一个是教出了很多优秀学生的老师，你会选择救哪一个？为什么？

（2）假设你现在参与了一个扶贫项目，你手里的钱只够资助一户人家。现在要在 2 户人家中做出选择，一户人家的孩子聪明又努力，学习成绩很好；另一户人家的孩子也比较努力，但比较笨，学习成绩很差。你会选择把钱给哪一户人家？为什么？

（3）假设在一次家庭聚会上，有体积存在明显差异的一大一小 2 个苹果，家长要求你把这 2 个苹果分给你自己和与你同性别、同年龄的一位亲属。按照孔融让梨的精神，你应该把小的留给自己，把大的分给对方。可对方坚持自己也要按照孔融让梨的精神行事，把小的给自己，把大的给你。遇到这种情况，你会怎么办？

（4）假设你是一位慈善家，资助了一批同龄的孤儿，负担这批孤儿日常生活和学习的开销。然而你发现有些孤儿养成了好吃懒做、不求上进的坏习惯。这些人花钱大手大脚，毕业之后不好好工作，没钱了又来找你要。他们还振振有词地说："你既然那么有钱，答应帮助我们，就要负责到底。"面对这种情况，你会怎么办？

（5）现在有一辆疾驰的火车，火车正在行驶的铁轨上有 5 个人，这时候刹车已经来不及了，如果火车继续行驶，这 5 个人必然会被撞死，但你身边恰好有一根控制杆，如果你拉动控制杆，火车会转向另一个轨道，那条轨道上有 1 个人，而且这个行为不会影响火车本身的安全。不拉动控制杆，5 个人会被撞死；拉动控制杆，1 个人会被撞死，但另一边的 5 个人会活下来。面对这种情况，你会如何选择？

## 4.7.2　应变类问题实施

面试官问的应变类问题本身不一定要与岗位有必然的关联性，应变类问题的题目可以有所发散。但要注意，应变类问题虽然可以追求新奇，但不要过于天马行空。设置应变类问题的原则是要在意料之外，却又在情理之中。提出应变类问题的本质目的是要考查候选人，而不是为难候选人。

有一位国外的朋友曾经和笔者说过他的故事。他参加国外某名校 MBA 招生面试的时候，那位招生老师问了他一个问题："如果你有一个机会和微软公司的创始人比尔·盖茨（Bill Gates）在电梯里面碰面，你只有不到 30 秒的时间和他聊天，你要和他聊什么话题才能够让他快速地被你吸引？"

这个问题其实就是应变类问题，在意料之外，却又在情理之中。

思考一下，比尔·盖茨已经是站在世界商业顶端的人物，要和他聊什么话题，他才有可能被你吸引呢？和他聊互联网？聊金融？聊企业管理？聊人力资源管理？

这些话题以比尔·盖茨的阅历和见闻，想必他早已司空见惯。和他聊这些，恐怕是班门弄斧，只会自找没趣，而且搞不好不但不会吸引他的注意，反而会让他觉得这个人不知道天高地厚，引起他的反感。

那么聊什么话题他可能会比较感兴趣呢？这个问题当然没有标准答案，但是从不同的回答中，那位招生老师是能够看出不同候选人的思考灵活性的。笔者朋友的回答算是抓住了这个问题的重点，他的回答是"和他聊养生的话题"。

为什么要和他聊养生的话题呢？因为人在不同的年龄段有不同的需求。比尔·盖茨在创业时期，资金和技术对他来说非常重要；在企业的成长时期，人才和企业的经营管理对他来说非常重要。

当比尔·盖茨已经步入老年，而且已经退出微软公司内部的经营管理团队时，他比较关心的很可能是怎么能活得更健康、更长久。这是人之常情。尤其是笔者的这位朋友说这场面试发生在乔布斯去世的第二年，因此养生的话题可能会得到很多人的重视。

对这个问题，不同的人会从不同的角度作答。例如，有人说："和比尔·盖茨聊如何做好慈善公益的话题。因为比尔·盖茨退休之后大部分时间都在做慈善公益。"这个角度也没有问题，但需要能自圆其说。

# 4.8　压力类问题

问压力类问题时，面试官会故意制造一种紧张的氛围，提出一些听起来比较生硬、不太礼貌的问题，让候选人感到不舒服，或者针对同一件事进行一连串的发问，直到候选人很难做出回答。

提出压力类问题的主要目的是考查候选人的心理素质、承受压力的能力、在压力面前的变通能力以及沟通能力。有时，当候选人的气势比较强的时候，面试官也可以用这一类问题来平衡气场。

## 4.8.1　压力类问题内容

常见的压力类问题包括以下内容。

1. 从你刚才的面试表现来看，你被录用的可能性很小，你觉得呢？

面试官通过制造候选人与岗位要求不相符、可能得不到岗位的紧张氛围，观察候选人的反应。压力承受能力比较强的候选人往往能够表现得相对沉着冷静；压力承受能力比较差的候选人往往会表现出慌乱、紧张、愤怒、失落、厌恶等负面情绪。

相关问题如下。

（1）看你之前的经历，你似乎离职比较频繁，那么我怎么才能相信在这个岗位上你能踏实稳定呢？

（2）从你的简历和刚才的描述来看，你似乎并不适合这份工作，你认为呢？

（3）你在原来的岗位上工作了 7 年，那么你如何保证自己能适应我们公司的工作环境呢？

（4）你之前从来没做过相关工作，我怎么能相信你来公司之后能做出业绩呢？

（5）你是个应届生，没有工作经验，我要怎么相信你能做好这份工作呢？

2.如果应聘成功，你打算在我们公司工作多久？

攻击型问题，通过正常对话中较少出现的、带有些许冒犯性的语言，或者有策略性地加入一些主观判断，观察候选人如何应对。压力承受能力较差的候选人面对攻击型问题时往往会表现出尴尬、惊讶、恍惚或者同样的攻击性。

相关问题如下。

（1）你觉得自己的年薪应该有多少？你是怎么算出来的？

（2）请告诉我，还有这么多优秀的人在和你竞争这个岗位，我为什么要录用你呢？

（3）听完你对原来工作情况的描述，我觉得你之前没做出什么业绩，我的判断对吗？

（4）你之前离职的原因我们公司也存在，你入职后可能很快也会离职，你怎么想？

（5）聊到这，我对你有个主观判断——你的野心似乎大于你的能力，你觉得呢？

3.上岗之后如果遇到××困难，你准备怎么办？

困难类问题，通过描述或适度放大岗位工作的困难，了解候选人面对困难时的做事方法。压力承受能力较差的候选人面对这类问题时往往会表现出手足所措、不知所云的状态，这类问题往往会根据岗位的实际情况提出。

相关问题如下。

（1）你上岗之后可能会遇到一些顾客在电话投诉时辱骂你，你会怎么办？（适用于客服岗位）

（2）所有的客户都要靠自己来开发，团队不会给你太多帮助，你必须从零开始，你准备怎么做？（适用于销售岗位）

（3）如果某件事不是你的错，但有态度特别差的顾客把事情怪罪到你身上，你会怎么办？（适用于餐厅服务员岗位）

（4）我们对这个岗位的员工的要求是上岗 3 个月之内，必须让公司采购原材料的价格指数降低 5%，你打算怎么做？（适用于采购岗位）

（5）这个岗位需要你推行绩效管理，把绩效管理真正落地，但是现在公司各部门不配合，你准备怎么办？（适用于绩效管理岗位）

4. 你最近还面试过哪些工作？结果怎么样？

面试官通过询问候选人近期的面试情况，了解其求职状况，然后通过候选人的求职状况，判断其接受某岗位的可能性及其职业态度。候选人往往不希望别人知道自己的求职状况，直接询问这类问题可以给候选人带来一定的压力，从而观察其面对压力时的具体表现。

相关问题如下。

（1）×× 公司为什么没有录用你？

（2）除了现在这场面试之外，你近期还准备参加哪些面试？

（3）除了我们公司，你最想去的公司是哪一家？为什么？

（4）你是不是觉得这个岗位比较轻松才来应聘这个岗位？

（5）你为什么最近一直在面试 ×× 岗位？

## 4.8.2 压力类问题实施

面试官在问压力类问题的时候要注意语调，要不带任何情绪、平缓地说。不要一下子把气氛弄得太紧张，也不要根据问题的字面意思故意用轻蔑的语气或语调表达，更不要添油加醋地指责或评判候选人的言语、品行或过去在工作中的做法。

面试官通过压力类问题，测试的是候选人承受压力的能力，而不是承受人格侮辱的能力。候选人是来找工作的，不是来听别人评论自己的。

有一种比较典型的压力类问题叫"连珠炮"问题。

比如，面试官可以问第一个问题："你生命中最失败的事情是什么？"

这个问题本身属于行为类问题，加入连珠炮式的追问之后，就会变成压力类问题。

这时，候选人会回答一项工作的失败、一次创业的失败或者一段恋爱的失败。候选人的思维不同、角度不同、情景不同，答案也会有所不同。单纯就回答这个问题来说，基本没有所谓的好坏、优劣。不过这个问题后续跟上的一连串问题，才是令候选人难以招架的。

面试官可以继续问："你为什么认为这件事情是最失败的？"

问这个问题的目的是判断对方的价值观是什么。人生不如意的事情很多，有人认为一次篮球赛输给别人很可惜，会觉得最失败；有人会因为曾经没有好好学习考上名校获得高学历而感到最失败。

面试官可以继续问："你是怎么对待这件最失败的事情的？你从中总结了哪些经验？"

这时候很多候选人就回答不出什么来了。

面试官可以进一步进行一系列的追问："既然是最失败的事情，发生了以后你的态度应该是积极应对吧？你不应被消极情绪左右吧？你应该认真对待吧？你应该总结一下经验吧？"这个时候，面试官可以采取一种合理推论，假设对方应该对自己有一定的要求。

面试官还可以进一步说："发生了最失败的事情不要紧，可是如果你被消极情绪影响而不能自拔，说明你会被环境左右，情绪不够稳定，也不够积极。如果在工作中遇到挫折或困难，你是不是也会这样？"

面试官还可以继续说："我认为你根本没有认真对待这件最失败的事情。如果连'最'失败的事情你都没有认真对待，那么在生活或者工作中还有什么事情是你会认真对待的？"

此外，面试官可以问："请举例说明你后来的行为在哪些方面有所改变。"

这一个问题是判断候选人是如何把失败的经验内化并用来指导行为的。如果候选人对这个问题的回答不到位，面试官也可以接着说："通过你刚才的回答，我认为你可能不是个行动派，没有落实行动的精神和意识。你如果是这么对待自己的，那你未来对待工作又会是怎么样的呢？"

然后，面试官可以继续问："请举出至少一个案例来说明这种改变的成效。"或者接着问："你改变后的效果怎么样？你有没有生出其他的感触？后续有没有微调？"

如果候选人回答说没有这一步，面试官可以接着问："你怎么知道自己总结经验后改变的行为是对的？"

这样的"连珠炮"问题如果全部用上，压力效果是非常明显的，很多候选人都招架不住。所以面试官在实际应用这种问题的时候要谨慎，对 1 个问题，一般再延伸出 3 ～ 5 个问题就可以了。

在应用压力类问题面试的时候，面试官一定要注意，给候选人压力是考查手段，而不是目的。面试官不能因为想着要给对方压力，而让整场面试最终以候选人讨厌本公司结束。即使候选人的承受能力较差，最后败在了压力类问题上，面试官在面试最后也要帮助候选人完美收场，把之前带给对方的压力通过收场补救回来。

# 4.9 情境类问题

情境类问题是假设一种在实际岗位工作中会出现的情境，将候选人置于这个模拟的情境中，要求候选人处理相应的问题。根据候选人对情境类问题的回答，面试官可以对候选人进行知识、经验、思维、观念、态度、习惯等方面的综合评价。

这类问题主要考查候选人分析和解决工作实际问题的能力，了解候选人是否具备处理具体问题的方法和技巧，以及候选人处理问题的方式是否符合企业的实际情况、是否符合企业文化、是否能够被企业接受。

## 4.9.1 情境类问题内容

常见的情境类问题包括以下内容。

1.假如让你做财务经理，你将如何开展工作？

提出这类问题的目的在于考查候选人行动能力，通过假设候选人上岗后的情况，判断候选人实际上岗后准备实施的行为是否符合企业的预期和期望。

相关问题如下。

（1）如果上岗后你发现你的直属上级并不认可你要推行的工作，你会怎么办？

（2）假如你上岗后有多个领导向你布置任务，你要怎么办？

（3）假如你的直属上级和他的上级意见不合，你要怎么办？

（4）假如你的上级出差上飞机之前给你发了一条信息，要求你完成某个报告，之后他要飞行 10 个小时，下飞机后马上就要用这份报告。上飞机后，他就关闭手机了。你看到信息后不理解这个报告应该怎么写，但是又联系不上他。这时候你会怎么办？

（5）假如你得到这个岗位之后，会用大约 2 年的时间跟着一个经验非常丰富的老员工学习，你准备从他身上学到什么？

2. 假如让你处在你上级的岗位，你会做出哪些改变？为什么？

这类问题属于情境延伸类问题，在当前岗位工作的基础上略有延伸，用于观察候选人对岗位工作协同性的理解和全局意识。

相关问题如下。

（1）假如你是公司的总经理，你会做出哪些改变？为什么？

（2）假如你是产品技术部门的负责人，你会对产品做哪些改进？为什么？

（3）假如你有机会见到总经理，你准备和他说什么？为什么？

（4）假如让你给公司设计组织机构，你准备如何设计？为什么？

（5）假如让你给团队设计激励政策，你准备如何设计？为什么？

3. 当发生 ×× 情况的时候，你会怎么办？

这类问题属于突发状况处理类问题，用于考查候选人在突发的具体场景中会采取何种应对方法。

相关问题如下。

（1）假如你是店长，发现一位顾客正对一个服务员破口大骂，你了解情况后发现，服务员并没有过错，是顾客的要求有些无理，这时候你会怎么办？

（2）假如你是分管技术部门的负责人，你发现技术部门的员工大多守着自己手里的技术不愿意与别人分享，生怕别人学会，这不仅不利于部门团结，而且对公司的技术成果保留不利，面对这种情况你会怎么办？

（3）假如你是行政部门的负责人，你发现有一个下属的独立工作能力很强，跨部门沟通能力也很强，但是他和部门内部其他员工的关系很差，面对这种情况你会怎么办？

（4）假如你是产品设计部门的新晋负责人，上岗之后，你发现你的下属 A 私底下和下属 B 说前一任管理者比你更好，下属 B 也认同，这时候你会怎么办？

（5）假如你是销售部门的负责人，早晨到办公室的时候，你发现两名平时就有矛盾的下属为了争抢一个客户扭打在一起。他们都说是自己先开发的客户，是对方抢了自己的客户，这时候你会怎么办？

4. 假如你上岗之后遇到 ×× 问题，导致工作难以开展，你会怎么办？

困难情境类问题，通过为候选人设置困难的情境，观察候选人如何解决困难。相关问题如下。

（1）假如你受到了上级不公正的对待，你会怎么办？

（2）假如你发现有的同事对你抱有敌意，你会怎么办？

（3）假如你的同级部门不配合你的工作，你会怎么办？

（4）假如你发现下属的工作能力很差，你会怎么办？（适用于管理岗位）

（5）假如你的下级拒不服从你的命令，你会怎么办？（适用于管理岗位）

## 4.9.2 情境类问题实施

很多候选人前面的问题都回答得很好，企业本来觉得其比较合适，但是当面试官向候选人介绍完企业的实际工作环境和背景之后，让候选人说明上岗之后的具体行动计划时，候选人却说不上来，或者说得过于宽泛，不能具体问题具体分析，不能制定一套有针对性的解决方案，面对这种情况，企业就要仔细考虑是否录用该候选人了。

面试官在应用情境类问题的时候，需要注意以下问题。

（1）情境类问题中用到的案例最好是企业中真实发生过的事情，或者实际出现过的类似情况，而不是一些没有意义的、假大空的想象场景。因为那样的话，面试官最后考查的可能只是候选人的想象力，而不是解决实际问题的能力。

例如，有的面试官会问候选人这样的问题。

如果你的同事都被外星人抓走了，你会怎么办？

如果世界末日真的来临了，你会怎么办？

如果你穿越到了古代，你会做什么？

这样的问题在面试中没有太大的意义。

（2）不要用对企业有负面意义的情境案例。对企业有负面意义的情境可能让候选人对企业产生负面评价，候选人可能会认为企业的管理有问题，从而有可能不愿意选择本企业。

例如，有的面试官会问候选人这样的问题。

如果公司的经营状况不好，最终倒闭了，你会怎么办？

如果公司的核心管理团队集体离职了，你会怎么办？

如果公司出现了某个重大负面新闻，你会怎么办？

这样的问题不仅不能真正考查候选人的能力，还会让候选人认为企业可能存在潜在的负面状况。候选人可能会思考企业当前是否真的存在某种负面状况，才会让面试官在面试过程中提出类似的问题。

# 4.10　面试实施工具与方法

为了提高面试测评的信度和效度以及面试效率，面试官在实施面试的过程中，应当使用一定的工具和方法。

## 4.10.1　STAR 工具

为了让面试测评更全面，面试官在面试的过程中，应使用 STAR 工具。STAR 工具是一种面试的问题"生成器"。

S（Situation）代表情景，指的是这件事情当时所处的环境和具体的背景。

T（Task/ Target）代表任务或者目标，指的是当时要做什么，具体的目标是什么。

A（Action）代表行动，指的是候选人都采取了哪些具体的行动。通过候选人采取的行动，面试官能够了解候选人的思维方式和行为方式。

R（Result）代表结果，指的是最后得到了什么样的结果。通过这个结果，面试官也可以进一步问一下候选人有没有从这个结果当中总结经验，有没有收获或者进一步改进的想法。

面试官可以用这个工具来不断生成问题，同时更加准确地考察候选人完成任务的能力。STAR 工具如图 4-6 所示。

图 4-6　STAR 工具图形演示

（1）事情是什么时候发生的？什么背景？（情景）

（2）任务或者目标是什么？（任务/目标）

（3）在过程中，候选人担任了什么角色？做了什么？（行动）

（4）得到了什么结果？（结果）

**举例**

某人来应聘技术人员岗位，简历上写的是参与过很多技术开发项目。

面试官可以针对其中的一个项目，问以下问题。

（1）请问你当初所在的公司为什么要建立这个项目？有什么样的背景？（情景）

（2）这个项目的目标是达到什么或者完成什么？你在项目中负责哪一块？你的任务或者目标是什么？（任务/目标）

（3）为了达到你个人的任务目标和项目目标，你都做了什么？（行动）

（4）这个项目最终的结果是什么？你的任务目标的完成情况如何？（结果）

在 STAR 面试问题的最后，面试官可以再加一些评估改进类的问题。

例如，这个结果是不是你所满意的？还有没有什么问题和不足？你为此做了哪些总结、哪些评估？你之后做了哪些改进？改进之后又得到了哪些结果？

运用 STAR 工具的步骤可以分为以下 4 步。

第 1 步，提出一个开放式问题。

第 2 步，用 STAR 工具的逻辑去挖掘候选人对这个问题的回答背后的细节。

第 3 步，继续把前两步用在其他的面试问题上。

第 4 步，对之前提出问题后，候选人的回答进行进一步求证。

某企业招聘财务经理，通过简历可知候选人曾经在其他公司有 5 年财务经理的工作经验。

面试官可以问候选人："你能介绍一下你日常工作中做过的对公司最有价值的工作吗？"

如果候选人介绍得不够全面，面试官可以进一步用 STAR 工具的原则追问：请问这个工作的背景是什么？目标是什么？目的是什么？你负责工作的目标是什么？你都做了什么？最终得到的结果是什么？

面试官可以进一步追问：对于这个结果你有什么收获或者反思？有没有为此采取什么行动？行动之后又产生了什么结果？

如果候选人在一开始面试的时候，介绍自己曾经在业余时间在一个财务培训机构做过兼职讲师，那么面试官可以按照 STAR 工具的原则，进一步询问候选人当时的具体情况是什么。

## 4.10.2　AOR 工具

在考察和挖掘情境类问题，要求候选人提出具体解决方案的时候，面试官可以应用 AOR 工具，内容如下。

A（Action）指的是具体的解决方案或行动计划。

O（Other）指的是与预期不符时，其他的解决方案与行动计划。

R（Realistic）指的是解决方案在企业中的可行性。

应用 AOR 工具时，面试官首先要注意候选人有没有提出具体的解决方案或者行动计划，如果没有，面试官可以适当地提醒他应该提出这方面的内容。

其次，要注意候选人是否只提出了一套解决方案或行动计划，如果只有一套，则可能存在不能达到目标的风险。这时面试官要问候选人，如果结果和预期不符，候选人准备怎么办，有没有其他的解决方案或行动计划。

最后，要注意面试官要判断候选人的解决方案在本企业中是否存在可行性和可实施性，有哪些细节在企业中无法实施，以及需要候选人做出哪些修改。

举例

某企业招聘销售经理，其主要职责是开发新市场、做新的销售项目。

面试官在面试的时候，问一位候选人："假如你正式上岗之后，团队还有另外3个销售专员，你准备如何带领他们展开新市场的开发工作。"

候选人回答："我准备……"

如果候选人的回答过于空泛、不够具体，那么面试官可以说："你能够具体说明一下要如何实施吗？请你详细说明具体的方案或行动。"（Action）

候选人说出比较具体的方案或行动之后，面试官可以说："只有这一种方案/行动吗？有没有可能存在其他的方案/行动呢？"（Other）

如果面试官觉得候选人的某个方案/行动有瑕疵或在正式执行时存在问题，则可以说："你的方案/行动总体是可行的，不过关于这个岗位，有这样的实际状况……针对这个状况，你准备如何调整方案/行动呢？"（Realistic）

## 4.10.3 现场面试准备

在现场面试正式开始之前，面试官需要做好一定的准备工作。面试前的筹备工作包括3个方面的内容，分别是对面试官的要求、面试场所的准备和面试小组的筹备。

1. 对面试官的要求

（1）着装要求参考：正装或西装（深色）、衬衣（浅色）、皮鞋（深色）。

（2）正确佩戴工作牌，工作牌上的信息要完整。

（3）面试前不吃有异味的食物，保持口气清新。

（4）面试前要仔细阅读候选人的简历，做到知己知彼。

（5）要面带微笑、态度和蔼，用普通话和候选人进行交流，语速要平缓。

（6）尊重候选人，面试过程中不接打电话、不抽烟、不嚼口香糖，坐姿端正。

（7）面试过程中要多听少说，但不失控制权，掌控面试进度。

（8）对候选人要做到来有迎声，走有送声。

2. 面试场所的准备

（1）选择安静的场所作为面试地点，例如办公室、会议室。

（2）在面试进行过程中，面试场所周围不要有杂音干扰。

（3）面试场所内要干净整洁，墙面上最好挂有能体现企业文化和企业形象的展板。

（4）提前做好面试安排，防止面试过程中有人误入面试场所。

（5）面试场所的门上要贴有几点到几点有面试的字样。

（6）注意做好引导候选人到达面试场所必要的标识。

（7）面试等待场所可以播放能够体现企业文化的宣传视频或企业内部各类活动的视频。

（8）面试等待场所要保证有足够的饮用水和一次性水杯，便于候选人等候时饮水。

（9）面试等待场所可以放置企业的宣传画册、企业产品介绍、产品样品展示等。

**3. 面试小组的筹备**

（1）按照知识互补、能力互补、气质互补、性别互补、年龄互补的原则成立初试面试小组和复试面试小组。

（2）初试面试小组一般可以由人力资源部负责统一安排相关人员组成。

（3）复试面试小组一般可以由人力资源部、用人部门或行业专家组成。

（4）如果是面试应聘中高层管理岗位的候选人，则需要总经理、分管副总甚至董事会成员参加。

为防止面试小组中用人部门的相关人员不专业，比较好的解决办法是"人选标准，标准选人"。面试小组事先制定出标准化的面试流程和方法，然后按照标准化的流程，实施人才选拔。

企业可以在根据岗位胜任力模型制定面试的问题表后，设计标准化的面试评价表。当然，这里有一些测评项目是可以通过笔试完成的，另外一些项目则可以通过面试来完成。

在设计面试评价表时，要注意其必须包含以下信息。

（1）基础信息，包括招聘岗位的职责、要求等。

（2）评价项目，包括定量的指标，比如分值解释和评分结果；包括定性的指标，比如评价要点和评价记录。

（3）评价结论，要包含对该候选人的最终评价。

在设计标准化面试题目的时候要注意以下 3 点。

（1）标准，就是测评标准的内在规定，表现为对各种素质行为特征的描述和规定。

（2）标度，就是测评标准的外在形式，表现为对各种素质行为特征或表现的范围、强度和频率的规定。

（3）标记，就是对应不同标度（范围、强度和频率）的符号表示，通常用字母、汉字或数字来表示，它可以出现在标准体系中，也可以直接用来说明标准。

## 4.10.4　面试可能误差

在面试过程中，因为面试官的判断存在主观性，所以难免会出现一些判断误差，从而影响面试的效果。比较常见的面试误差如下。

1. 首因效应

面试官对候选人的面试往往会因为第一印象而产生误差。面试官可能会通过候选人的外貌特征、行为举止等初步印象，判断候选人是否适合该岗位。如果候选人给面试官的第一印象好，面试官会偏向于认为候选人是适合该岗位的；如果候选人给面试官的第一印象不好，面试官会偏向于认为候选人不适合该岗位。

2. 晕轮效应

面试官对候选人的某一个优势或劣势的判断，可能会影响其对候选人整体的判断。如果候选人在某个方面特别突出和优秀，面试官可能会认为候选人整体都非常优秀，非常适合该岗位。如果候选人在某个方面存在比较大的缺点，面试官可能会认为候选人整体都非常差，完全不适合该岗位。

3. 相似误差

面试官往往会对那些和自己具有相似经历、年龄、兴趣、爱好、民族、籍贯、背景等特征的候选人产生好感和亲近感，认为这类候选人非常优秀，从情感上偏向于录用这类候选人。相反，面试官容易对那些与自己在各方面都不相似的候选人产生负面的偏见，认为这些候选人并不优秀，不愿意录用这类候选人。

4. 对比误差

面试官对候选人之间的对比可能出现偏差。如果有好几位非常优秀的候选人排在一起，这时候有一位没有这些候选人优秀但也不差的候选人，面试官就容易认为其比较差。如果有好几位非常差的候选人排在一起，这时候有一位相对一般的候选人，面试官就容易认为其比较优秀。

5. 刻板印象误差

受知识和观念限制，面试官可能会对某一类候选人存在一些刻板印象。当面试官遇到这类候选人的时候，第一时间就会在心中对他进行归类。比如，有的面试官认为工作经验不足 3 年和没有经验一样。

要应对面试中这些可能存在的误差，面试官首先要了解这些误差、正视这些误差，同时做好以下事项。

（1）尽量采取结构化或半结构化的面试流程和人才评价标准进行面试。

（2）利用岗位胜任力模型和特征，选择最适合岗位的候选人。

（3）不断学习、培养、练习和规范面试技能。

（4）根据不同岗位和不同类型候选人的特点，制定有针对性的人才评价方法。

## 4.10.5　面试谎言判断

候选人为了获得岗位，面试时说的话或多或少会有谎言的成分。候选人可能会夸大自己的成绩，可能会放大自己的贡献，可能会抬高自己的职位，可能会说高自己的薪酬。这些谎言让面试官防不胜防。这就是很多候选人在面试时表现非常好，但实际上岗后却发现其根本没有能力的原因。

那么，面试官在面试时如何识别候选人的谎言呢？

实际上，面试官在面试中如何识别候选人的谎言是一个几乎没有办法解决的问题。面试官就算再怎么练习，也很难准确无误地判断候选人究竟有没有说谎，或者在哪些方面说谎了。

不过这也不代表面试官在面试时，完全不能识别候选人可能说出的谎言。面试官在面试时，要判断候选人有没有撒谎，有 3 种比较常见的方法。

1. 面试过程中进行逻辑判断

当面试官在候选人的工作经历中发现异常问题时，可以就这个异常问题问候选人，然后根据候选人前后的回答与描述，通过逻辑判断，大致判断候选人有没有说谎。

运用逻辑判断的关键是关注细节。一般候选人的谎言编得比较粗糙，如果要回答比较细节的问题，候选人通常很难临时编出比较圆满的细节。俗话说，一个谎言要用一百个谎言来圆。随着细节越来越深入，候选人可能会编不下去，从而露出马脚。

例如，有的候选人说自己的上一份工作是担任中层管理者，管理着 20 个人。这时，面试官可以进一步问："这 20 个人分别在什么岗位？分别有什么职责？为什么这样划分岗位和职责？你平时都是如何管理的？"如果候选人说谎了，那么其可能很难把细节说清楚。

2. 提出面试问题时运用情绪

这里用到的原理是谎言涉及情绪的时候，抓谎成功的概率会变大。与谎言有关的情绪越强烈，情绪的类型越多，就越容易出现某种形式的行为线索。所以，面试官在面试提问的时候，提出的问题最好是与候选人的情绪相关的。

例如，不包含情绪的问题是这样的："请你描述一下过去最成功的营销案例。"包含情绪的问题是这样的："请你描述一下过去最成功，并且让你最开心的一次营销案例。"

后一个问题的信息不仅包括最成功，还包括最开心这个情绪因素。一般人对情绪的记忆是相对真实的，如果想伪造情绪，很容易造成意识和潜意识的冲突，出现一些能够被看出来的漏洞和破绽。所以，包含情绪的面试问题对候选人的影响更大。

举例

笔者有一次面试猎头公司推荐的候选人，猎头说这位候选人曾经做过各种比较厉害的项目，拥有各种成功案例，非常适合笔者待招聘的岗位。

笔者面试的时候问他："最让你有成就感的一件事是什么？周围人对你感到最敬佩的一件事是什么？"

奇怪的是，候选人并没有提起猎头说的那些项目和成功案例。

后来笔者试探性地问："听说，你做过××项目。"

候选人有些尴尬地说："哦，是的，但当时只是参加了几次会议，并不是很深入。"

根据猎头的介绍，这位候选人应该非常适合那个岗位。但笔者面试完以后认为该候选人并不适合。那些所谓的成功案例，其实该候选人只是浅层参与，可以说，与项目本身的关系很小。

除非是不专业的猎头公司，一般情况下猎头为了和企业保持长久合作，不会随便推荐候选人。可能这个候选人在和猎头交流的时候提过自己参与过这些项目，但猎头没有特别详细地询问具体情况。在询问该候选人问题的时候，猎头应该也没有判断对方的回答是否存在一定程度的谎言。

3. 做好面试后的背景调查

实际上，背景调查是判断候选人真实情况最稳妥的方法，因为面试官毕竟不是测谎专家，也不是小说里的名侦探。作为面试官，面试过程中的很多判断其实是比较主观的。

面试官不能用审问的方式去问候选人，所以在很多情况下，在整个面试过程中，当面试官发现候选人可能存在某个问题的时候，只能认为存在疑问，不能说候选人一定在说谎。

当面试官发现一些蛛丝马迹、产生了很多疑问的时候，企业可以通过背景调查来验证。只要背景调查做得专业，面试官就不需要过分依赖面试过程中的主观判断。

## 4.10.6　背景调查方法

为了做好背景调查，面试官事先要收集的关键信息如下。

（1）候选人之前工作过的企业的名称和联系方式。最好让候选人留下原企业人力资源部或行政部的座机号码。

（2）证明人的姓名、联系方式及其与候选人之间的关系。如果是比较重要的岗位，保险起见，也可以让候选人留 2 ~ 3 名证明人的信息，在特殊情况下甚至可以让其留更多的证明人的信息。

面试官在联系证明人时，先要确认对方的姓名，然后确认证明人与候选人之间是否认识，是如何认识的，证明人与候选人之间是什么关系。

当面试官联系候选人原就职企业的时候，可以先不用候选人提供的电话号码，而是先将通过候选人原就职企业的官方网站或查号台等方式获得的座机号码与候选人提供的座机号码做比对。

面试官在做背景调查的时候，证明人有"事不关己，高高挂起"的心态是人之常情。为了让证明人愿意配合，面试官可以为证明人提供一些小的物质奖励。

人们会因为一些小的物质奖励而产生某种行为。这个原理也被一些企业用在问卷调查的过程中。这类企业通常会邀请民众参与问卷调查，民众参与之后，该企业会赠送民众一些小礼物。

对一些比较重要的岗位，为了保证背景调查结果的质量，企业可以适当增加背景调查的投入。面试官可以在背景调查一开始的时候就和证明人说，只要他愿意配合完成调查，企业可以送他一个小礼物。这个小礼物不需要多贵重，实用即可，比如笔筒、小音箱、耳机等，或者也可以直接给予其小额的金钱奖励。

背景调查常见的实施方法有 4 种，如图 4-7 所示。

电话
调查

委托
调查

背景调查
实施方法

问卷
调查

网络
调查

图 4-7　背景调查常见的 4 种实施方法

对于一次完整的背景调查，渠道的数量一般可以控制在 2 ～ 3 种。如果只选择一种渠道，通过背景调查所得到的信息之间就不能相互印证。如果选择的渠道太多，不仅信息量大，背景调查的成本比较高，而且也不一定适合。

1. 电话调查

利用电话做背景调查是指企业通过电话，访谈候选人原就职企业的同事、人力资源部或行政部的工作人员，询问候选人的工作时间、岗位、绩效、离职的原因等关键信息。电话调查方法是最常用的背景调查方法，也是成本最低的背景调查方法。

2. 问卷调查

问卷调查一般是指企业事先制作用于背景调查的问卷，然后通过把背景调查问卷发送给证明人的方式，期望证明人能提供给企业一份相对正式的、完整的、模块化的回复。问卷调查的信息更全面，相对正式。但问卷调查难以保证问卷填写的及时性和准确性。

3. 网络调查

网络调查是指通过网站和社交媒体了解候选人的信息，或者通过搜索引擎了解候选人的新闻报道类事件。很多与招聘相关的门户网站都开设了社交功能，个人简历的开放度越来越高，候选人曾经的就职企业、工作岗位、工作年限等信息可以通过同在这家企业的其他工作人员进行认证。

4. 委托调查

委托调查是指企业通过委托专业的背景调查机构来获取关于候选人的详细的背景调查报告。当企业的人力资源部门人手不足、专业性不足，招聘的岗位相对比较重要的时候，或者候选人来自竞争对手，不方便企业直接出面做背景调查的时候，适合采用这种方式。

面试官在进行背景调查时，要循序渐进，可以先从简单的问题聊起，不要一开始就问一些敏感的话题。例如，不要一开始就对证明人说："我想向你了解一下你们公司 ×× 的工作岗位、工作表现、工作内容和工作职责。"

比较标准的背景调查话术可以参考以下内容。

您好！请问您是 ×× 先生 / 小姐（或者 ×× 公司人力资源部）吗？

这里是 ×× 公司的人力资源部，请问您现在方便接听电话吗？

如果对方支支吾吾，可以进一步明确询问对方是否不方便，如果不方便，可以改时间再谈。如果对方表示方便的语气很明确，则继续。

接着说："我们这边收到一份之前在贵公司工作过的候选人的简历，想向您核实一下他（她）的情况，大概耽误您 1 ～ 2 分钟的时间，您看可以吗？"

这里一定要说 1 ～ 2 分钟，实际上需要花费多久的时间不必追究，这样说可以吸引证明人，然后可以再加一句："我郑重承诺，我们将对您提供的信息完全保密！"

如果证明人此时比较忙，可以追问："那您看您什么时候方便，半小时后可以吗？"

当证明人表示有时间进行背景调查时，可以按照要调查的内容，形成话术顺序，可以参考以下内容。

（1）候选人和证明人之间是否认识？关系如何？是如何认识的？

（2）候选人曾经工作的时间、公司、部门、岗位具体如何？

（3）证明人是否清楚候选人的离职原因？

（4）候选人是主动离职，还是被动离职的？

（5）候选人工作期间的表现如何？可以请证明人描述一下候选人的个性。

（6）候选人的专业知识水平如何？

（7）候选人平常和同事之间的相处如何？

（8）候选人平时是否能够胜任自己的工作？

（9）候选人是何种类型的性格？勤奋踏实型还是聪明创新型？

如果证明人对候选人非常认可，则可以进行如下追问："看来您对他 / 她（候选人）是非常认可的，但人无完人，为了他 / 她今后的发展，您认为他 / 她还存在哪些不足？需要在哪些方面进行改进？您觉得我们公司未来要帮助他 / 她发展，需要关注哪些方面呢？"

## 4.10.7  面试结束问题

面试的最后是面试官对整场面试的收尾环节。面试结束前，面试官可以询问的收尾类问题如下。

1. 我们对所有候选人都抱着谨慎录用的态度，我们希望对你进行背景调查，会与你简历上的证明人以及你原来的公司取得联系，你同意吗？

对候选人的背景调查需要获得候选人的书面同意，面试时可以口头询问 / 告知候选人有背景调查的环节。如果候选人同意接受背景调查，则需要获取候选人书面签字的同意书。在这个环节，面试官可以就背景调查与候选人进行进一步沟通，比如，追问候选人关于背景调查还有哪些信息需要补充，或者希望企业实施背景调查的时候注意什么等。

2. 你能够接受 ×× 吗？（×× 可以是出差、夜班、倒班、在某地点工作、在某种环境下工作等。例如，你能够接受出差吗？你能够接受长期驻外工作吗？你能够接受高空作业吗？）

这类问题是为了向候选人确认其是否能够接受岗位的特殊条件。所有岗位特有的、候选人有可能不接受的条件都可以一并询问。询问这类问题的时候可以更具体一些，比如对倒班的描述，可以细化到上下班的具体时间。

3. 你还有什么需要我知道的？

这类问题是为了给候选人补充陈述的机会，也是给候选人做总结的机会。候选人可以把之前面试过程中回答不到位的问题或临时想到的个人优势通过回答这个问题表达出来。

4. 对于这个岗位，你有哪些问题？

这类问题是为了给候选人提问题的机会。候选人可以通过提问获得关于该岗位的未知信息。对于企业来说，候选人提出什么样的问题能够从侧面反映出候选人的思维层次或眼界水平。

5. 你上一份工作的薪酬是多少？

这类问题是为了了解候选人的薪酬情况。问候选人"上一份工作的薪酬"要比问"期望的薪酬"更好，因为有的候选人期望的薪酬不切实际，问其上一份工作的薪酬则可获得一定的可供参考的标准。面试官也可以问："你能接受的最低薪酬是多少？"

6. 你最早什么时候可以上岗？

这类问题是为了确定候选人在接受岗位邀约之后正式投入工作的时间。企业可以根据候选人投入工作的时间判断是否录用该候选人，也能够提前为候选人上岗工作做好安排。

## 4.10.8 面试成果评估

面试官应当定期对面试成果实施评估。面试结束后对成果的评估主要包括人才招聘满足率的评估、人才招聘效率的评估、人才招聘质量的评估和人才招聘费用的评估4类。在人才测评领域，最常用到的评估是人才招聘质量的评估，也就是评估招聘人才是否满足岗位的要求。

招聘人才的质量决定了招聘的最终效果，所以面试官需要对招聘人才的情况进行评估。评估方式一般是对招聘的未转正的新员工，在个人品质、行为态度、业务能力和工作成效等方面进行跟踪和测试，从而评估招聘人才的质量。

招聘人才质量评估工具如表4-6所示。

表4-6　招聘人才质量评估工具

| 个人品质（20分） | 行为态度（20分） | 业务能力（30分） | 工作成效（30分） |
|---|---|---|---|
| 正面：品行端正、以身作则、责任心强、言行一致、坚持原则、具备团队精神和奉献精神等。<br>负面：言行不一、推卸责任、个人主义等。 | 正面：爱岗敬业、顾全大局、遵纪守法、积极主动、勇于创新、勇于担当等。<br>负面：投机取巧、不按时打卡上班、消极怠工、无故离开工作岗位等 | 正面：精通业务、有领导力和执行力、有沟通协调能力、有逻辑思维能力、工作思路清晰、有学习能力和理解能力、有创新能力等。<br>负面：眼高手低、好高骛远、缺乏沟通能力、不思进取等 | 正面：实现了部门价值、与其他部门密切配合、决策准确、合理分工等。<br>负面：只顾自己、不配合其他部门工作、无法按时保质保量地完成工作任务等 |
| 评估结果的总分为100分。评估结果低于60分为不及格，60~85分为良好，85分以上为优秀 | | | |

表4-6中关于个人品质、行为态度、业务能力和工作成效方面的内容可以根据不同企业的情况划分为更细的维度。

如果发现某个时期、某个企业、某个部门或某个招聘专员招聘的人才的质量普遍较高，应当分析原因、总结经验。当人才招聘质量普遍较低时，应当查找和分析人才招聘质量比较低的原因。

对人才招聘质量的评估反映了面试环节的质量。根据人才招聘质量评估结果，企业可以进一步提高面试环节的测评质量，以及面试测评的有效性。

**举例**

某企业的面试官发现近期招聘的某营销岗位人才的质量普遍较低，反观面试环节，发现在设计结构化面试评价要素比例的时候，对人才数据分析能力设置的比例较高，对人才沟通协调能力设置的比例较低，而在实际工作中，沟通协调能力较强的人才的绩效明显比数据分析能力较强的人才的绩效好。

这时，该企业的面试官应当把该营销岗位人才的招聘选拔环节的数据分析能力所占比例调低，把沟通协调能力所占比例调高。今后在招聘该营销岗位人才时，应重点关注人才的沟通协调能力。

# 4.11  舒伯职业价值观测评

舒伯职业价值观测评是心理学家唐纳德·E.舒伯（Donald E.Super）及其同事在1970年研发的，舒伯把人的职业价值观分成了15项，分别是：利他助人、美的追求、创造性、智力激发、成就感、独立性、声望地位、管理权力、经济报酬、安全感、工作环境、上司关系、同事关系、生活方式、变异性。

## 4.11.1  舒伯职业价值观测评的用途

我们在生活中经常会遇到这样的情况：到了某个人生转折点，摆在人们面前的有好几种职业，人们可以选择A职业，可以选择B职业，也可以选择C职业。这些职业既有优点，又有缺点，选哪一种似乎都会有遗憾，人们该如何做出不让自己后悔的选择呢？这时候就可以用到舒伯职业价值观测评。

舒伯职业价值观测评是用来对人才的动力维度进行测评的工具。这个工具不仅可以用在职业选择上，当人们需要做出人生选择的时候也可以用到这个工具。

什么是价值观？

价值观是人们关于什么是有价值的、值得做的事的一系列信念，它指导着人们对其他的人、事、物与行动进行选择与评估，是人们内心的一把尺子。

如果简单理解，价值观就是人们对人生中不同事物的重要程度的排序，是人们判断究竟什么对自己更重要，什么对自己不重要的依据。例如，当某人有了一个比较长的假期时，假如他完全可以自由选择在这段有限的时间里做任何事，他可能会选择外出旅行，可能会选择学习深造，可能会选择走亲访友，也可能会选择在家里看电视。人们会做出不同的选择，是因为他们有不同的价值观。

价值观进一步延伸，可以分为人生价值观和职业价值观。职业价值观，是人们在不同的人生发展阶段所表现出来的阶段性的人生价值追求，是人们希望通过工作来实现的人生价值。它决定了一份职业能够给人带来的满足感，可以作为人们选择职业的重要依据。

有个词叫"人各有志"，这里的"志"体现在职业选择上，其实就是职业价值观。它是一种具有明确的目的性、自觉性和坚定性的职业选择态度和行为，对一个人的职业目标和择业动机起着决定性的作用。

舒伯职业价值观测评包含的 15 项职业价值观的含义如下。

（1）利他助人，指的是人们对某个职业能够为他人提供某种价值，为社会做出某种贡献的倾向性。

（2）美的追求，指的是人们对某个职业能够创造美丽的事物，追求把美带给世界的倾向性。

（3）创造性，指的是人们对某个职业能够发明新事物、设计新产品或产生新思想的倾向性。

（4）智力激发，指的是人们对某个职业能够让人独立思考，了解事物背后的运行原理，学到更多知识或技能的倾向性。

（5）成就感，指的是人们对某个职业能给自己带来成功感和满足感的倾向性。

（6）独立性，指的是人们对某个职业能让自己按照自己的方式和意愿做事的倾向性。

（7）声望地位，指的是人们对某个职业能够让自己有地位、受尊敬，能引发别人对自己的敬意的倾向性。

（8）管理权力，指的是人们对某个职业能够让自己制订计划、给别人安排任务，或者获得某种权力的倾向性。

（9）经济报酬，指的是人们对某个职业能给自己带来想要的经济报酬或物质基础的倾向性。

（10）安全感，指的是人们对某个职业在未来比较长的一段时间内不太可能随着社会经济的发展而消失的倾向性。

（11）工作环境，指的是人们对某个职业的工作环境的空间、时间、温度、湿度、干净程度、声音等条件有一定要求的倾向性。

（12）上司关系，指的是人们对某个职业的上级能够与自己融洽相处的倾向性。

（13）同事关系，指的是人们对某个职业的同事能够与自己融洽相处的倾向性。

（14）生活方式，指的是人们对某个职业与自己的生活方式相符的倾向性。

（15）变异性，指的是人们对某个职业可能让自己学会更多技能、获得更多变化的倾向性。

## 4.11.2  舒伯职业价值观测评应用方法

人们应如何测评自己的职业价值观呢？

常用的方法有2种，第1种是直接通过舒伯职业价值观测评量表得到自己的职业价值观排序；第2种是理解舒伯职业价值观的15项职业价值观的含义后，直接对自己的职业价值观进行排序。

第2种方法比较简单，身边没有舒伯职业价值观测评量表也可以操作，操作流程可以分为以下3步。

第1步，充分理解这15项职业价值观的含义。

第2步，在自己的心情比较平静的时候，找一张白纸，在白纸上写下15项职业价值观。

第3步，为这15项职业价值观打分或排序。如果是打分，可以将每一项的满分设置为10分，看不同的项对自己的重要程度；如果是排序，可以直接在每项职业价值观后面写上排序后的序号。

利用职业价值观来做决策，需要用到职业价值观打分量表，如表4-7所示。

表4-7  职业价值观打分量表

| 价值观<br>（8项） | 重要程度<br>（1~10） | A 选择 | B 选择 | C 选择 |
|---|---|---|---|---|
| 1 | | | | |
| 2 | | | | |
| 3 | | | | |
| 4 | | | | |
| 5 | | | | |
| 6 | | | | |
| 7 | | | | |
| 8 | | | | |
| 总分 | | | | |

利用职业价值观打分量表，人们做决策的时候可以分为以下5步。

第1步，从舒伯的15项职业价值观中，罗列出8项对自己来说最重要的职业价值观，并将其填到表中。

第2步，为这些职业价值观打分，分数设置为1～10分，重要的分高，不重要的分低。

第 3 步，根据现在可选的职业发展选项，比如 A 选择、B 选择或 C 选择，为这些选项分别在不同的职业价值观上根据自己的满意度打分，这里的分数设置为 1 ～ 5 分，重要的分高，不重要的分低。

第 4 步，把职业价值观的重要程度的分数和不同选项在该职业价值观上的满意度的分数分别相乘后再相加算出总分数。

第 5 步，对结果进行检查和复盘，看有没有需要调整的地方。调整后，根据最后的结果做出职业选择决策。

## 4.11.3 舒伯职业价值观测评应用案例

小李的工作得到了领导和同事的一致认可，目前已经在分公司部门负责人岗位上工作了 5 年。集团公司的领导有意提拔他，目前有两个岗位空缺，一个是小李所在分公司的副总岗位，另一个是集团公司某部门的负责人岗位。

集团领导找小李谈话，想征求小李本人的意见，小李回到部门后，考虑了很久也不知该如何抉择。这时，小李就可以应用舒伯职业价值观测评工具和方法。

小李选出了自己认为最重要的 8 项职业价值观，分别是：成就感、智力激发、同事关系、美的追求、经济报酬、创造性、独立性、声望地位。小李根据实施舒伯职业价值观测评的 5 个步骤，利用职业价值观打分量表得出的结果如表 4-8 所示。

表 4-8　小李利用职业价值观打分量表得出的结果

| 价值观 | 重要程度 | 分公司副总 | 集团公司部门负责人 |
|---|---|---|---|
| 成就感 | 8 | 5 | 4 |
| 智力激发 | 9 | 5 | 4 |
| 同事关系 | 6 | 5 | 3 |
| 美的追求 | 7 | 4 | 4 |
| 经济报酬 | 8 | 5 | 4 |
| 创造性 | 7 | 4 | 4 |
| 独立性 | 6 | 4 | 5 |
| 声望地位 | 5 | 4 | 4 |
| 总分 | | 255 | 224 |

根据表 4-8 的测算结果，小李对分公司副总的职业价值观满意度是 255 分，对集团公司部门负责人的职业价值观满意度是 224 分。总的来说，小李对分公司副总岗位的综合职业价值认可度高于集团公司部门负责人岗位。根据这个结果，小李最终选择了分公司副总岗位。

在运用这个方法的时候要注意，工具和方法能帮助人们做决策，但不能代替人们做决策。完全相信工具，可能并不会比完全靠拍脑袋决策更有效。另外，对那些有选择困难症的人来说，工具和方法可能都解决不了这个问题。

# 第 5 章
## 评价中心

　　评价中心包括的测评方式非常多，包括行为访谈测评、非行为访谈测评、情境模拟测评、笔试测评、人格测评、简历测评等，有的评价中心还可以对推荐信进行测评，甚至还有对血型等进行测评的。当然，每种测评方式对应着不同的信度和效度。

　　本章主要介绍评价中心的功能特点构建方法和注意事项以及常用的沙盘游戏测评、无领导小组讨论测评、公文筐测评和角色扮演测评4种典型测评工具的用法。

# 5.1 评价中心介绍

评价中心最早可以追溯到 1929 年，当时有军事心理学家通过小组讨论的方式选拔具有领导潜质的军官。后来评价中心在商业领域得到发展，被越来越多的企业熟知和应用。如今，许多世界 500 强企业都掌握了一定的评价中心技术，并通过评价中心进行人才选拔，尤其是管理干部的选拔。

## 5.1.1 评价中心的功能特点

评价中心是一系列测评工具的集合体，是用来评估人才一系列特质的多种方法的集合。运用评价中心技术，可以由多名测评人员，运用多个测评工具，从多个测评维度，对被测评人的素质、知识、能力和经验进行评估。

比较完整的评价中心包含了对人才的人格心理测评、知识测评、能力测评等，测评方式也包含了笔试、面试、角色扮演、情境模拟等。在很多具备评价中心技术的企业中，运用评价中心技术实施一次完整的人才测评需要耗费 2～3 天的时间。

运用评价中心技术对人才进行测评，可以平衡测评的信度、效度和成本三者之间的关系，让企业对人才的测评不至于因为过分依赖某一种或某几种单一的工具或方法，而出现信度过高、效度过低或者效度过高、信度过低的情况。

评价中心作为内外部人才选拔和培养的重要工具，能够帮助企业精准地招聘外部人才、选拔内部的具有潜力的人才以及对现有的管理者进行评价。

评价中心也是企业组织发展和战略变革的工具，可以帮助企业的高层管理者执行战略，帮助加深内部的管理团队对新的战略、组织观念的认知和认同，从而帮助企业识别和选拔出支持企业变革，具有新战略、新组织能力以及满足新发展需要的人才。

评价中心具有以下特点。

1. 测评方法更全面

评价中心通常不止采取一种人才测评方法对被测评人实施测评，而是采取多种测评方法相结合的方式，让被测评人得到更全面的测评。

2. 测评工具更有针对性

评价中心就像一个工具箱，其中有各种人才测评工具可以选用，对于不同类型的被测评人，可以选择不同的、更有针对性的人才测评工具。

3. 测评结果更可靠

评价中心因为具备测评方法更全面、测评工具更有针对性的特点，其测评结果往往更加可靠。评价中心对人才测评的管理更加专业，随着人才测评工具的不断发展、经验的不断积累、不断的复盘调整，测评结果的信度和效度将越来越高。

## 5.1.2　评价中心的构建方法

构建评价中心之前，首先要成立专业、可靠的评价项目小组。小组的成员要包括高层领导，最好包括最高层管理者、人力资源管理相关领导、测评工作相关的实施人员、外部的专家和顾问。评价项目小组负责评价中心的构建工作。

构建评价中心的过程可以分为 6 步，如图 5-1 所示。

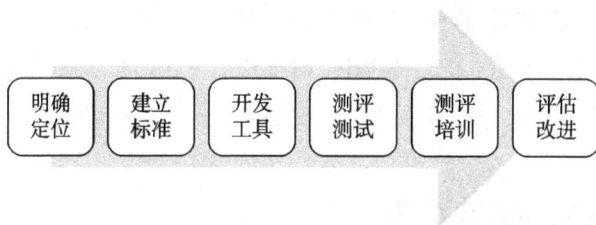

图 5-1　构建评价中心的步骤

1. 明确定位

企业在构建评价中心之前，首先要明确评价中心构建的整体思路、目的和具体要达成的目标；其次要明确评价中心要为企业的哪些业务、哪些部门、哪些岗位、哪些事项负责；最后确定评价中心内部的组织机构、运行流程、工作纲领和原则，并形成详细的评价中心构建规划文件。

**2.建立标准**

岗位胜任力模型和必要的岗位分析是评价中心构建和运行的前提。所以在正式构建评价中心之前，需要在充分考虑行业背景、企业状况、企业战略的前提下，根据待测评岗位的具体情况，对待测评岗位进行岗位分析或岗位胜任力模型分析。

**3.开发工具**

评价中心中可以使用的工具有很多，根据不同的测评目的和维度，企业可以使用不同的工具。但不是所有的工具都适合本企业，也不是所有的工具在企业现有人才的能力范围内都能够有效地使用。企业需要审视所有的测评工具，并确定哪几种更适合本企业使用，从而重点开发这几种。

**4.测评测试**

在正式运用评价中心技术之前，需要选取个别目标岗位进行充分的测试，测试的结果应当纳入评价项目小组的构建报告中。针对测试的岗位人选，评价项目小组要进行有针对性的访谈，了解评价中心的工具和方法在哪些方面还存在问题，并做出相应的调整。

**5.测评培训**

评价中心的实施人员需要就评价中心技术的实施原理、方法进行有效的培训。培训的内容一般包括岗位胜任力模型、行为观察和记录、测评方法、测评技巧、评估报告撰写等的方法和技巧。

**6.评估改进**

在评价中心实施的过程中，评价项目小组要对评价中心的实际运行效果进行持续的监控、评估和改进。在此过程中，问题常出现在岗位胜任力模型、测评机制、管理机制等方面。待改进的事项应当形成备忘录，并及时修正。

## 5.1.3 评价中心的注意事项

企业在实施评价中心时，需要注意6点，如图5-2所示。

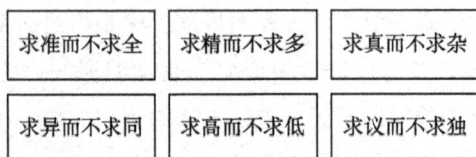

| 求准而不求全 | 求精而不求多 | 求真而不求杂 |
|:---:|:---:|:---:|
| 求异而不求同 | 求高而不求低 | 求议而不求独 |

图5-2 企业实施评价中心的注意事项

### 1. 求准而不求全

评价维度选取的原则是在短时间内可以观察和衡量的，而不是对所有的岗位胜任力维度进行观察和衡量。比如，有的岗位要求人才诚实正直，这个特质虽然也能够通过测评的方式得出初步的结论，但其信度和效度都远不如在较长一段时间的相处和观察中得出的结论。这类特质不建议通过评价中心测评。

### 2. 求精而不求多

虽然评价中心可以测评人才的不同维度，但在同一时间，采用评价中心进行评价的维度应当有所侧重，而且数量不宜过多，一般不宜超过 8 项。如果评价的维度过多，可能会影响对其他关键评价维度的测评。

### 3. 求真而不求杂

采用评价中心测评的维度，应当追求评价的真实性。让模拟的情境充分发挥作用，加强被测评人身临其境的感觉。在评价中心的准备和实施环节，应在测评的真实性上下功夫，而不是测评的复杂程度。

### 4. 求异而不求同

评价中心的优势在于可以根据测评维度的不同，采取不同的测评方式，所以在实际运用时应当发挥出评价中心的这一优势。评价中心中的测评工具和方法应当随测评目的的不同而不同。比如，外部招聘人才与内部裁员的测评方式、维度与侧重点都是不同的。

### 5. 求高而不求低

让高层领导尤其是企业的决策层参与评价中心的实施过程中有助于评价中心有效运行。高层领导的加入会让其对人才评价技术有新的认识，也会让其观察到平时难以观察到的情境，从而有助于人力资源管理工作的开展。

### 6. 求议而不求独

评价中心对人才的评价不应由单一的测评人对被测评人做出评价，而应当由多位测评人对同一位被测评人在同一维度上的测评结果进行商议和讨论后，得出最终结果，以提高测评结果的有效性和客观性。

# 5.2 沙盘游戏测评

沙盘的原意是装满沙子的容器或者用泥沙和塑料等做成的模型。在军事上，指挥部门研究区域作战的地貌模型就是沙盘的一种，这类地貌模型后来也被广泛应用在科学研究领域。如今的沙盘泛指一种模拟，沙盘游戏（Sandbox Game），其实指的就是一种模拟游戏。

沙盘游戏最早是由瑞士心理学家多拉·卡尔夫（Dora Kalff）创立的，沙盘游戏最早被应用在儿童心理治疗领域。最初用于儿童心理治疗的沙盘游戏，其内容是通过一个装沙子的容器和一些辅助玩具，引导儿童做游戏。儿童在沙盘游戏的虚拟环境中，会把负面情绪展示出来，从而消耗负面情绪能量，达到治疗儿童心理疾病的目的。

后来随着形式的演变，沙盘游戏被应用在各个领域，有了很多新的功能和用途。在企业管理中，沙盘游戏被广泛应用在培训领域和人才测评领域。此时的沙盘游戏，实际上指的是一种情境模拟，也叫作沙盘模拟或沙盘推演。

## 5.2.1 沙盘游戏测评实施方法

在企业管理的人才测评中，沙盘游戏是一种由多人参与的沉浸体验式游戏测评方法。这类沙盘游戏的常见操作方法是让被测评人组成小组，模拟经营一家企业，不同小组的企业之间存在某种竞争关系。通过被测评人模拟经营企业以及不同小组之间相互竞争的过程，观察不同的被测评人在过程中的表现。

沙盘游戏需要多个被测评人共同参与，如果只有 1 个被测评人，通常无法实施沙盘游戏测评。实战中，一次沙盘游戏测评常见的被测评人员数量为 12～50 人。当被测评人的数量较多时，沙盘游戏中的测评人数量也应当相应提高。

测评人在沙盘游戏中通常是以观察者的角色存在的，负责观察被测评人的各项行为表现。测评人可以独立于被测评人组成的小组观察，也可以参与到被测评人组成的小组中，在担任某个角色的同时进行观察。

沙盘游戏刚开始应用于企业管理时，主要应用在人才培养方面。人们通过沙盘游戏，能够获得有关经营管理和决策的感悟，从而提升经营管理能力和决策能力。很多高校的工商管理课程都把沙盘游戏作为必修课。很多世界500强企业，特别是一些著名的企业，也把沙盘游戏作为管理干部培训的必修课。

后来，随着沙盘游戏在企业管理中的进一步发展，其在人才测评领域也得到了比较广泛的应用。企业管理中的沙盘游戏特别适合用于测评管理者的经营管理能力、领导者潜质及其适合担任的管理者角色。

沙盘游戏测评的一般方法如下。

（1）设置沙盘游戏的载体。企业管理中最早的沙盘游戏采用的是实物道具。随着互联网信息技术的发展，如今的沙盘游戏大多通过个人电脑端或移动设备端操作，采用互联网或局域网信息传输技术实现数据信息的交互运算，通过软件程序的形式模拟沙盘游戏场景。

（2）明确沙盘游戏的规则。沙盘游戏的规则包括被测评人组成的经营小组数量、每个小组的人数、经营的基本规则、基本的操作方法等。一般模拟经营类的沙盘游戏会规定初始的启动资金、当前的财务状况、当前的技术背景、当前的内外部环境等。

（3）组成模拟经营小组（模拟企业决策层），每个小组的人数一般为3～8人。小组中的每个成员分别扮演着企业的总经理、财务总监、运营总监、销售总监、采购总监、生产总监、技术总监等角色。如果小组的被测评人数量较少，则可以由1人扮演多个角色。

（4）各模拟经营小组在沙盘游戏的规则下开始游戏，应当在规定的时间内进行讨论、完成决策并进行操作。在游戏过程中，各模拟经营小组应当充分了解内外部信息，制定企业的发展战略，做出各类经营管理决策，例如进行融资、技术开发、加工生产、广告投放、产品营销、客服投入等。

（5）测评人作为观察者，观察和记录游戏过程中每个被测评人的行为表现，以此来判断每个被测评人的能力水平。过程中的观察和记录可以用摄像机作为辅助工具。观察者应当与被测评人近距离接触。每个观察者的观察对象一般不超过8人，比较好的做法是在每个模拟经营小组内设置1名观察者（测评人）。

## 5.2.2  沙盘游戏测评考查能力

沙盘游戏能够考查被测评人的计划组织能力、沟通协调能力、经营预测能力、数据分析能力、统筹规划能力、决策指挥能力、解决难题的能力、团队协作能力等通用能力。这些通用能力都是管理岗位必备的能力。

与传统的人才测评方法相比，沙盘游戏测评具有以下优点。

**1. 更能测评出被测评人的实际能力**

沙盘游戏需要被测评人在游戏中担任某个角色，这个角色是被测评人不可逃避的职责。这在一定程度上要求被测评人充分参与，在游戏过程中要展现出最佳水平，其很难在过程中有所伪装或掩饰，因此更能够测评出被测评人的实际能力。

**2. 更能激发被测评人的参与意愿**

很多人不愿意接受人才测评，有的是因为觉得自己好像是被研究对象，有的是因为传统人才测评的过程枯燥无味且会占用大量时间。沙盘游戏因为是一种沉浸体验式模拟游戏，比较生动有趣，很容易让被测评人愿意参与，而且沉浸其中。

**3. 更能观察出被测评人的协作能力**

沙盘游戏因为是多人参与的游戏，能够形成强烈的互动环境，每一个被测评人都要考虑团队其他成员的意见，都要和团队其他成员协作完成任务，这就能够看出被测评人的沟通能力和协作能力，有些被测评人还会在整个过程中展现出领导力。测评人通过观察不同被测评人在过程中的表现，还能够进行彼此间的比较。

**4. 能够观察出被测评人的综合能力**

除了沟通能力和协作能力，测评人通过沙盘游戏的过程还能观察出被测评人的各项综合能力。例如，当模拟经营团队中的某成员提议实施融资计划时，团队要考虑企业历史的经营状况、市场状况、竞争对手的情况等。到底要不要实施融资计划，需要计划提出人具备数据获取能力、数据分析能力、逻辑推理能力、口语表达能力，还需要具备一定的说服力。这实际上是一个人运用资源、完成任务、实现目标所需要的综合能力，也叫复合能力。

**5. 能够了解被测评人对管理知识的掌握情况**

被测评人要扮演好沙盘游戏中的角色，不仅需要具备基本的能力，而且需要具备角色需要的基本知识。测评人通过观察不同的被测评人扮演角色的情况，可以看出被测评人对相应管理知识的掌握情况。

例如，被测评人扮演财务总监的角色需要具备财务报表的编制、解读或预测能力，这需要被测评人具备财务管理的基本知识。实际上，扮演总经理角色或其他重要管理者角色的被测评人也需要具备财务报表的基本解读能力，还需要一些财务管理的知识。

6.测评过程更贴近现实

沙盘游戏虽然是一种模拟游戏，但这种模拟游戏来自商业实战，规则、逻辑和场景全部都与商业实战紧密联系，因此更贴近实战。被测评人在整个游戏过程中的表现也会更贴近其真实表现。这种测评方式不仅有助于测评出被测评人在面对实际问题时展现出的各项能力，也能够通过整个游戏过程让被测评人获得成长，提高被测评人的能力。

沙盘游戏并非完美的人才测评方法，这种方法也存在缺点。与传统的人才测评方法相比，沙盘游戏测评具有以下缺点。

1.耗费时间较长

沙盘游戏耗费的时间较长，一般一次测评需要耗费1天的时间，与很多通过纸质问卷进行的人才测评形式相比耗费时间过长，测评的效率不高。沙盘游戏的过程不仅占用了被测评人大量的时间，也占用了测评人大量的时间。

2.测评成本较高

沙盘游戏不仅耗时较长，要达到测评目的，对测评的设施设备还有一定的要求。目前市面上很多沙盘游戏的软件系统售价都较高，很多企业出于成本考虑无法采购这类系统，而且租用一次外部设备的费用也不低。

3.对测评人的能力和经验有一定要求

测评人肩负着组织的职责，多人游戏活动对组织者的能力和经验有一定的要求。沙盘游戏是通过观察被测评人的行为得出结论的，不同被测评人的行为代表着怎样的能力，这需要测评人具备一定的能力和经验才能做出判断。

另外，测评人在沙盘游戏过程中也肩负着重要的职责，测评人不仅要尽职尽责，而且要具备一定的观察能力。当能力较强、经验较足的测评人观察到被测评人的某个行为时，就能迅速识别出其涉及的相关能力，而能力较弱、经验较少的测评人则可能就忽略了。

## 5.2.3 沙盘游戏测评实施流程

当企业准备对某些被测评人进行沙盘游戏测评时，实施流程可以分为8步，如图5-3所示。

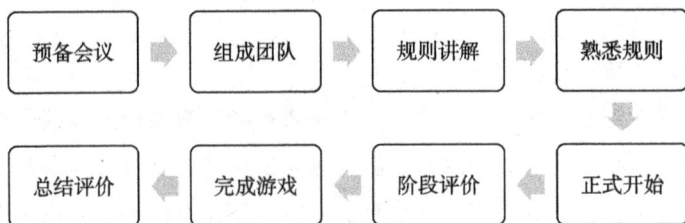

图 5-3　沙盘游戏测评实施流程

### 1. 预备会议

实施沙盘游戏测评的所有测评人应在游戏开始之前提前召开预备会议，沙盘游戏测评的总负责人要向所有参与的测评人讲解整个沙盘游戏的规则、流程、节奏、时间等，要说明每个测评人在过程中的角色定位、观察要点和注意事项。

在整个沙盘游戏过程中，测评人扮演着观察者的角色，其间不能抱着看热闹的心态参与其中，而应当时刻关注被测评人的一切言行举止，找到其关键行为，做好必要的关键行为记录，从而对被测评人做出判断。

### 2. 组成团队

沙盘游戏开始之前，沙盘游戏测评的总负责人应将所有的被测评人划分为不同的团队。组成团队的方式可以由被测评人自由选择，也可以由企业随机指定。组成团队之后，即使同一个团队内部的被测评人已经相互认识了，测评的总负责人也要留出一定的时间让团队成员就新成立的团队进行交流。

比较好的做法是让团队在这段时间内为自己的团队选择一名队长、取一个名字、设计一个队徽、设计一首队歌、设计一句口号或者设计一个标志性的集体动作。这个过程既可以让团队成员之间相互认识，又可以为团队成员创造一种群体仪式感，增强他们的团队认同感，让各团队成员不知不觉地进入游戏的场景之中。

根据被测评人的数量，组成团队的时间一般可以控制在 20 分钟左右。组成团队之后，为了进一步增强团队意识、趣味性和竞争性，沙盘游戏测评的总负责人可以让每个团队向众人展示自己团队的名字、队徽、队歌、口号或标志性动作等。

### 3. 规则讲解

沙盘游戏测评的总负责人向所有被测评人讲解沙盘游戏测评的游戏背景、具体规则、游戏纪律、运行流程等各项须知，并向其演示不同步骤的操作方法。在总负责人介绍完之后，可以允许被测评人提问。

讲解完规则之后，沙盘游戏测评的总负责人可以给各模拟经营团队一定的时间，让他们根据游戏规则安排好团队内部的角色分工。模拟经营团队可以利用这个时间提前确定内部不同角色的具体职责和工作，也可以提前设计团队内部的沟通规则和决策方法。

**4. 熟悉规则**

在游戏正式开始之前，沙盘游戏测评的总负责人给所有被测评人提供一个用于操作测试的环境，让其熟悉游戏的基本规则和操作方法。被测评人在操作测试过程中如有任何疑问，可以直接提出。

**5. 正式开始**

沙盘游戏测评的总负责人询问所有被测评人是否已经清楚游戏规则和操作方法，如果得到肯定答复，则可以准备开始沙盘游戏。在正式开始之后，各模拟经营团队中的被测评人按照各自担任的角色，根据具体情况进行游戏。

**6. 阶段评价**

沙盘游戏的规则中一般有阶段性经营总结，沙盘游戏测评的总负责人可以在阶段性经营总结中做出一定的经营状况评价。评价时可以团队为单位，主要评价各模拟经营团队的经营成果，并对一些团队的经营决策及其导致的经营后果做出评价。

在企业管理中，沙盘游戏不仅可以用于人才测评，还可以用于人才培养。多数情况下，接受沙盘游戏测评的被测评人已经是企业的员工，所以在整个沙盘游戏测评实施的过程中，要注意给予一定的启发，这样有助于所有被测评人的学习和成长。

人的能力不是静止不变的，而是不断发展变化的。在沙盘游戏过程中虽然会发现被测评人在某些方面存在问题，但阶段性的评价能够给能力不足的被测评人一定的启发，从而促进其能力的提升。

**7. 完成游戏**

随着沙盘游戏的进行，阶段性评价之后，沙盘游戏将会进入尾声。这时候可以请优胜者团队派代表发言，说明其团队在游戏全过程中的思考、沟通和决策方法。之后，沙盘游戏测评的总负责人对整场沙盘游戏做出评价。

8. 总结评价

沙盘游戏正式结束后，沙盘游戏测评的总负责人召集所有测评人（观察者）对整个沙盘游戏测评项目进行总结评价。所有测评人分别提交或陈述其观察对象的基本情况，从而得出所有被测评人的测评结果。

## 5.2.4　沙盘游戏测评实战案例

本案例选自某高校沙盘游戏教学课程。

本次沙盘游戏采用××软件运营企业，所有操作必须在××软件模拟平台上进行。各组拥有台式电脑一台，作为××软件的运行平台。游戏过程中，各组的台式电脑必须启动录屏软件，用于录制经营过程，建议将每一年的经营过程保存为一个独立的文件。一旦出现问题，以录屏文件为证，裁决争议。如果擅自停止录屏，则按系统的实际运行状态执行。

本次游戏设有裁判组，负责游戏过程中的监督和争议裁决。本次游戏关键环节的基本规则如下。

1. 生产线

生产线的相关规则如表 5-1 所示。

表 5-1　生产线的相关规则

| 生产线 | 购置费 | 安装周期 | 生产周期 | 总转产费 | 转产周期 | 维修费 | 残值 |
|---|---|---|---|---|---|---|---|
| 手工线 | 5M | 无 | 2Q | 0M | 无 | 1M/年 | 1M |
| 自动线 | 15M | 3Q | 1Q | 2M | 1Q | 2M/年 | 3M |
| 柔性线 | 20M | 4Q | 1Q | 0M | 无 | 2M/年 | 4M |

无论何时出售生产线，都要从生产线净值中取出相当于残值的部分计入现金，将净值与残值之差计入损失；只有空的并且已经建成的生产线方可转产；当年建成的生产线、转产中的生产线都要交维修费；凡已出售的生产线和新购的正在安装的生产线不交纳维护费。

2. 折旧（平均年限法）

折旧的相关规则如表 5-2 所示。

表 5-2　折旧的相关规则

| 生产线 | 购置费 | 残值 | 建成第 1 年 | 建成第 2 年 | 建成第 3 年 | 建成第 4 年 | 建成第 5 年 |
|---|---|---|---|---|---|---|---|
| 手工线 | 5M | 1M | 0 | 1M | 1M | 1M | 1M |
| 自动线 | 15M | 3M | 0 | 3M | 3M | 3M | 3M |
| 柔性线 | 20M | 4M | 0 | 4M | 4M | 4M | 4M |

建成生产线的当年不计提折旧；当净值等于残值时生产线不再计提折旧，但可以继续使用。

3. 融资

融资的相关规则如表 5-3 所示。

表 5-3　融资的相关规则

| 贷款类型 | 贷款时间 | 贷款额度 | 年息 | 还款方式 |
|---|---|---|---|---|
| 长期贷款 | 每年年初 | 所有长期贷款和短期贷款之和不能超过上年权益的 3 倍 | 10% | 年初付息，到期还本；每次贷款为 10 的倍数 |
| 短期贷款 | 每季度初 | | 5% | 到期一次还本付息；每次贷款为 20 的倍数 |
| 资金贴现 | 任何时间 | 视应收款而定 | 10%（1 季、2 季）12.5%（3 季、4 季） | 变现时贴息，可将 1、2 季应收联合贴现（3、4 季同理） |
| 库存拍卖 | 原材料按 8 折，成品按成本价出售 | | | |

贷款的规则如下。

（1）长期贷款每年必须归还利息，到期还本，本利双清后如果还有额度，才允许重新申请贷款，即如果有贷款需要归还，同时还拥有贷款额度，必须先归还到期的贷款，才能申请新贷款，不能以新贷还旧贷（续贷）。短期贷款也按本规则执行。

（2）到结束年时，不要求归还没有到期的各类贷款。

（3）长期贷款最多可贷 3 年。

（4）所有的贷款不允许提前还款。

（5）企业间不允许私自融资，只允许企业向银行贷款，银行不提供高利贷。

4. 厂房

厂房的相关规则如表 5-4 所示。

表 5-4　厂房的相关规则

| 厂房 | 买价 | 租金 | 售价 | 容量 | 厂房出售后可得到 4 个账期的应收款，紧急情况下可将应收款贴现（4季贴现），直接得到现金，如厂房中有生产线，同时要扣除租金 |
|---|---|---|---|---|---|
| 大厂房 | 40M | 5M/年 | 40M | 6 条 | |
| 小厂房 | 30M | 3M/年 | 30M | 4 条 | |

厂房每季度均可租或买，租满一年的厂房在满年的季度（如在第 2 季度租的厂房，则以后各年的第 2 季度即为满年的季度）可对厂房进行处理，需要用"厂房处置"进行"租转买""退租"（当厂房中没有任何生产线时）等处理；如果未加处理，则原来租用的厂房在满年的季度末自动续租。厂房不计提折旧。不允许生产线在不同厂房间移动。

厂房贴现的注意事项如下。

（1）如果无生产线，现金等于卖出价进行第 4 季度账期的应收款贴现。

（2）如果有生产线，现金等于卖出价进行第 4 季度账期的应收款贴现后，再扣除厂房租金。例如，出售有生产线的大厂房，40M 应收款转为现金 30M，贴现费用 5M，租金 5M；小厂房则为 30M 应收款转为现金 23M，贴现费用 4M，租金 3M。

（3）系统自动全部贴现，不允许部分贴现。

5. 市场准入

市场准入的相关规则如表 5-5 所示。

表 5-5　市场准入的相关规则

| 市场 | 开发费 | 时间 | 开发费用按开发时间在年末平均支付，不允许加速投资。市场开发完成后，领取相应的市场准入证 |
|---|---|---|---|
| 本地 | 1M/年 | 1 年 | |
| 区域 | 1M/年 | 1 年 | |
| 国内 | 1M/年 | 2 年 | |
| 亚洲 | 1M/年 | 3 年 | |

市场无须交维护费，如果中途停止使用，也可继续拥有资格并在以后的年份使用。

6. 资格认证

资格认证的相关规则如表 5-6 所示。

表 5-6　资格认证的相关规则

| 认证 | ISO9000 | ISO14000 | 平均支付，认证完成后可以领取相应的 ISO 资格证；可中断投资 |
|---|---|---|---|
| 时间 | 2 年 | 2 年 | |
| 费用 | 1M/年 | 2M/年 | |

资格证无须交维护费，如果中途停止使用，也可继续拥有资格并在以后的年份使用。

### 7. 产品研发

产品研发的相关规则如表 5-7 所示。

表 5-7　产品研发的相关规则

| 名称 | 研发费用 | 开发周期 | 加工费 | 研发成本 | 产品组成 |
|---|---|---|---|---|---|
| P₁ | 1M/季 | 2 季 | 1M/个 | 2M/个 | R₁ |
| P₂ | 1M/季 | 3 季 | 1M/个 | 3M/个 | R₂ + R₃ |
| P₃ | 1M/季 | 4 季 | 1M/个 | 4M/个 | R₁ + R₃ + R₄ |
| P₄ | 1M/季 | 5 季 | 1M/个 | 5M/个 | R₂ + R₃ +2 R₄ |

产品研发可以中断或终止，但不允许超前或集中投入。已投资的研发费用不能回收。如果研发没有完成，系统将不允许开工生产。

### 8. 原材料

原材料的相关规则如表 5-8 所示。

表 5-8　原材料的相关规则

| 名称 | 购买价格 | 提前期 |
|---|---|---|
| R₁ | 1M/个 | 1 季 |
| R₂ | 1M/个 | 1 季 |
| R₃ | 1M/个 | 2 季 |
| R₄ | 1M/个 | 2 季 |

规则说明如下。

（1）没有下订单的原材料不能采购入库。

（2）所有下订单的原材料到期必须采购入库。

（3）原材料采购入库时必须支付现金。

（4）系统中每季度只能操作一次。

### 9. 紧急采购

付款即到货，原材料价格为直接成本的 2 倍，成品价格为直接成本的 3 倍。

紧急采购原材料和成品时，直接扣除现金。上报报表时，成本仍然按照标准成本记录，紧急采购多付出的成本计入费用表损失项。

### 10. 交货

交货必须按照以下规则进行。

（1）严格按照订单要求的数量交货。

（2）在订单规定的交货期之前交货，如订单规定交货期为第 3 季度，则可以在当年第 3 季度以前（含第 3 季度）交货。

（3）当需要交货时，可以在系统上选择要交货的订单，然后选择确认交货。

（4）将出售产品所得的应收款按订单上所写的账期放入盘面上应收款对应的账期，如果账期为 0，则直接进入现金库。

（5）不能按照以上规则交货的订单，视为违约订单。违约订单将直接被取消。在当年第 4 季度结束时，按违约订单销售收入的 20% 向下取整计算违约金，违约金从现金中自动扣除并记入损失项。

11. 更新应收款

当运行到"更新应收款"时，如有应收款到期，则需在系统中输入到期的应收款数额。如果填入的到期数额大于实际应收数额，则系统不予通过；如果填入的到期数额小于实际应收数额，系统将按照实际填写的数额收现（即现金增加），剩余到期未收现的部分，自动记入下一季度应收款。如果没有到期的应收款，也要确认更新，不进行此操作，系统将无法进入下一步。

特别提示：本操作为一次性操作，即确认更新后，本季度不能再次操作，并且系统将关闭应收款更新之前的操作。

12. 广告费

投入广告费有两个作用，一是获得拿取订单的机会，二是判断选单顺序。

投入 1M 产品广告费，可以获得一次拿取订单的机会（如果不投入产品广告费则没有选单机会），一次机会允许拿取一张订单；如果想要获得更多的拿单机会，则每增加一个机会需要多投入 2M 产品广告费，比如，投入 3M 产品广告费表示有 2 次拿取订单的机会，投入 5M 产品广告费则表示有 3 次拿取订单的机会，以此类推。

无须对 ISO 单独投放广告，系统将自动判定公司是否有 ISO 资格，并确认其能否选择有 ISO 要求的订单。

13. 选单流程

（1）各企业将广告费按市场、产品填写在广告发布表中。

（2）产品广告费决定企业对订单的需求量。

（3）排定选单顺序，选单顺序依据以下原则确定。

①按照各企业在本市场某一产品上投放的广告费的多少，排定后续选单顺序。

②如果多家企业在一个产品上投入的广告费相同，将按照企业投入本市场的广告费总额（即P1、P2、P3和P4的广告费之和）大小，排定选单顺序。

③如果多家企业在本市场投入的广告费总额也相同，将按照上年企业在该市场实现的销售额大小，排定选单顺序。

④如果上年实现的销售额也相同，将按照提交广告发布表的时间先后，排定选单顺序。

（4）系统按上述规则自动排定选单顺序，自动分轮次进行选单。已排定选单顺序的企业在每轮选单时，只能选择一张订单。第1轮选单完成后，如果还有剩余的订单，有资格的企业可以按选单顺序进行下一轮选单。

特别提示如下。

系统将某市场某产品的选单过程称为回合，每回合选单可能有若干轮，每轮选单中，各企业按照排定的顺序依次选单，但只能选一张订单。所有企业都选完一次后，若再有订单，则开始第2轮选单，以此类推，直到所有订单被选完或所有企业结束选单，本回合结束。

当轮到某一企业选单时，系统以倒计时的形式，显示本次选单的剩余时间。每次选单的时间上限为40秒，即企业在40秒内必须做出选择（选择订单或选择放弃），否则系统自动视为放弃。

无论是企业主动放弃还是超时由系统自动放弃，都将视为退出本市场本产品的选单，即在本回合中，不得再选订单。放弃一个产品的订单，不影响本市场针对其他产品的选单权利。

注意事项如下。

①必须在倒计时大于10秒时选单，出现确认框后要在3秒内单击确认按钮，否则可能造成选单无效。

②在某细分市场（如本地、P1）有多次选单机会，只要放弃一次，则视为放弃该细分市场的所有选单机会。

14. 订单违约

订单必须在规定的季度或提前交货，应收账期从交货季度开始算起。

15. 取整规则

违约金扣除——向下取整。

库存拍卖所得现金——向下取整。

贴现费用——向上取整。

扣税——向下取整。

16. 特殊费用项目

库存折价拍卖、生产线变卖、紧急采购、订单违约、增减资（增资计损失为负）操作计入其他损失。

17. 系统参数

本次游戏的系统参数如图 5-4 所示。

图 5-4　本次游戏的系统参数

注意事项如下。

（1）选单时第 1 家企业的选单时间为 50 秒，自第 2 家企业起，选单时间设为 40 秒。

（2）初始资金为 60M。

18. 游戏排名

游戏结果的评判以参与游戏的各队第 4 年结束后的最终分数（系统分数－违规扣分数后）为依据，分数高者为胜者。

如果出现最终分数相等的情况，则比较各队第 4 年结束后的权益，权益高的队排名在前。权益比较只限于分数相等时排名之用。如果权益仍相等，则比较第 4 年的净利润，净利润高者排名在前；如果净利润也相等，则先完成第 4 年经营的队排名在前。

19. 扣分规则

游戏最终是以分数作为判别优胜的标准的。在企业运行过程中，对于不能按照规则运行的企业和不能按时完成运行的企业，将给予其扣分的处罚。

（1）年度经营运行超时扣分

运行超时是指不能按时完成当年运营或不能提交报表的情况。超时 5 分钟之内的，扣除 5 分（在第 4 年结束后扣除），如果 5 分钟之后还未完成当年运营或还不能提交报表，系统将自动封账，被强行封账的企业按破产自动退出游戏处理。

（2）提交广告超时扣分

在裁判规定的时间内不能按时提交广告的队伍，超时 3 分钟之内的，扣除 5 分（在第 4 年结束后扣除）；如果 3 分钟之后还不能提交广告，企业将按破产自动退出游戏处理。

（3）违规扣分

在运行过程中出现下列情况属于违规。

①对裁判正确的判罚不服从。

②在游戏期间（公开查访时段除外）擅自走动。

③其他严重影响游戏正常进行的活动。

如有以上行为者，扣除 5 分（在第 4 年结束后扣除）。

20. 破产

本次游戏将根据下列条件判断破产。

（1）系统在广告投放完毕、当季（年）开始、当季（年）结束、更新原料库等 4 个测试点，自动检测已有现金加上最大贴现及出售所有库存和厂房并贴现后，企业是否具备足够的支付能力，如果不具备，系统则判断为现金断流，企业破产并关闭系统。此时，应及时联系裁判做最终的判定。

（2）若任意一年企业的所有者权益合计为负，则企业将破产退出系统，此时需联系裁判，破产的队伍将直接退出游戏。

21. 系统自动扣除费用

系统自动扣除的费用如下。

（1）管理费用：每季度结束时，自动扣除 1M。

（2）设备维修费：每年结束时，计算建成的生产线，手工线按照 1M/ 条，自动线和柔性线按照 2M/ 条自动扣除。

（3）长期贷款利息：每年投放广告费后，系统自动扣除。

（4）短期贷款利息：每季度开始时，系统自动判断是否有到期的贷款，如果有则自动从现金中扣除，并按 5% 扣减利息。

（5）税金：只计算所得税，交税的标准为弥补完以前年度的亏损总和后，再按盈余利润的 1/4 向下取整提取税金。

（6）违约罚金：每年结束时，按违约订单销售收入的 20% 向下取整，并将其从现金中自动扣除。

# 5.3 无领导小组讨论测评

无领导小组讨论（Leaderless Group Discussion）是指由多名被测评人组成讨论小组，小组内所有成员都是平等的；讨论小组在规定的时间内，对某个特定问题进行讨论；讨论结束后，以小组为单位，展示某个结论或方案。

测评人通过观察被测评人在无领导小组讨论过程中的言行举止，评价被测评人的沟通能力、表达能力、逻辑思维能力、领导能力、说服力等。为了让测评结果更准确，对无领导小组讨论的全过程可以录像，测评人可以通过回顾录像，对被测评人做出更准确的判断。

## 5.3.1 无领导小组讨论测评类别

无领导小组讨论测评的类别有很多，常见的分类如下。

1. 单小组 / 多小组

根据小组数量，无领导小组讨论可以分为单小组讨论和多小组讨论。单小组讨论指的是所有被测评人组成 1 个小组进行讨论，从而得出结论。单小组讨论的人数一般为 4 ～ 10 人。

当被测评人的数量较多时，可以采取多小组讨论的方式。多小组讨论指的是由被测评人组成不同的平行单小组，同时讨论相同的问题。多小组讨论中的每个单小组的人数同样为 4 ～ 10 人。多小组讨论不仅能实现对被测评人的评价，还能够以小组这个集体为单位进行评价。这种讨论方式可以增强竞争性，促进被测评人更加积极地投入小组讨论中。

**2. 指定角色 / 不指定角色**

根据被测评人在小组中是否被事先分配角色，无领导小组讨论可以分为指定角色讨论和不指定角色讨论。

指定角色讨论是指由测评人事先给被测评人分配无领导小组讨论中的角色。例如，类似沙盘游戏中的财务总监、运营总监、销售总监、采购总监、生产总监、技术总监等角色。与沙盘游戏中设定的角色不同的是，无领导小组讨论事先分配的角色不包括领导角色，分配的角色之间是平等的。

被指定角色之后的被测评人就有了相对固定的立场，其发表的观点应符合角色定位。因不同角色在同一问题上的立场是不同的，所以讨论中难免存在观点冲突或意见相左的情况，这就给小组讨论增加了沟通上的难度，但更能看出各被测评人是否具备沟通能力、说服能力和顾全大局的能力。

不指定角色讨论是指在讨论前不事先设定被测评人的角色，讨论过程由小组成员（所有被测评人）自发完成。不指定角色讨论给了被测评人更大的自由发挥的空间，更能体现被测评人的主动性和自发性，也更能看出被测评人的真实状态。

**3. 外部招聘人才 / 内部员工**

根据被测评人的当前身份是否为企业的员工，无领导小组讨论可以分为外部招聘人才的无领导小组讨论和内部员工的无领导小组讨论。这两种无领导小组讨论的操作方式通常有所不同。

外部招聘人才的无领导小组讨论重在测评外部人才和岗位的匹配程度，讨论的问题一般应当聚焦于与待招聘岗位相关的问题，讨论后的结论一般没有实际用处。内部员工的无领导小组讨论不仅可以测评出当前内部员工的能力状况，还可以通过无领导小组讨论探讨并解决当前的实际问题或培养员工的能力，讨论后的结论有可能得到实际应用。

**4. 开放问题 / 具体问题**

根据无领导小组讨论的问题是开放问题还是具体问题，无领导小组讨论可以分为开放问题讨论和具体问题讨论。对于这两类问题，被测评人思维发散的自由程度是不同的。

开放问题指的是比较宽泛、可以自由发挥、没有标准答案的问题。例如"要做好客服工作，需要具备哪些能力？要处理哪些问题？为什么？"等问题。具体问题指的是设定问题的具体背景，被测评人要根据问题的具体背景进行讨论。

## 5.3.2　无领导小组讨论测评特点

很多世界著名企业都在采用无领导小组讨论的方式实施人才测评，从而识别并选拔出优秀人才。与传统的人才测评方法相比，无领导小组讨论测评的优点包括以下方面。

1.互动性更强

无领导小组讨论需要被测评人表达观点、完成协作、达成共识，在整个过程中，需要其与其他被测评人产生大量的互动。这种互动能够增加被测评人展示自己的机会，有助于测评人长时间地观察被测评人。

2.更加投入

无领导小组讨论比较容易将被测评人带入测评场景，让被测评人快速进入状态，沉浸在这种小组讨论的环境中。当无领导小组讨论的问题设置得更贴近实际时，被测评人的参与意愿会更强烈。

3.效率更高

相对于一次只测评一个被测评人的个体测评来说，无领导小组讨论这种集体测评方法的效率更高，可以实现在较短的时间内对多人进行人才测评。无领导小组讨论比沙盘游戏的测评效率更高，是集体测评中测评效率相对较高的人才测评方法。

与传统的人才测评方法相比，无领导小组讨论测评可能存在的缺点包括以下方面。

1.可能的伪装

随着无领导小组讨论在面试选拔环节被大量应用，这种人才测评方法已经被越来越多的求职者熟知。如今网络上也存在着大量关于无领导小组讨论的解析和应对方法，甚至有很多人总结出了很多"套路"，只要按照"套路"来，就会得到比较好的评价。

这就造成了被测评人在无领导小组讨论过程中展现出来的行为可能并不是其个人真实的状态，而是被测评人为了满足人才测评的诉求、迎合企业的需求、让自己脱颖而出而刻意展现的行为。

2.可能的误判

无领导小组讨论中可能会存在对弱参与感的被测评人的误判。很多时候，无领导小组讨论测评需要被测评人主动展示和表达。如果有的被测评人比较内向、比较慢热、不愿参与或者对题目本身有颠覆性的创新观点，都可能让被测评人对小组讨论持消极态度，无法展现出自身的能力，从而将其误判成没有能力。

另外，被测评人可能会被同组的其他被测评人影响。假如某组有一个非常强势的被测评人，一直引领着小组讨论的方向，为避免冲突、顾全大局，相对不强势但很有能力的被测评人可能会选择被动跟随。在这种情况下，测评人可能会将被动跟随的被测评人判定为没有主见，将比较强势的被测评人判定为积极主动。

3. 可能的失控

实施无领导小组讨论，对测评人（观察者）的能力和经验有一定的要求。尤其是整个无领导小组讨论测评的总负责人，一来要具备较强的控场能力，要能够应对各种突发状况；二来要选好无领导小组讨论的题目，题目要经得起讨论和推敲。

如果无领导小组讨论测评的总负责人的控场能力较差，不能有效解决小组讨论过程中产生的疑问或冲突，可能会让整场测评陷入混乱，以失败告终。如果无领导小组讨论的题目经不起推敲，不仅会引发被测评人的负面情绪，而且无法达到测评目的。

## 5.3.3 无领导小组讨论测评问题设计

1. 问题分类

根据问题的开放程度，无领导小组讨论的问题可以分为开放问题和具体问题。

（1）开放问题

开放问题指的是允许被测评人自由发挥的问题。这类问题给出的想象空间和讨论空间往往较大，可以给被测评人更大的自由发挥的空间。

相关问题如下。

①通过哪些方式可以提高企业的效益？

②通过哪些方式可以降低企业的成本？

③企业中的风险都有哪些？如何减少风险？

（2）具体问题

具体问题指的是有具体场景的问题。这类问题通常背景比较明确，条件比较清楚，任务比较明白。具体问题限定了被测评人的讨论范围，确定了讨论边界，指明了讨论方向。5.3.6 节的无领导小组讨论测评实战案例就属于这类具体问题。

根据问题的属性，常见的无领导小组讨论中的问题可以分为原因类问题、方案类问题、选择类问题。

（1）原因类问题

原因类问题指的是根据某个场景，找到出现这个场景的原因，也可以进一步延伸到找到出现与这个场景类似的其他场景的原因。当问题中包括"为什么""为何""原因"等关键词的时候，通常代表其属于原因类问题。

（2）方案类问题

方案类问题指的是根据某个场景，提出这类场景的解决方案、应对方法或行动计划。当问题中存在"怎么办""如何""方案""方法""计划"等关键词的时候，通常代表其属于方案类问题。

（3）选择类问题

选择类问题指的是根据某个场景中已经给出的多个选项，做出选择，或者为多个选项划分优先级。当问题中存在"选择""判断""找出""排序"等关键词的时候，通常代表其属于选择类问题。

2. 注意事项

设计无领导小组讨论的问题时，要注意以下事项。

（1）问题要具备比较大的讨论空间。无领导小组讨论的问题一般没有所谓的"正确答案"，同时应当有比较大的扩展、延伸或深入的讨论空间。

（2）问题要易于被被测评人理解。无领导小组讨论不能用一些晦涩难懂的问题，但也不能用过于简单的问题。太难或者太简单的问题都不利于增强被测评人的参与感。

（3）问题最好与实际工作紧密联系。无领导小组讨论的问题虽然可以根据需要设定场景，但应当考虑企业实际，与企业实际紧密联系的问题好过完全虚拟的问题。

3. 设计流程

设计无领导小组讨论问题的流程可以分为以下 5 步。

第 1 步，选择问题类型。根据无领导小组讨论的测评目的选择问题类型。如果无领导小组讨论测评的实施目的是外部招聘，可以与待招聘岗位的直属上级沟通。如果无领导小组讨论的实施目的是内部选拔，可以与准备参与的被测评人的直属上级以及待选拔岗位的直属上级沟通。

一般来说，选拔基层岗位员工的时候，可以用原因类问题或方案类问题，主要考查被测评人的逻辑思维能力和解决问题的能力；选拔管理岗位员工的时候，可以用方案类问题或选择类问题，主要考查被测评人的全局意识和决策能力。

第2步，设置具体问题。无领导小组讨论的问题最好来源于企业的实际工作，把工作中实际发生的事件转化为讨论的案例。设置这类问题之前，应在企业范围内广泛收集资料。设计问题的时候可以隐去企业期望保密的信息或者对企业有负面影响的信息。

第3步，进行问题评审。设置好的问题在实施之前要找相关人员评审，要求评审人员对问题提出修改意见。参与评审的人员可以包括外部专家、内外部资深测评人、待选拔岗位的直属上级、待选拔岗位的部门负责人、人力资源部门领导、公司其他相关领导等。

第4步，实施模拟测评。问题设置好之后，应当找相关人员实施无领导小组讨论模拟测评。模拟测评要注意围绕问题的讨论和进展是否如同预期，注意过程中是否存在没有考虑到的情况。在模拟测评的过程中尤其要注意是否出现大多数人认可的观点比较集中，而不需要讨论的情况；或者题目过易、过难，以致讨论的体验感较差。

第5步，做出修改完善。模拟测评结束后，收集参与测评的各方意见，分析当前暴露出的问题，修改完善无领导小组讨论的问题。为了完善无领导小组讨论的整体设计，可以进行多次模拟测评，做出多次修改。

### 5.3.4  无领导小组讨论测评实施流程

无领导小组讨论测评的实施流程可以分为5步，如图5-5所示。

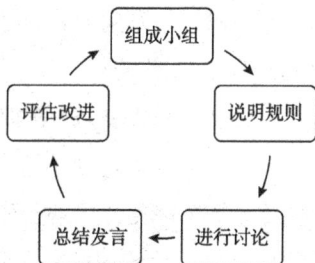

图 5-5  无领导小组讨论测评实施流程

第 1 步，组成小组。无领导小组讨论测评的总负责人将所有被测评人组成小组，单个小组的人数一般为 4 ～ 10 人。根据无领导小组讨论测评项目的设计以及被测评人的数量，可以只设置 1 个小组，也可以设置多个平行小组；小组内的成员可以事先分配角色，也可以不事先分配角色。

根据设置的小组数量，辅助测评总负责人的观察者应在协助被测评人划分小组后，在小组中就位，并做好观察记录的准备。无领导小组讨论的全过程最好留有视频资料，以备得出测评结果并做出评估改进，所以最好安置好摄像机，选择能够覆盖全场的拍摄角度，并打开摄像功能。

第 2 步，说明规则。无领导小组讨论测评的总负责人说明本次无领导小组讨论测评的问题、流程和具体规则。如果问题内容较复杂，应提前打印成纸质文档，在现场发给每个被测评人，或者在现场通过电子文档发到小组成员的办公设备或手机中。

为保证整个测评过程中所有被测评人都清楚规则，可以把规则做成海报形式贴在会场的墙上，也可以做成 PPT 的形式投影在会场的墙上。当然，无领导小组讨论的问题也可以做成海报张贴或做成 PPT 投影。

第 3 步，进行讨论。小组内所有被测评人根据规则展开自由讨论。讨论通常有 2 种方式，一种是提前在规则中规定发言的顺序，保证所有被测评人都要先进行一轮发言，所有人都完成一轮发言后，再进行自由讨论；另一种是完全不设置讨论规则，从一开始就实施自由讨论。

这 2 种方式各有其适用性。提前在规则中规定发言的顺序，有利于让每一个被测评人充分表达自己的看法。这种方式能够平衡表达权，让自身性格比较内向、比较慢热的被测评人也能够得到表达的机会。直接采取自由讨论则有助于所有被测评人争夺表达权，其竞争性更强。

第 4 步，总结发言。无领导小组讨论结束后，小组将进行总结发言。常见的总结发言的形式也有 2 种，一种是在规定时间内，由小组自行决定总结发言的形式；另一种是在规则中规定总结发言的形式。

根据无领导小组讨论的问题类型和测评要求，在规则中规定总结发言的形式，可以规定由小组推举一名代表发言；可以规定由小组中的 $N$ 个人陆续发言，发言顺序由小组内部决定；也可以规定每个被测评人都要进行总结发言。

第 5 步，评估改进。无领导小组讨论测评的总负责人带领所有观察者对被测评人进行评价。如果时间允许，总负责人可以在小组讨论结束之后与观察者一边观看视频回放，一边做评估；如果时间不允许，总负责人可以与观察者现场讨论后，对被测评人进行评价。

每次无领导小组讨论测评结束后，总负责人都要和观察者对整个过程进行复盘。发现无领导小组讨论在问题设计、测评组织、小组讨论等环节出现的瑕疵与问题时，做好备忘，及时改进，避免下次实施无领导小组讨论测评时出现类似问题。

## 5.3.5 无领导小组讨论测评常见角色

在不事先分配角色的无领导小组讨论测评中，小组中的被测评人自发形成的常见角色可以分为 8 种，如图 5-6 所示。

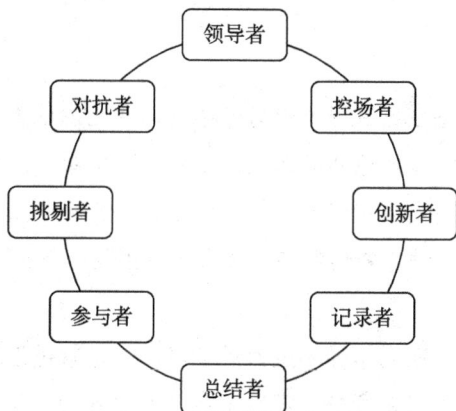

图 5-6 不事先分配角色的无领导小组讨论测评中的 8 种角色

每种角色代表着在无领导小组讨论测评中，扮演这种角色的被测评人可能在今后的工作中呈现出类似角色的特质。因为无领导小组讨论这种人才测评方法有人才选拔的用途，在无领导小组讨论中表现积极、角色鲜明，能够快速找到自己在团队中的位置，并能够为团队统一意见、推进讨论、团结共事或得出结论的人都可以作为优先选拔的对象。

### 1. 领导者

领导者角色指的是在无领导小组讨论中自发形成的组长角色。扮演领导者角色的人往往声音洪亮、性格外向、积极主动，带领着整个小组进行讨论，有时候还可能引领整个小组的意见方向，成为整个小组的意见领袖。

### 2. 控场者

控场者角色指的是在无领导小组讨论中控制场面和节奏的人，其具体表现是当某人发表意见超时的时候，及时提醒；当某人发表的意见与主题无关的时候，及时将其拉回主题；当某人不愿意发言时，引导其发言等。控场者角色其实是一个隐性的领导，有时候控场者角色和领导者角色由同一人担任，这类人具备管理者潜质。

### 3. 创新者

创新者角色指的是在无领导小组讨论中提出与众不同的意见、对意见的多样性做出重要贡献的人，其具体表现是创新者角色发表意见后，其他人表示这个意见很有深度、具备哲理或者很有创新性。创新者角色往往思考角度新颖，具有发散思维，敢于打破世俗，敢于绕过常规，敢于想别人所不敢想的。创新者角色比较适合需要创新的岗位。

### 4. 记录者

记录者角色指的是在无领导小组讨论中记录和汇总他人意见的人，相当于领导者角色的助手。记录者角色能够形成清晰的讨论成果，防止遗漏要点。这类角色有时候是某人主动提出来担任的，有时候是内部推举产生的，有时候是领导者角色指派的。有时候，领导者角色和记录者角色由同一人担任。

### 5. 总结者

总结者角色指的是在无领导小组讨论的最后，也就是汇总整理所有讨论过程后，做陈述总结的人。在无领导小组讨论中，大家各抒己见，最后意见往往难以统一或总结。能够比较出色地担任总结者角色的人往往具备聚合型思维，能够准确拿捏分寸、找到平衡。有时候，总结者角色和领导者角色由同一人担任。

### 6. 参与者

参与者角色指的是在整个无领导小组讨论过程中没有表现出积极主动，没有表现出观点新颖，也没有表现出消极对抗，而是跟随其他人的讨论发言，随波逐流、人云亦云的人。扮演参与者角色的人往往对整个讨论过程和最终意见的达成没有任何贡献，没有太多的参与感。

### 7. 挑剔者

挑剔者角色指的是在其他人表达自己的观点后，多次主动指出其他人的观点中的错误、逻辑漏洞等问题的人。这类角色有可能是出于追求完美的考虑，有可能是出于表现自我的考虑，也有可能是出于完善结论的考虑。扮演挑剔者角色的人如果只会一味否定，无法给出建设性意见，则通常表示扮演这个角色的人偏重否定思维，不善于解决问题。

8. 对抗者

对抗者角色指的是在无领导小组讨论过程中明显表现出消极对抗的角色，其具体表现可能是不屑一顾、左顾右盼、交头接耳、拒绝发表任何意见或发表许多与主题无关的负面意见。对抗者角色形成的原因可能是被测评人厌恶无领导小组讨论的人才测评形式，也可能是不认可已经形成的领导者角色，还可能出于其他原因。

一场无领导小组讨论中的所有人最后都可以归结为这 8 种角色。大多数情况下，领导者角色、控场者角色、创新者角色、记录者角色、总结者角色都是相对正面的角色；参与者角色是相对中性的角色；挑剔者角色、对抗者角色是相对负面的角色。

## 5.3.6  无领导小组讨论测评实战案例

本案例来自国家公务员考试面试环节曾用题目。本案例中的题目与问题为大致内容，并非百分之百的原版题目。

【题目】

近年来，随着公益事业不断受到关注，很多公益组织涌现出来。"公益创业"逐渐成为很多人的创业项目。某市为了促进公益事业的发展，在全市范围内举办了优秀公益创业项目的评选活动，鼓励全市公益创业项目参与评选。对优秀的公益创业项目，该市将给予扶持。

经过初步筛选，这次优秀公益创业项目的候选项目有 10 个，分别如下。

（1）电池租赁项目。该项目主要是向消费者提供电池租赁服务。消费者每月只需要支付 5 元的租金，就可以拿到 2 节电池回家使用。如果电池没电了，可以把旧电池交回，换取充满电的电池。通过出租电池，每节电池能够循环使用 500 ~ 1000 次。

（2）纯手工绿色洗衣店项目。该项目主要通过对传统洗涤用品的升级，突破高档服装必须干洗的限制。采用这种技术，高档服装通过手工水洗，可以做到不缩水、不变形、不褶皱、不起泡。这种手工水洗技术可以让洗衣行业变得卫生、环保、健康、节能、高效。

（3）生态旅游项目。该项目主要满足很多旅游爱好者在旅游的同时，能够保护生态环境的需求。但是旅游爱好者的信息有限，并不知道哪条旅游路线能够实现这样的目标。而经验丰富的导游是掌握着这样的信息的。通过连接经验丰富的导游和有生态旅游需求的旅游爱好者，既能够满足旅游爱好者的需求，给他们带来良好的旅游体验，又能够起到保护生态环境的作用。

（4）糕点店项目。该项目主要满足人们日常生活中对新鲜糕点的食用需求。随着生活条件的提高，人们希望吃到的食物健康卫生、品质较好，不应为了食品储存添加过量的防腐剂。糕点店的投资不多、操作简单、占地面积小、食材干净卫生，能够让广大市民吃上价格低廉、质量安心的糕点。

（5）养生保健项目。该项目主要以人们越来越关心和重视健康为背景，满足人们对健康保健的各类需求。随着人们的生活压力越来越大，人们的身体健康状况可能会出现问题，为了自己的健康，人们会有各类与健康保健相关的需求。帮助人们找到适合自己的健康养生保健方法的项目具有一定的商业前景。

（6）素食餐厅项目。该项目主打素食餐饮，虽然餐饮行业是竞争的红海行业，这个行业内从来不缺竞争，但主打素食的餐厅目前较少，有一定的发展空间。如今人们关注健康，素食已成为一类人的饮食追求。

（7）环保清洁项目。该项目主打环保清洁过程中用到的清洁物质对人体无害。普通的室内外清洁剂含有很多对人体有害的成分，而这种新型清洁物质对人体无毒害作用，能够达到环保清洁的效果。

（8）香薰项目。该项目的主营产品是各类香油、香包、香草、香烛、香花、香饰等香薰类产品。随着瑜伽、SPA 等养生概念兴起，香薰类产品被很多人熟知，从而促使香薰类产品的销售市场不断扩大。香薰类产品能够点缀居室、调节心情，属于一种时尚消费方式，具有比较可观的市场前景。

（9）老年服装项目。该项目主要瞄准老年人服装市场。服装市场是一片竞争激烈的红海，但专门做老年人服装的品牌很少。这个项目旨在解决老年人的穿衣问题，满足老年人的穿衣需求，为老年人提供更多的穿衣选择。

（10）墙纸项目。该项目依托一种最新研发的墙纸生产技术。这种新型的墙纸相比传统的墙纸而言更防水、防潮、不易褪色、不易脱落、容易清理、寿命长，而且价格更低，施工也更简单，具有质量优势和价格优势。

**【问题】**

经过小组讨论，得出以下 2 个问题的结论。

（1）请从以上 10 个项目中，评选出获得一等奖、二等奖和三等奖的项目各 1 个。

（2）该市向评选出的一、二、三等奖的项目共提供 30 万元奖金，应当如何分配奖金？请说明理由。

# 5.4 公文筐测评

公文筐测评是把对被测评人的评价和测试放到一定的模拟环境中的测评方法，这种方法要求被测评人阅读和处理一些比较真实的文字材料，并做出书面回答。这种方法特别适用于测评管理岗位人才的管理能力。国外很多公司的评价中心都会采用公文筐测评这种测评方法。

公文筐测评比传统的笔试测评更能解决实际问题，而且更加灵活多变。因为公文筐测评是以书面形式完成的，所以其会比结构化面试和小组讨论更加正式和规范，而且能够同时让更多的被测评人接受测评。

## 5.4.1 公文筐的测评维度

公文筐测评包括各种具体真实的模拟事件。有的事件需要被测评人做出综合的分析和判断；有的事件需要被测评人制订计划或做出决策；有的事件需要被测评人进行组织和协调；有的事件需要被测评人有效地授权、合理地安排、及时地监督和指导他人完成工作；有多个事件时，则需要被测评人分清楚轻重缓急，弄清楚资源分配。

公文筐测评不仅可以考查被测评人与事相关的能力，还能够考查被测评人与人相关的能力，同时也能够有效地考查被测评人的文字功底和书面表达能力。一般来说，公文筐测评可以测评的维度和能力包括以下内容。

1. 测评计划能力

测评计划能力是指考查被测评人根据当前的形势和信息反映出的问题，分析和判断造成这些问题的根源以及这些问题之间的相互关系，并据此制定工作目标、解决方案和实施步骤的能力水平。

2. 测评组织和协调能力

测评组织和协调能力是指考查被测评人根据当前的工作目标，对工作任务按照紧急和重要程度进行优先级排序，并据此协调当前具有的人、财、物资源，合理地分工和授权相应的机构或个人完成相关工作的能力水平。

3. 测评监督和指导能力

测评监督和指导能力是指考查被测评人在进行资源的安排、分工、授权之后，对完成工作目标和任务相关的人、财、物资源的运行过程进行观察、分析和监督，并在出现异常状况之后，及时纠偏和指导的能力水平。

4. 测评沟通能力

测评沟通能力是指考查被测评人在面对某些状况或者某些局面时，表达个人的意见和思想，并让自己的意见和思想能够被他人准确接收的能力水平。

5. 测评预测能力

测评预测能力是指考查被测评人在面对某些环境时，根据环境中的关键因素、当前的资源和局势的变化，对事物未来的发展趋势做出准确判断，并制定和采取相应的行动措施的能力水平。

6. 测评决策能力

测评决策能力是指考查被测评人在遇到一些实际问题时，特别是在遇到一些紧急状况时，以最快的速度选择并实施高质量方案的能力水平。


## 5.4.2  公文筐的编制步骤

公文筐的编制质量直接决定了人才测评的信度和效度。如果公文筐的测试题和测评标准没有编制好，将很难保证测评的效果，公文筐测评实施结果的信度和效度也将很难保证。所以公文筐测试题的编制是公文筐测评的关键，公文筐的编制步骤如图 5-7 所示。

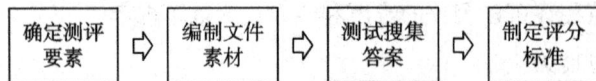

确定测评要素 ⇨ 编制文件素材 ⇨ 测试搜集答案 ⇨ 制定评分标准

图 5-7  公文筐的编制步骤

## 1. 确定测评要素

待测评岗位的公文筐测评要素可以来源于不同的方面。针对岗位的微观层面，测评要素的来源包括工作分析、岗位说明书、岗位胜任力模型；针对企业的宏观层面，测评要素的来源包括企业所在的行业、所处的内外部环境、企业文化等；也可以根据测评的具体目的和侧重点设置测评要素。

## 2. 编制文件素材

因为公文筐测评的特点，公文筐中的文件素材通常不应杜撰，而应当来自实际工作。比较好的收集这些文件素材的方法是通过组织交流会的形式，把同类岗位中优秀的任职者聚集在一起，让他们总结本岗位发生过的关键事件，并要求他们写出来。

为了让交流会中的信息收集更加顺畅且有针对性，企业可以提前把公文筐测评的要素告诉大家，并且让大家先从一些做得比较好的正面信息开始写。为了方便后续的文件筛选，一般来说，交流会中需要收集的内容应当是所需内容的 3 倍左右。

在取舍信息时，要注意这些优秀的任职者写出来的信息可能太过抽象，有的事件可能信息不完整，有的事件可能太烦琐、包含了太多的信息，还有的事件可能过于依赖经验而忽略了对能力的考察。这时候企业需要对事件进行进一步的筛选和加工。

最常见的公文筐文件素材类型包括以下 3 类。

（1）决策类。决策类的文件一般指的是报告、建议或者请示，通常是工作中临时的、偶发的、非常规性的决策。决策类的文件要求被测评人从给定的几种方案中选择最佳方案或者自行制定行之有效的解决方案。

（2）批阅类。批阅类的文件一般指的是要求被测评人给出处理意见的事件，这类事件一般都是该岗位常规需要处理的公务文件。一般需要被测评人根据事件的紧急和重要程度，有序进行处理。

（3）完善类。完善类的文件一般指的是存在缺陷的文件，或者缺少某些必要信息和条件的事件，需要被测评人根据当前的情况，找出问题、提出问题并想办法获取进一步的信息要求。

文件编写需要满足以下特性。

（1）主题突出。一个公文筐文件一般以一个主题为核心，应当避免一个文件包含 3 个以上的主题或重点的情况。

（2）内容典型。每个公文筐文件所体现出来的主题或者内容要反映该岗位未来主要的实际工作。

（3）难度适中。公文筐测评的难度应当适中，避免出现过于困难或者过于简单的题目。

3. 测试搜集答案

公文筐的测试题编制完成后，接下来就需要制定评价的标准。这就需要先搜集各类答案和处理办法。搜集答案的办法之一是让该岗位比较优秀的任职者回答，回答的过程可以不设置时限，保证他们能够充分回答。为保证资料充分和完整，搜集的答案最好在 10 份以上。

4. 制定评分标准

最后一步就是形成评价小组，由高层管理者、该岗位优秀的任职者或者外部的专家组成，将所有答案分成优、良、中、差 4 个等级。最后，形成标准答案列表和具体的评分标准。

**举例**

某公司编制的公文筐，其整体的评分标准如下。

优秀：能分清轻重缓解，事件处理及时、得当，考虑问题周全，专业知识丰富，解决措施有效。

良好：基本能抓住重点，能够灵活运用专业知识，考虑问题周到，解决措施有效。

中等：能够分清主次，有专业知识，考虑问题较为周到，解决措施较为有效。

较差：不能抓住重点，不能分清轻重缓急，专业知识欠缺，考虑问题不周全，解决措施无效。

要验证编制的公文筐的有效性，企业可以用编制的公文筐对不同的两组人员进行测评。第 1 组是该岗位比较优秀的任职者；第 2 组是刚开始从事该岗位的工作或者没有从事过该岗位的工作、没有经验的人员。测评后将两组人员的测评结果进行比较。

如果第 2 组的得分和第 1 组相比并没有明显的差别或者反而比第 1 组的得分

更高，那么说明公文筐的编制是失败的，需要重新编制。如果第1组的测评结果明显优于第2组，则说明公文筐的编制是成功的，可以开始应用。如果在应用过程中发现问题，则需要及时做出调整。

## 5.4.3 公文筐测评的实施流程

企业在实施公文筐测评时需要严格按照要求进行测评，保证测评环节的标准化和公平性。公文筐测评的实施包括以下流程。

1.准备阶段

周全的准备是公文筐测评的实施质量好的重要保障。在实施公文筐测评之前，需要设计好详细清晰的指导语，提前准备好测评的材料和测评的场地。

**举例**

某次公文筐测评中，考官对被测评人的指导语如下。

本次测评是一场公文筐测评，在本次测评中，你将作为题目中的管理者，在3个小时的时间内，处理一些邮件、电话记录、备忘录和文件等。你的具体身份、当前的情况以及需要处理的文件的全部资料，都已经放在桌子上的文件袋中。

你可以使用的工具包括铅笔、计算器、空白A4纸3张。你需要在A4纸上作答，我们将根据A4纸上的答案计分，在其他任何地方答题都将被视为无效作答。

在整个公文筐测评期间，请关闭手机等一切电子通信设备，答题过程中如果查看手机或其他电子通信设备，将视为作弊，并被取消测评资格。

对于本次测评，如果大家有不明白的地方，请举手提问。

如果没有问题，就默认大家已经清楚，现在大家可以开始答题了。

2.开始阶段

在公文筐测评正式开始之前，如果场内所有被测评人的测评内容相同，为了保证被测评人充分理解题目，让被测评人快速进入角色，让测评的效果最优，考官可以对测评题目的背景、被测评人当前的身份假设以及测评过程中一些必要的注意事项进行统一介绍。在这个环节，被测评人如果有不清楚的地方，也可以随时向考官提问。

### 3.测评阶段

为了保证测评的公正性，在测评过程中，考官如果发现个别被测评人交头接耳、查阅电子通信设备，则都应当算作作弊，并取消被测评人的测评资格，责令其离开测评场地。如果是公司内部员工，应当计入员工诚信档案，并按照公司的规章制度给予相应的处罚。有提前完成作答的被测评人，最好不要让其离开，以备考官设置提问环节。测评结束后，所有被测评人必须停止作答，上交测评问卷，并等待进一步的安排。

### 4.评价阶段

测评结束后，考官应当根据公文筐测评的评分标准，对被测评人的回答做出初步的评价。对于已经交卷的被测评人，若其测评问卷中有表述不清楚的部分，考官可以在其他房间通过口试的方式询问被测评人的想法和意图。

有条件的企业建议在测评环节不仅要关注被测评人的测评问卷，还应当对所有被测评人都增加面试的部分。围绕测评问卷，考官不仅应了解被测评人处理问题的方式，还应关注他们为什么要这么做。有时候可能两名被测评人对同一问题的处理方式相同，但是他们选择该方式的理由不同，也就代表了他们的能力水平不同。

## 5.4.4  公文筐测评的实战案例

本案例是企业人力资源管理师一级考试曾用题。

**【情境】**

AVE 公司成立于 1992 年 3 月，总部位于北京，其主要业务是向用户提供企业级的数据库管理产品，用户大多为需要频繁处理大量数据的金融、电信企业或提供公共服务的大型企业。为了方便管理，AVE 公司将全国市场划分为 8 个管理区域，并分别在上海、广州等一线城市以分公司的形式设立了区域管理中心。目前公司拥有员工约 900 人，其中近 500 人是技术人员。

AVE 公司在国内主要的竞争对手是 PKD 公司，两家公司共占有国内 90% 以上的市场份额。过去，两家公司的实力比较接近，占有的市场份额也相对稳定，差距不大。但是最近 5 年，PKD 公司加快了产品研发速度，在产品的设计上更加注重不同行业的用户差异和用户体验，两家公司逐渐拉开了差距。当前 PKD 公司占有国内 60% 左右的市场，而 AVE 公司的客户大量流失，只占有 30% 左右的市场，利润也大幅下滑。

随着公司业绩的不断下滑，AVE 公司的高层逐渐意识到，创新能力不足是公司竞争能力下降的主要原因，组织变革势在必行。半年前，为了改变公司的现状，董事会特地聘请了一位新的总经理栾义亭。他在本行业有着丰富的管理经验，将作为公司战略变革的主要推行者。

公司的几位创始人（同时也是公司的股东、董事会成员）目前均不在公司内担任具体的管理职位，几位副总经理分管技术与生产、财务、市场和行政，均是公司元老级的管理者。董事会对新来的总经理的工作非常支持，多次要求公司的各级管理者尽可能配合栾义亭的工作。

您（魏少杰）是该公司的人力资源部总监，您的直接主管是公司总经理栾义亭，您在公司总部有 5 位直接下属，分别是劳动关系经理、招聘经理、绩效经理、薪酬经理和培训经理，另外在 8 家分公司分别设有人力资源经理和助理各 1 名。

现在是 20×× 年 11 月 20 日 14：00，您刚刚参加完 3 天的封闭会议归来，到办公室处理累积的电子邮件和电话留言等文件，17：00 还有一个重要的会议需要您主持，因此您必须在 3 个小时内处理好这些文件。在这 3 个小时里，没有任何人来打扰您。现在您可以开始处理了，祝您一切顺利！

【任务】

请您查阅文件筐中的各种文件，并将以下文件处理列表作为示例，给出您对每个文件的处理思路，并做出书面表述。

具体答题要求如下。

1.请您给出处理问题的思路，并准确、详细地写出您将要采取的措施及意图。

2.在处理文件的过程中，请认真阅读情境和 10 个文件的内容，注意文件之间的相互联系。

3.在处理每个具体的文件时，请重点考虑以下内容。

（1）需要收集哪些资料。

（2）需要和哪些部门或人员进行沟通。

（3）需要您的下属做哪些工作。

（4）应采取何种具体的处理办法。

（5）您在处理这些问题时的权限和责任。

4. 问题处理后可能会出现不同的结果，在这种情况下要针对各种结果给出相应的处理办法。

**【处理列表示例】**

文件处理列表

---

1. 许诺对方 3 日内给出答复。
2. 联系相关部门进行磋商，制定应对方案。
3. 将经过讨论的方案上报主管领导，等待上级批示。
············

---

## 【文件一】

类　别：电子邮件

来件人：柯丽琴 招聘经理

收件人：魏少杰 人力资源部总监

日　期：11 月 17 日

魏总：

　　我最近统计了截至今年 10 月的员工离职情况。虽然还没到年底总结汇报的时间，但我觉得情况比较严重，所以提前跟您汇报一下。公司近年来业绩下滑，发展形势不容乐观。员工的离职率，尤其是技术人员的离职率逐年上升，今年的情况格外严重，和去年同期相比，公司的总体离职率由 4% 增至 8%，技术人员的离职率由 6% 增至 12%，而高级技术人员的离职率更是达到了历史最高点，约为 15%。

　　此外，在公司工作了 5 年以上的销售人员的离职率也明显上升。在离职访谈中，大部分离职人员都称是由于身体或家庭等方面的原因而离职的，但我觉得离职访谈的结果并不能代表真实情况。我们公司的技术专业性比较强，如果技术人员离职再就业，那么其很有可能就去了 PKD 公司，我私下了解到的情况也确实如此。这对公司而言是双重打击。

　　由于降低离职率涉及的因素很多，目前的情况也比较紧急，希望您尽快安排时间与我讨论此事。

柯丽琴

文件一的处理列表

回复方式：（请在相应选项前的"□"里画"√"）

□信件／便函

□电子邮件

□电话

□面谈

□不予处理

□其他处理方式，请注明＿＿＿＿＿＿

回复内容：（请做出准确、详细的回答）

<br>

**【文件二】**

类　别：电子邮件

来件人：唐林 培训经理

收件人：魏少杰 人力资源部总监

日　期：11 月 18 日

魏总：

前段时间我按您的指示组织了一次调查，发现大家普遍认为公司业绩下滑的主要原因在于技术研发，我们的技术实力已经明显落后于竞争对手了。这几年我们在新产品开发上基本上是被竞争对手牵着走的，大多是在模仿，而没有自己的特点。

我觉得技术部门管理者的管理方式保守是阻碍创新的一个重要因素。如果这些中层管理者在创新上都蹑手蹑脚，那么整个部门自然出不了什么新产品。我觉得首先应该通过培训改变中层管理者的管理意识与管理模式，进而在绩效考核上增加创新和鼓励创新的考核指标。

以上是我的一些初步想法，想听听您的意见，看是否有必要将这个想法方案化。如果您有时间，请随时与我联系。

唐林

文件二的处理列表

回复方式：（请在相应选项前的"□"里画"√"）

□信件／便函

□电子邮件

□电话

□面谈

□不予处理

□其他处理方式，请注明＿＿＿＿＿

回复内容：（请做出准确、详细的回答）

```



```

## 【文件三】

类　别：电子邮件

来件人：张凌 技术研发一部经理

收件人：魏少杰 人力资源部总监

日　期：11 月 18 日

魏总：

您好！有件事我要代表我们部门通过人力资源部向公司的管理层申诉。今年 3 月，我们部门和公司签订了 DGVC 新产品的研发合同。合同中规定，如果我们部门能在今年 12 月前完成该产品的研发，公司会奖励我们 50 万元的研发奖金。

对于这个项目，我们部门可以说是全力投入。这几年我们在技术研发上一直落后于 PKD 公司，大家都憋着一口气，希望通过这个项目的研发成功打个翻身仗。大家几乎天天加班加点，不停地进行研发和调试。就在我们即将提前完成时，公司突然叫停了这个项目，原因是 PKD 公司已于今年 9 月完成了类似产品的研发，并在 10 月成功推出了新产品。因此公司认为没有必要继续对这个项目进行投资，同时取消了对我们奖励的承诺。此事对我们部门的打击很大，并不完全是奖金的问题，关键是影响了我们对公司的信任。我们觉得公司应当在大方向上给我们明确的指示，对竞争对手的情况也应该了解得更加透彻，而不应该让我们部门来承担这些后果，使我们大半年的辛苦付诸东流。同时公司也不应该单方面终止合同，对员工要做到言而有信。

具体的情况希望能和您面谈，希望您尽快安排时间。谢谢！

张凌

文件三的处理列表

回复方式：（请在相应选项前的"□"里画"√"）

□信件／便函

□电子邮件

□电话

□面谈

□不予处理

□其他处理方式，请注明_____

回复内容：（请做出准确、详细的回答）

【文件四】

类　别：电子邮件

来件人：崔攀岭 薪酬经理

收件人：魏少杰 人力资源部总监

日　期：11 月 19 日

魏总：

最近我们进行了薪酬市场调查，有一个情况要向您汇报一下。从市场调查的结果来看，我们公司的一些岗位，如行政、销售等岗位的薪酬水平均处于市场的中、高位，具有较强的市场竞争力，然而公司的技术和研发岗位虽然从数据上看薪酬水平较高，但与我们的主要竞争对手 PKD 公司相比差距越来越大。

一般技术人员的薪酬，PKD 公司比我们高 30% 左右，高级技术人员的薪酬差距更大。另外 PKD 公司今年在公司内部推行了技术人员持股计划，这对他们技术人员的激励作用很大，甚至我们的一些技术人员也被吸引过去了。从前年开始，我们一直向公司高层反映技术人员的薪酬竞争力下降的问题，但公司由于财务成本等方面的原因，一直没有什么反馈。

如果这种差距继续扩大，我们技术人员队伍的稳定性会受到很大的威胁。在上周公司的管理干部会议上，栾总也特别提出要重视公司的人力资本投入，为公司的技术人才提供有吸引力的激励方案。我想正好可以通过这次的数据调查结果引起高层的重视。

希望您有空时我们能详细讨论一下。

崔攀岭

## 文件四的处理列表

回复方式：（请在相应选项前的"□"里画"√"）

□信件／便函

□电子邮件

□电话

□面谈

□不予处理

□其他处理方式，请注明＿＿＿＿＿＿

回复内容：（请做出准确、详细的回答）

## 【文件五】

类　别：电子邮件
来件人：隋文涛　技术研发二部经理
收件人：魏少杰　人力资源部总监
日　期：11 月 19 日

魏总：

昨天公司召开了年度技术发展研讨会，公司领导和董事会成员都参加了，我在会议上提出了一些想法，这些想法得到了董事会的认同，在此向您汇报一下。

这些年来，我们的产品研发一直被 PKD 公司牵着走，公司一直采取被动的跟随策略，人家做什么，我们也做什么。虽然在保持市场份额上这是比较稳妥的做法，但对公司利润的提升和未来发展的限制很大。而公司出于成本考虑，不敢贸然在产品创新上投入过大。

但是如果不做技术的领先者，那么我们的发展空间会越来越小，从这些年公司的业务发展情况来看确实如此。其实我们开始时可以不必有大动作，先尝试在部分产品上进行重点的技术创新的投入，实现一定的突破。

我建议先从我们和 PKD 公司差距不大的数据挖掘产品入手。该产品占公司销售额的 15% 左右，其研发团队的技术人员的整体水平不错，但欠缺技术上的领军人物。我希望能高薪引进行业的顶尖人才，同时考虑期权的方案；对员工的奖励机制也要有别于其他部门，把创新作为考核和激励的重点。

会后栾总希望我和人力资源部共同制定这个方案，希望人力资源部在招聘、绩效考核以及薪酬设计等方面给予指导。

请您方便时安排时间和我详细讨论一下。

隋文涛

### 文件五的处理列表

回复方式：（请在相应选项前的"□"里画"√"）

□信件 / 便函

□电子邮件

□电话

□面谈

□不予处理

□其他处理方式，请注明_____

回复内容：（请做出准确、详细的回答）

<br>
<br>
<br>
<br>
<br>

## 【文件六】

类　别：电子邮件

来件人：谭立飞 采购部经理

收件人：魏少杰 人力资源部总监

日　期：11 月 19 日

魏总：

我是采购部的谭立飞，想就采购部的奖励体系与您商讨一下。

公司在采购成本上一直控制得非常严格。最近几年，外部的采购价格一路上涨，完成公司下达的指标越来越困难，但我们部门一直在想尽办法完成任务。采购部的薪酬模式是高底薪、低提成，奖金只占总体薪酬的 20%，而且是与公司的总体业绩挂钩的，员工之间没有什么差别，然而一旦完不成采购指标，奖金部分将全部扣除，只能领取 80% 的基本工资。

我们认为这种薪酬模式不太适合我们的工作特点。奖金应和我们为公司节约的成本挂钩。另外，公司给我们的成本指标不能一味考虑压低采购价格，还要考虑外部环境的变化。最后，薪酬还应体现员工工作结果之间的差别。

希望人力资源部能支持我们的想法，并希望魏总能尽早与我商议此事。

谭立飞

文件六的处理列表

回复方式：（请在相应选项前的"□"里画"√"）

□信件／便函

□电子邮件

□电话

□面谈

□不予处理

□其他处理方式，请注明_____

回复内容：（请做出准确、详细的回答）

<br>
<br>
<br>
<br>

## 【文件七】

类　别：电子邮件

来件人：林清廷 华东区人力资源经理

收件人：魏少杰 人力资源部总监

日　期：11 月 19 日

魏总：

我们分区从去年起实施了新员工"销售型工程师"的工作轮换计划，这项计划要求技术部门的新员工入职半年后，每 3 个月就要到销售部门工作半个月。

从这项计划开始实施到现在，效果非常好。总的来讲，该计划既可以帮助技术部门的新员工尽快熟悉公司的业务，同时也能使其从市场的角度看待自己的技术工作，思路更加开阔。最近一些针对市场需要的产品改进小方案都是在实施该计划之后提出来的。

同时，这种计划可以开拓员工未来的职业生涯，有技术背景的销售人员会更受客户的认同。昨天我和几个技术经理讨论这个计划的时候，他们建议，可以考虑将轮换范围扩大，技术部门的高级技术人员更需要开拓思路，从市场的角度来看技术。

我个人觉得这个建议不错，可以将轮换的范围扩展至更高的职位级别。这只是个初步的想法，希望能与您深入沟通。

林清廷

文件七的处理列表

回复方式：（请在相应选项前的"□"里画"√"）

□信件 / 便函

□电子邮件

□电话

□面谈

□不予处理

□其他处理方式，请注明_____

回复内容：（请做出准确、详细的回答）

|  |
|  |

【文件八】

类　别：电话留言

来电人：肖玲堂 劳动关系经理

收电人：魏少杰 人力资源部总监

日　期：11 月 20 日

魏总：

　　上周我参加了市人力资源和社会保障局举办的劳动关系研讨会。在会上，我发现信息技术行业的很多公司都在与员工签订劳动合同时加上了竞业限制条款。其实是否加上竞业限制条款，公司内部也曾经讨论过多次，但一直没有定论。

　　鉴于目前公司的离职率不断上升，我认为应当尽快将竞业限制条款加入劳动合同。但哪些人应该加、怎么加还需要和您探讨一下。

肖玲堂

文件八的处理列表

回复方式：（请在相应选项前的"□"里画"√"）

□信件／便函

□电子邮件

□电话

□面谈

□不予处理

□其他处理方式，请注明_____

回复内容：（请做出准确、详细的回答）

<br>

## 【文件九】

类　别：电话留言

来电人：刘凯 董事长

收电人：魏少杰 人力资源部总监

日　期：11 月 20 日

少杰：

前天董事会对高层的人事进行了调整，从明年年初开始，高明将不再担任公司的技术与生产副总，只负责生产管理，但职位级别和工资待遇保持不变。技术与生产副总的职位暂时由总经理栾少亭兼任，具体人选日后再定。关于此事，董事会会在公司内部发通告，请你配合栾总做好相应工作。

高明在公司成立初期发挥过巨大作用，是非常尽职的管理者，但目前来看，他在技术发展和领导能力方面已经不能满足公司的要求。你在处理此事时要尽量谨慎，回来后找个时间我们面谈一下。

刘凯

<br>

文件九的处理列表

回复方式：（请在相应选项前的"□"里画"√"）

□信件／便函

□电子邮件

□电话

□面谈

□不予处理

□其他处理方式，请注明_____

回复内容：（请做出准确、详细的回答）

---

## 【文件十】

类　别：电话留言

来电人：田为常 战略发展部总监

收电人：魏少杰 人力资源部总监

日　期：11月20日

魏总：

公司未来3年的战略发展目标已通过董事会审批，现在需要将战略细分，人力资源管理子战略的细化工作由您负责。我已通知各个部门的总监在下周三召开战略细化的会议，请您准时参加。

田为常

文件十的处理列表

回复方式：（请在相应选项前的"□"里画"√"）

□信件／便函

□电子邮件

□电话

□面谈

□不予处理

□其他处理方式，请注明_____

回复内容：（请做出准确、详细的回答）

---

## 5.5 角色扮演测评

角色扮演测评（Role-playing method）是一种情境模拟式的人才测评方法，指的是把被测评人置于某个场景中，要求被测评人扮演某个角色，以及模拟处理各类矛盾、各类冲突或解决各类问题。

### 5.5.1 角色扮演测评能力维度

角色扮演测评能测评出被测评人的问题解决能力、冲突处理能力、压力应对能力、判断决策能力、矛盾化解能力、语言表达能力、说服能力、沟通协调能力、情绪控制能力、应变能力等通用能力，同时也能看出被测评人的人格特质、态度动机、职业倾向等。

根据同一个角色扮演测评中的参与人数，角色扮演测评可以分为单人参与的角色扮演测评和多人参与的角色扮演测评。单人参与的角色扮演测评指的是一场测评活动中只有1个被测评人；多人参与的角色扮演测评指的是一场测评活动中有多个被测评人，他们分别扮演着场景中的不同角色。

与传统的人才测评方法相比，角色扮演测评的优点包括以下几个方面。

（1）与实际工作联系比较紧密，与现实的相关性比较高。角色扮演测评能够使被测评人置身于实际工作环境中，以实际工作环境为背景解决问题。通过角色扮演测评得出的评价结果更易应用于实战环境。

（2）能够在短时间内对被测评人实施综合评价。角色扮演测评耗费的时间较短，背景环境往往比较复杂，需要被测评人解决的往往是比较棘手的问题。这种短时间内处理复杂场景和问题的情况能够对被测评人的能力进行更加全面的评价。

（3）具有比较强的灵活性。角色扮演测评的题目场景并不固定，可以随着企业的需要变化而不断变化。被测评人在场景中扮演的角色不固定，面临的问题同样不固定。这些都让角色扮演测评成为一种具有较强灵活性的测评方法。

（4）被测评人具有比较强的参与感。角色扮演测评因为是一种情境模拟方法，所以能够让被测评人快速投入角色扮演的情境。

角色扮演测评可能存在的缺点包括以下几个方面。

（1）角色扮演测评的题目设计需要具有一定的专业性。如果角色扮演测评的题目过于复杂或与被测评人无关，被测评人将难以参与。如果角色扮演测评的题目过于简单，不仅没有挑战性、无法体现出能力差距，而且被测评人往往也不屑参与。

（2）角色扮演测评的结果可能失真。在角色扮演测评中，有时候被测评人真的是在"扮演"某个角色。被测评人有可能为了获得岗位，根据对测评题目的判断，选择做出对角色来说"正确"的行为，而不是能表现出自己真实想法的行为。尤其是现在互联网上已经有了很多关于角色扮演测评方法的解析，被测评人可能会在面试前有所准备。

（3）在多人协作完成任务的角色扮演测评中，有的被测评人会受到其他被测评人表现的影响。例如，有的被测评人实际比较优秀，但因为担任队友角色的被测评人的能力较差，整个团队的测评评价会被拉低，从而拉低对该被测评人的评价。

## 5.5.2　角色扮演测评问题类别

常见的角色扮演测评的问题包括以下 3 种。

1. 解决难题类问题

解决难题类问题主要是指要求被测评人解决一些比较难处理的问题。这类问题可以是复杂的问题，也可以是两难的问题。

**例题**

假如你是××企业的副总经理，之前在外出差 1 周，今天是你回到企业的第 1 天。早晨一上班，你听说自己曾经的老领导得了重病住在医院。这个老领导是企业的创业功臣，董事长和总经理都非常重视，委派你去医院探望。

可就在你刚要离开时，有一个员工的母亲来到办公室。这个员工之前在企业与另一个员工斗殴后受伤，因其严重违反企业的规章制度，已经被辞退。他的母亲觉得企业这样处理不对，她认为一方面企业应该给她的孩子报工伤，另一方面不应该辞退她的孩子，她是来理论这件事的。

此时企业宣传部的领导进来说："正好你回来了，××新闻的记者找你很久了，采访你的节目就要上线了。听说你今天出差回来，记者特意在这里等你。××新闻可是董事长非常重视的栏目。董事长和栏目组说要你亲自接待并接受采访呢。"

面对这样的情况，你准备怎么办？

### 2. 进行沟通类问题

进行沟通类问题指的是要求被测评人与他人进行沟通的问题。这类问题可能因为某种误会或信息不对称而出现，往往需要被测评人进行比较艰难的沟通。

**例题**

假如你是企业的销售经理，有个大客户因企业连续2个批次的产品出现质量问题而准备今后停止采购企业的产品。这个大客户一年的采购量占企业一年销售总量的20%。经过了解，你发现这2个批次的产品出现质量问题的原因是生产环节的操作失误，属于巧合。

面对这种情况，你准备如何与这个大客户进行沟通？

### 3. 突发应变类问题

突发应变类问题指的是要求被测评人处理突发状况的问题。这类问题往往具有突然、无法预料、棘手等特点。

**例题**

假如你是一家超市的店长。有个员工急匆匆地跑来找你，说有个顾客来投诉，而客服人员没有处理好，顾客正在店里大喊大叫，说这家超市卖过期伪劣商品，把自己孩子的肚子给吃坏了。

这个顾客说今天早晨在超市里买了酸奶，孩子喝完后肚子疼，现在还在医院里打点滴。顾客后来发现原来酸奶是过期商品。

面对这种情况，你准备怎么办？

角色扮演测评可选的问题方向应遵循360度原理，如图5-8所示。

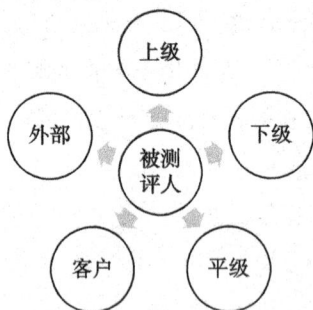

图5-8　角色扮演测评可选的问题方向

1.对待上级，可选的问题方向

（1）针对上级的没头绪，提出某种设想或方案。

（2）针对上级的不支持，说服其采取某种行动。

（3）针对某个具体问题，提出某种建议或分析。

2.对待下级，可选的问题方向

（1）针对下级的不理解，向下级说清楚某个问题。

（2）针对下级的不执行，说服下级执行某个命令。

（3）针对下级在工作中的不良表现，给出改进建议。

3.对待平级，可选的问题方向

（1）针对平级的不配合，说服其配合工作、共同努力。

（2）针对平级的不接受，说服其接受某个观点。

（3）针对平级之间的某种矛盾，化解该矛盾。

4.对待客户，可选的问题方向

（1）针对客户的不满意，让客户满意。

（2）针对客户的不认可，让客户认可企业的产品或服务。

（3）针对客户的投诉，满足客户的需求。

5.对待外部单位，可选的问题方向

（1）针对外部单位的合作，筹备组织某个活动。

（2）针对外部单位的误会，做出澄清解释。

（3）针对外部单位的采访，给出圆满的答复。

### 5.5.3　角色扮演测评实施流程

角色扮演测评的实施流程包括 5 步，如图 5-9 所示。

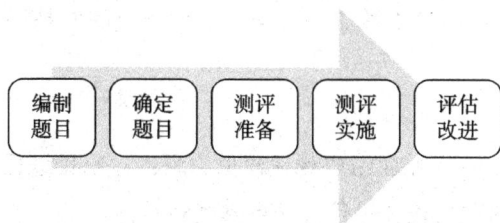

图 5-9　角色扮演测评的实施流程

1. 编制题目

企业在编制角色扮演测评题目之前，要明确角色扮演测评针对哪类被测评人，准备考察他们的哪些能力。一次角色扮演测评能测评的能力是有限的，一般应当选择最关键的、最能够体现岗位能力的题目种类。

在确定具体题目之前，首先要收集题目的素材。企业可以通过岗位访谈、观察调研和调查问卷等方式获取待测评岗位工作中高频发生的、处理起来有一定难度的典型案例，并对这些典型案例进行加工整理，形成题目。

编制题目的时候要注意，题干中要包含并处理好以下内容。

（1）事件背景要描述详细，让被测评人能够清楚当前的情况，清楚事件中不同人物的处境。

（2）人物信息要描述全面，让被测评人能够了解角色的职业、相貌、年龄、个性等特征，并清楚整个事件都涉及哪些角色，以及每个角色的诉求。

（3）具体问题要描述清楚，让被测评人知道当前待解决的是哪方面的问题。

（4）问题诉求要描述清楚，让被测评人知道问题期望得到什么样的结果或达成什么样的目标。

（5）辅助资料要全面，让被测评人能够通过辅助资料有效处理问题。

2. 确定题目

企业组成评审小组，对初步拟定的角色扮演测评题目进行评审，在评审过程中对发现的问题进行修改。评审的时候要注意以下问题。

（1）该问题与岗位的关联性是否足够高？是否属于该岗位的典型问题？

（2）该问题能否达到测评出该能力的预期？这些能力是否为该岗位的必备能力？

（3）该问题的语言描述是否容易被理解？有没有哪些语句可能产生歧义？

（4）该问题是否具备一定的难度和挑战性？是否容易被解决？

（5）该问题是否能够给被测评人一定的发挥空间？是否允许多元化的处理方式？

3.测评准备

对于确定的题目，企业应组成测评模拟小组，对题目进行模拟测评，在模拟测评的过程中可以对题目设计进行进一步修改和完善。

角色扮演测评的测评人要提前接受培训，培训之后，测评人要达到以下要求。

（1）要理解每个角色扮演测评题目的背景和测评目的。

（2）要能够回答被测评人对题目的提问，并能够向被测评人解释清楚题目的背景。

（3）要能够在角色扮演测评题目中扮演某几个角色，为被测评人创造真实感。

（4）在测评过程中，要能够根据需要为被测评人增加合理的困难或曲折。

（5）要具备通过被测评人在角色扮演测评中的言行判断其具备何种潜质或能力的能力。

（6）要始终保持中立，不要将个人的好恶或价值判断带入角色扮演测评的场景中。

（7）面对不同被测评人表现出的不同状态，测评人要能够保持一致性。

4.测评实施

这一步就是把确定后的角色扮演测评题目应用于正式的人才测评场景，在正式测评实施的环节要注意做好备忘和记录。在测评实施环节，要注意以下事项。

（1）不同被测评人对角色的适应程度，以及进入角色的速度。

（2）不同被测评人解决问题的方法，以及方法的有效性。

（3）不同被测评人面对挑战的态度，以及应变情况。

5.评估改进

每一次角色扮演测评结束后，测评人都应当进行评估。评估的内容不仅包括被测评人的基本情况，还包括角色扮演测评本身的实施情况。对角色扮演测评实施过程中的问题，企业可以进行相应的改进。

## 5.5.4　角色扮演测评实战案例

本小节将介绍角色扮演测评应用于实战的典型案例。

1.某银行为招聘新人而实施的角色扮演测评

（1）适合测评人数：1～5人。

（2）需要测评人扮演的角色：1个。

（3）事件内容如下。

某银行柜员 A（被测评人扮演）突然发现自己刚刚为一位顾客（测评人扮演）进行的存款操作存在错误。顾客存款的金额是 2 万元，自己不小心录入了 3 万元。幸好及时发现了，因为顾客还没有离开银行，于是 A 急忙起身拦住了顾客，期望顾客能够配合归还因自己失误而多录入的 1 万元。

可是顾客并不同意，他表示这是银行工作人员出现的失误，和自己没有关系。这个钱应该是自己的，不愿意归还，而且转身就要离开。但是 A 不让顾客离开，表示这个钱顾客应当归还给银行。顾客此时已经有些生气了，情绪有些激动。A 邀请顾客在大堂坐下，并开始了对顾客的劝说。

延伸剧情：A 在与顾客沟通的过程中，引来了大堂经理 B、理财经理 C、贷款经理 D、大客户经理 E，他们纷纷帮助 A 劝说顾客将 1 万元归还给银行。

最后，顾客发自内心地愿意将 1 万元归还给银行，而且对银行的服务评价很高。

如果你是 A，请模拟你和顾客之间进行的沟通。

（4）注意事项如下。

当被测评人只有 1 人时，被测评人扮演柜员 A。当被测评人有多人时（不超过 5 人），可以加入延伸剧情，让其他被测评人分别扮演大堂经理 B、理财经理 C、贷款经理 D 和大客户经理 E。

为便于角色扮演测评有效进行，测评人扮演的顾客应当有姓名、性别、年龄、特征、喜好等，为了增强角色扮演测评的真实性和趣味性，这一点可以与测评人在现实生活中实际的人设接近或相同。

2.某上市公司为招聘分公司总经理而实施的角色扮演测评

（1）适合测评人数：1人。

（2）需要测评人扮演的角色：1个。

（3）事件内容如下。

假设A（被测评人扮演）已经正式上岗，成为该分公司的总经理。A上岗后发现，这家分公司近几年的经营业绩不好，很大一部分原因是内部的工作风气很差，管理比较混乱，铺张浪费的现象非常严重。为此，A为该分公司制定了一整套管理制度。

A上岗3个月后，正值集团公司领导B（测评人扮演）到A所在的分公司视察工作。在视察完工作之后，召开了A所在的分公司的干部会议。在会议上，A拿出了自己制定的管理制度，期望得到B的认可。

但B并不了解该分公司的背景，所以B不仅没有认可这些制度，而且当着分公司其他干部的面对这些制度大加指责，引得现场一片哗然，会议一度无法进行下去。这时A沉着冷静，对集团公司领导B和分公司全体干部讲了一番非常得体的话，让会议圆满结束。

如果你是A，请模拟你对集团公司领导B和分公司全体干部的讲话。

（4）注意事项如下。

如果测评人扮演的B在被测评人扮演的A讲的话不满意，可以进一步做出否定并要求A进行回应。有时候为了增加难度，B可以打断A的讲话，并观察A将如何应对。

为了增强测评的真实性，B应当说明不认可管理制度的具体原因。A发现的分公司的问题以及制定管理制度的背景也可以交代得更具体。

3.某大型生产制造企业为招聘厂长而实施的角色扮演测评

（1）适合测评人数：1人。

（2）需要测评人扮演的角色：1～4个。

（3）事件内容如下。

假如A（被测评人扮演）已经上岗。生产经理B（测评人扮演）和采购经理C（测评人扮演）建议引进一条技术先进的新生产线，让企业拥有能够生产一种新产品的能力。引进这条新生产线之后，企业能够生产的新产品的单位成本比当前产品更低，而且质量更好。

然而财务经理 D（测评人扮演）和销售经理 E（测评人扮演）并不认可这项提议，原因是引进这条生产线的资金投入较大，企业承受的资金压力较大。另外，其能够生产的新产品在市场上的同类产品较多，竞争已经非常激烈。引进新生产线之后企业虽然可以获得新产品的生产能力，但市场开发并不容易。

可是生产经理 B 和采购经理 C 坚持认为增加新生产线有利于企业的长远发展。现在企业中出现了两种声音，为了这个方案吵得不可开交。

身为厂长，你准备怎么办？

（4）注意事项如下。

测评人如果只有 1 人，可以 1 人分饰多角。如果测评人的数量较多，可以由不同的测评人扮演不同的角色。为了增强角色扮演测评的真实性，不同角色在说明自身的观点时要包含必要的数据，并详细说明具体背景。

# 第 6 章
# 常见能力测评问题库

不同岗位需要不同的胜任能力，不同的胜任能力对应着不同的测评方法。对不同能力的测评除了评价中心中的沙盘游戏、无领导小组讨论、公文筐和角色扮演等测评方法之外，最常用方法的是通过面试环节的问题来测评。

本章主要介绍不同能力对应的面试环节的测评问题。实际上，这些问题不仅可以应用于面试环节，对题目进行变换或者加入具体场景之后，也可以变成无领导小组讨论测评、公文筐测评或角色扮演测评中的问题。

## 6.1 沟通能力测评问题

沟通能力指的是与他人进行信息交互的能力，包括有效向内接收信息的倾听能力和有效向外传递信息的表达能力。沟通能力是所有岗位的人员都需要具备的基本通用能力之一。

对沟通能力的测评可以通过以下问题进行。

（1）请简述你的过往经历中，最糟糕的一次有关"你曾想表达 A，但上级领导没理解你的意思，听成了 B"的经历。当时的具体场景是什么？你是如何表达的？你认为问题出在哪里？

（2）假如你的奶奶不接受网络购物，她认为网络上卖的商品看不见摸不着，不能自主挑选商品，很可能买不到心仪的商品，还要额外支付快递费，你要如何说服她接受？

（3）你遇到过的最困难的沟通场景是什么？你认为困难的点在哪里？你是如何应对的？

（4）在别人眼中，你是什么样的人？你觉得为什么自己在别人眼中是这样的人？

（5）请简述一个对方的表达能力较差，但你必须与其沟通的案例。你认为对方的表达能力差的主要原因是什么？你是如何应对这种情况的？

（6）假如要你写一篇题目为"优秀的沟通者都具备哪些特质"的文章，字数为3000字，你准备怎么写？文章中你会用哪些论点、论据和论证方法？

（7）你最近一次在工作中发脾气是因为什么？周围的人有什么反应？你之后是如何应对这个事件的？

（8）如果你觉得上级领导在布置工作方面存在不公，总是把比较难的工作给你做，你会如何向你的上级领导表达你的想法？

（9）如果你的经理对你说"如果你再做不好就辞职走人"，你会怎么办？

（10）请简述你在工作中会通过哪些方法让周围的人觉得你是一个很可靠的人。

# 6.2 协作能力测评问题

协作能力指的是在团队中与他人相互支持、相互帮助，共同高效率地达成目标、完成任务、做好工作的能力。协作能力是所有需要依靠团队作战的岗位的人员必备的一种能力。

对协作能力的测评可以通过以下问题进行。

（1）你最讨厌的上级 / 同事 / 下级是什么类型的人？为什么？你和你最讨厌的上级 / 同事 / 下级是如何相处的？请通过具体案例说明。

（2）请描述一下你所在的团队。你所在团队的目标是什么？你在团队中扮演的角色是什么？为了团队目标的达成，你做了哪些工作？

（3）当你和团队其他成员意见不同的时候，你们是如何达成共识的？如果有一个团队成员始终坚持自己的观点，但这个观点与你的观点不同，你会如何应对？

（4）请回忆你曾经所在的团队中最难相处的一个人，你是如何与这个人相处的？团队中的其他成员是如何与这个人相处的？

（5）当你开展工作的时候，你发现团队中需要与你配合的另一个同事不愿意配合你，遇到这种情况时你会如何处理？

（6）当团队召开内部会议的时候，你通常扮演着什么样的角色？这个角色发挥过什么作用？

（7）请简述你曾经为维持团队的团结稳定所做的事情。这些事情最终发挥了什么作用？

（8）请简述你曾经和团队成员发生的最严重的矛盾。你当时是如何应对这个矛盾的？

（9）当团队中有新成员加入时，你会做什么？当新成员表现出对工作的不适应的时候，你会做什么？

（10）请描述一下你之前的 3 任领导的缺点分别是什么？你为什么认为这些是缺点？这些缺点会如何影响你的工作？

# 6.3 计划能力测评问题

计划能力指的是能够根据任务的重要程度、紧急程度、复杂程度和工作量，对完成任务的时间和先后顺序进行策划，并得到具体方案的能力。计划能力是所有岗位的人员都需要的通用能力。管理类岗位对计划能力的要求更高。

对计划能力的测评可以通过以下问题进行。

（1）你如何确定当前手头工作的紧急程度排序和重要程度排序？请举例说明。

（2）你认为重要不紧急的工作和紧急不重要的工作应该先做哪一种？为什么？

（3）你有没有遇到过需要在同一时间完成所有的事，但你的精力不允许你把这些事同时全部完成的情况？请举例说明面对这种情况你是如何处理的。

（4）请简述在上一份工作中，你是如何安排自己一天的工作的。

（5）请简述你曾经最成功 / 失败的一次做计划的案例。你从中总结出了哪些经验 / 教训？

（6）你如何评价自己的工作效率？你怎么知道当前的工作效率是最高的？

（7）你在做好计划之后，却发现不断发生计划外的事情，此时你如何处理？请举例说明具体情况。

（8）对于你的工作成效，你的上级是如何评价的？你认为他为什么会有这样的评价？

（9）假如现在要你为企业策划一次年会活动，你计划怎么做？

（10）你如何确定制定的计划和目标之间具备较强的关联性？如何知道通过这个计划能够实现目标？你有没有通过制定的计划没有实现目标的经历？当这种情况出现时，你是如何做的？请举例说明。

# 6.4 决策能力测评问题

决策能力指的是根据当前的背景与事实，做出选择或判断，并形成工作方向、行动方向、行动计划的能力。决策能力是管理类岗位必备的能力之一。一些需要处理复杂问题的岗位，也需要一定的决策能力。

对决策能力的测评可以通过以下问题进行。

（1）你曾经做出的最好的决策是什么？你为什么认为这是最好的决策？

（2）你曾经面临的最困难的抉择是什么？你是如何处理这种困境的？

（3）曾经让你考虑最久的一次决策是什么？你为什么要考虑这么久？

（4）请简述你曾经做出的决策不符合普世价值观，你周围的大多数人都反对，但你坚持要这么做的情况。你为什么认为自己的决策是对的？

（5）请简述一件你曾经做出决策要做，但受到一些人和事的影响，你又毅然决定不做的事情。你当初为什么决定要做？后来为什么决定不做？

（6）请简述一个你曾经遇到的最棘手 / 最有挑战性的问题，面对这个问题，你是如何解决的？

（7）请简述一个需要你快速做出决策的场景，你当时是如何应对的？

（8）面对自己人生的关键节点，你是如何做出决策的？你为什么会做出这些决策？你认为这些决策是否正确？

# 6.5　公关能力测评问题

公关能力指的是有计划、有目的地开发、维持或改善公共关系的能力，表现为在社交方面的沟通能力、交际能力、适应能力、协调能力等。营销拓展类岗位、市场开发类岗位、行政公关类岗位等通常都需要一定的公关能力，高层管理者通常也需要具备一定的公关能力。

对公关能力的测评可以通过以下问题进行。

（1）假如你有机会参加一次行业峰会，行业内的很多专家学者都会到场，你将通过什么途径认识他们？

（2）假如你被派驻到国外，协助国外分公司的同事开展工作，你会如何做？

（3）你是一个愿意与别人交朋友的人吗？你为什么这么认为？你是怎么做的？

（4）请简要说明你之前最困难的一次请求别人帮忙的情况，你当时做了什么？对方最后有没有帮忙？

（5）你做过的最成功／失败的一次公关活动是什么？具体是怎么做的？你认为成功／失败的原因是什么？

（6）你一共有多少朋友？最常联络的朋友有多少？他们的职业／事业如何？你的朋友是通过哪些途径认识的？你喜欢和什么样的人交朋友？

（7）你和你的朋友多久聚会一次？每次聚会是由谁发起的？聚会的形式是什么？你在聚会中担任什么角色？聚会的费用如何安排？你认为这种聚会的价值是什么？你从这种聚会中得到了什么？

（8）假如你最亲近的朋友找你借20万元应急，他认为你肯定拿得出，如果你不借给他，就是没把他当朋友。你确实有20万元存款，但这些钱是准备给孩子出国上学用的。这时候，你会怎么办？

（9）假如你出门忘带手机，身上也没带钱，现在有件重要的事情需要你马上与某人取得联络，而且你记得这个人的手机号码。你现在处于一个公共场合，周围大多数路人都有手机，这时候你会怎么办？如果很多路人不愿意让你借用手机，你会怎么办？

# 6.6　应变能力测评问题

应变能力指的是人们对待环境和事物，能够审时度势、随机应变的能力。应变能力是几乎所有管理类岗位都需要的能力之一，其他一些需要与人打交道的岗位，同样需要一定的应变能力。

对应变能力的测评可以通过以下问题进行。

（1）如果你的上级在某个事情上误解了你，你会怎么办？

（2）听你的描述，我觉得你原来的企业对你很好，你就这样离职了，不会觉得自己有点忘恩负义吗？

（3）最近你发现自己总是加班，原因是在正常工作的时间不断有同事、客户、供应商等内外部的人员来找你，你的工作不断被打断，只能留到快下班的时候做。面对这种情况，你会怎么办？

（4）有一次，你去别的企业拜访朋友，结果走错了门，被别人误认为是小偷。你百口莫辩，周围没有人相信你，这时你会怎么办？

（5）你所在企业的总经理平时总板着脸，非常严格，尽管他推行了很多有利于企业的改革，但也因此得罪了一批人。你的同事有一次和你在厕所遇见，闲聊了没几句就说起这个总经理的是非，表达了很多对总经理的不满。出于礼貌，你也附和了几句。没想到你刚说完就看见总经理从厕所的一个隔间里走了出来，表情尴尬。此时，你会怎么办？

（6）出于对你的信任，你的领导给你安排了一项原本不属于你的工作。如果你接手这项工作，那么你就无法按时完成自己的本职工作。如果你不接手这项工作，就显得辜负了领导的信任。面对这种情况，你会怎么办？

（7）在一个非常重要的会议上，领导正在发表讲话，他把一个关键数字说错了，身为领导的助理，你发现了这个问题。如果不纠正这个错误，会给企业造成重大的损失。这个时候，你会怎么办？

# 6.7 营销能力测评问题

营销能力指的是人们通过某种方式，让他人购买某种产品或服务的能力。营销能力是所有营销类岗位必备的能力。除营销类岗位之外，一些与产品营销相关的策划岗位、推广岗位或管理岗位也应当具备一定的营销能力。

对营销能力的测评可以通过以下问题进行。

（1）请简述你最成功／失败的一次营销经历。你认为成功／失败的原因是什么？你做了什么？从这次经历中，你收获了哪些经验／教训？

（2）如果让你为企业的产品设计电话营销的话术，你会如何设计？你为什么会这样设计？我扮演客户，你扮演电话营销人员，咱们一起来模拟一下。

（3）如果要你为销售人员设计一堂培训课程，你会如何设计？你为什么会这样设计？课程内容应当包含什么？

（4）你觉得可以通过哪些方式，把新用户变成高黏性用户？如何提高新用户对产品或服务的忠诚度？

（5）请你尝试把桌上的这张普通 A4 纸卖给我。

（6）你认为什么样的促销手段是最有效的？为什么？你之前用过哪些比较有效的促销手段？这些手段有效的原因是什么？

（7）你认为销售人员应该具备哪些素质和能力？你为什么这样认为？请举例说明。

（8）你觉得顾客为什么会购买我们的产品或服务？请具体说明你的理由。

（9）假如你遇到一个顾客，他一直在使用价格比我们的产品低的另一款产品，已经形成习惯，你如何说服这个顾客购买我们的产品？

（10）假如有一家企业原本打算大宗采购我们的产品，但是这家企业内部有一些管理者建议购买另一家企业的价格更低的产品，这家企业的采购经理把这个消息告诉了你。这时候，你会怎么办？

# 6.8　创新能力测评问题

创新能力指的是在现有的事物、思想、方法的基础上，创造出新事物、新思想、新方法的能力。产品开发类、技术研发类、营销创意类、活动策划类等岗位都需要一定的创新能力。

对创新能力的测评可以通过以下问题进行。

（1）请简述你做出过哪些创新。这些创新有什么价值？它们得到了怎样的应用？

（2）你认为创新是有方法可以遵循的，还是全凭偶然的神来之笔？如果有方法，你认为创新的方法是什么？

（3）你认为人们创新的主要障碍是什么？你是如何克服这些障碍的？你认为其他人可以采取什么方法来克服这些障碍？

（4）请简述一个你帮朋友出过的好主意。你的朋友对这个主意怎么看？最后的结果怎么样？

（5）请简述你曾经的创新遭到周围人强烈反对的情况。他们为什么反对？你是怎么想的？你如何应对这种情况？

（6）你开发过哪些产品？你获得过哪些专利技术？你的产品或专利技术曾经帮助企业获得了哪些经济效益？

（7）你策划过哪些营销活动？这些活动的创新点在哪里？这些活动获得了怎样的经济效益？

# 6.9 分析能力测评问题

分析能力指的是人们通过逻辑判断对客观事物进行拆分、研究的能力。分析能力有助于人们厘清现状、把握局势、形成决策。分析能力是管理类岗位必备的能力之一，随着科学管理得到越来越多的重视，分析能力逐渐成为很多需要做判断的岗位必备的能力之一。

对分析能力的测评可以通过以下问题进行。

（1）你觉得国内从事人力资源管理相关职业的人有多少？你是如何判断的？

（2）请举出一个你曾经经过周密分析成功解决问题的案例。通过这个案例，你获得了哪些经验？

（3）你如何计算做某件事 / 某个选择成功的概率？请举例说明。

（4）如果要你给自己招聘一个助理，你想招聘一个什么样的人？

（5）如果要你测量一栋大楼的高度，你会怎么做？

（6）假如有 2 个容器，一个容器装满水之后水有 700 毫升，另一个容器装满水之后水有 1100 毫升。在没有其他量具，只能依靠这 2 个容器的情况下，如何量出 200 毫升的水？

（7）当前有 100 个球，有 2 个人轮流将这 100 个球放入袋子中。每个人每次最少拿 1 个球，最多拿 5 个球。最先拿到第 100 个球的人胜出。如果你是最先拿球的人，你该如何拿球才能保证自己拿到第 100 个球？

（8）有 5 个囚犯，他们分别按照 1 ～ 5 号的顺序在装有 100 个球的袋子中抓球。每人每次至少要抓 1 个球，每次抓球时，抓得最多和抓得最少的囚犯都要被处死；如果所有囚犯抓得一样多，那么所有囚犯都要被处死。这些囚犯之间不能交流，但他们每次在抓球的时候，可以摸出剩余的球的数量。他们都是非常聪明的人，且他们的首要原则是自保，其次才是考虑让别的囚犯被处死。在这种情况下，这 5 个囚犯中哪一个囚犯的生存概率最大？

# 6.10　管理能力测评问题

管理能力指的是管理团队或事物的能力。对大多数岗位来说，管理能力指的是对人的管理，部分岗位的管理能力指的是对事物的管理。管理能力是管理类岗位必备的能力之一。

对管理能力的测评可以通过以下问题进行。

（1）你认为在什么情况下，应该给下属授权？请举例说明。

（2）你认为对什么样的下属适合采取命令的方式实施管理？请举例说明。

（3）请举例说明当下属向你寻求资源上的支持和帮助时，你没有提供的情况。你为什么没有提供？后来下属完成工作任务了吗？

（4）你认为什么样的下属是无可救药的？你为什么会这么想？你如何识别这样的下属？

（5）你认为可以通过哪些方式激励下属？你认为哪种激励方式更有效？为什么？你认为在低成本的激励方式中，哪3种激励方式最有效？

（6）当下属不执行你布置的任务时，你会怎么办？如果这个员工最近一直在和你对抗，你会怎么办？

（7）有的管理者认为，对待下属应当强调控制；有的管理者认为，对待下属应当强调激励。你怎样认为？请说明理由。

（8）当你的下属主动越过你，与你的上级沟通时，你会怎么做？

（9）你如何让你的下属清楚团队目标，明确岗位目标？

# 6.11　影响他人的能力测评问题

影响他人的能力指的是让他人潜移默化地接受某个观点、改变某种行为，形成某个习惯的能力。影响他人的能力是管理层必须具备的能力之一，营销类、公关类、推广类岗位，也需要有影响他人的能力。

对影响他人的能力的测评可以通过以下问题进行。

（1）请简述你曾经改变别人的不良习惯／某种观点／某种行为的经历。你是怎么做到的？

（2）请简述你曾经说服别人做出某个决定的经历。你是怎么做到的？

（3）请你说服我，让我觉得必须录用你。

（4）当你的意见与团队中大多数人的意见不同时，你是如何做的？

（5）当你的上级领导不同意你的建议时，你是如何说服他的？请举例说明。

（6）请简述你曾经让别人做他不喜欢做的事情的经历。你是怎么做到的？

（7）请简述你曾经让一个表现平平的员工提高工作效率、达成工作绩效的经历。

（8）你有没有改变过上级领导的习惯？你为什么要改变上级领导的这个习惯？你是怎么做到的？

# 6.12　培养他人的能力测评问题

培养他人的能力指的是让他人快速、高效地掌握某种其原本不具备的素质、知识或技能的能力。所有的管理类岗位都需要具备培养他人的能力，一些具备人才培养职能的岗位同样需要具备一定的培养他人的能力。

对培养他人的能力的测评可以通过以下问题进行。

（1）假如你的奶奶从来没听说过 Excel 软件，你要把 Excel 软件的功能和用途向你的奶奶解释清楚，你会怎么做？假如你的奶奶从来没有听说过微信，你要教会你的奶奶使用微信，你会怎么做？

（2）请选择一个你的下属所在的岗位，简述你是如何判断这个岗位所需要的能力，以及如何培养下属的这些能力的？

（3）你认为管理者应该在什么情况下对员工实施培训？培训的频率是多少？你认为在什么情况下应该让员工参加外部培训？

（4）你认为最优的培养下属的方式是什么？你是如何保证每一个下属都达到岗位能力要求的？你是如何培养每一个下属的？

（5）如果你兴致勃勃地教导一个员工，但这个员工对你教他的知识和技能不屑一顾，对职业发展也没有过多的追求，这时你会怎么办？

（6）你认为员工的态度能够被改变吗？请简述你曾经改变员工态度的经历。你都做了什么？

（7）你认为员工的学习动机与哪些因素有关？你曾经通过哪些方式来促进员工自学？

（8）如果让你为下属设计一门关于时间管理的课程，你会如何设计？课程包含哪些内容？课程的呈现方式是什么？

# 人才测评项目的实施

要保证人才测评项目在企业中有效实施，企业在设计人才测评项目时，要考虑 7 个方面的内容，分别是测评背景、测评目的、岗位特征、测评方法、实施流程、费用预算和评估改进。

**1. 测评背景**

多数情况下，企业的人才测评工作是基于企业当前发展的需要的。通常，为了在人才选拔方面获得更精准、更全面的考量体系，企业应围绕其当前的发展需要，开展人才测评工作，从而选拔出与岗位匹配的人才。

**2. 测评目的**

开展人才测评工作之前，企业必须明确实施人才测评的目的是什么，通过人才测评工作可以为企业解决什么样的问题。人才测评的目的会直接影响测评的决定性指标，不同的测评目的会使测评指标、测评方式的选择和设计有所不同。

如果是从外部招聘基层员工，人力资源部可以通过采取一般的笔试、面试来测评人才的知识水平和能力状况。

如果是在内部选拔管理人才，仅靠人力资源部的企业内部普查和诊断，并不能全方位地了解企业内员工的优点和不足。这时通常需要借助外部专业的测评专家，采用人格心理测评、无领导小组讨论测评、角色扮演测评等多种测评技术和方法，全面诊断人才的分布情况，并给出诊断报告。

**3. 岗位特征**

在设计人才测评方案时，要注明所需人才的岗位素质特征，可以通过岗位胜任力模型或人才画像，了解岗位的工作职责、任职要求、管理幅度等素质特征。

未构建岗位胜任力模型或人才画像的企业，可以先做岗位分析，并根据分析结果构建岗位胜任力模型或人才画像。

### 4.测评方法

人才测评的方法不是越多越好，也不是越难越好，而是越适合越好。企业应针对待测评岗位的特征，根据企业能够承受的管理成本，选择企业能够驾驭的、适合企业落地应用的人才测评方法。

### 5.实施流程

人才测评的实施流程包括实施人才测评的准备工作、人才测评小组成员的确定工作、人才测评小组成员的培训工作、人才测评的时间及地点安排、人才测评过程的管控、人才测评评审工作的管控等。

### 6.费用预算

测评的费用预算有时能够决定人才测评的精准度。测评费用的多少与企业决策层对人才测评的认识程度与重视程度有很大的关系。如果企业决策层认为人才测评不值得花费太多资金，测评费用的预算可能就比较少，在这种情况下，一些成本比较高但测评效果比较好的人才测评方法就无法应用。

费用预算低并不代表人才测评方法一定无法有效应用，也不代表人才测评的结果一定不准确。当人才测评的费用预算比较低时，企业应当选择成本低、效果好的人才测评方法，并在人才测评的实施环节做好管控工作，这同样能够保障人才测评的良好效果。

### 7.评估改进

对人才测评实施效果的评估，会影响人才测评方案的再次设计。在人才测评工作结束后，测评小组成员应当根据企业对岗位人才的要求和期望以及人才测评的结果进行整理分析。如果发现测评环节存在问题，企业应当及时修正。